主编　汪明义

基础教育与教师发展研究

Research on Basic Education and Teacher's Development

—— 第 4 辑 ——

四川教育出版社

图书在版编目(CIP)数据

基础教育与教师发展研究. 第4辑 / 汪明义主编.
成都：四川教育出版社，2024. 7. -- ISBN 978-7-5408-9135-0

Ⅰ. G639.21；G635.12

中国国家版本馆CIP数据核字第2024U40S29号

基础教育与教师发展研究·第4辑
JICHU JIAOYU YU JIAOSHI FAZHAN YANJIU·DISIJI

主　　编　汪明义

出 品 人	雷　华
责任编辑	李霞湘
责任校对	高　玲
书名题写	温儒敏
封面设计	许　涵
版式设计	四川胜翔数码印务设计有限公司
责任印制	李栩彤
出版发行	四川教育出版社
地　　址	四川省成都市锦江区三色路238号新华之星A座
邮政编码	610023
网　　址	www.chuanjiaoshe.com
制　　作	四川胜翔数码印务设计有限公司
印　　刷	成都兴怡包装装潢有限公司
版　　次	2024年6月第1版
印　　次	2024年6月第1次印刷
开　　本	787mm×1092mm　1/16
印　　张	13
字　　数	240千
书　　号	ISBN 978-7-5408-9135-0
定　　价	58.00元

如发现质量问题，请与本社联系。总编室电话：(028) 86365120

基础教育与教师发展研究

温儒敏

编委会

主　　编　汪明义

副 主 编　靳彤（常务）　曹正善

顾　　问　袁振国　卢晓中

委　　员　（按姓氏拼音排序）

　　　　　巴登尼玛　曹正善　程翔　何立新　靳彤

　　　　　李琼　李铁安　刘正伟　田间　汪明义

　　　　　易永伦　于泽元　曾军　翟小宁　周彬

主办单位　四川省哲学社会科学重点研究基地四川省教师教育研究中心

　　　　　四川师范大学基础教育研究院

　　　　　四川省晏阳初研究会基础教育专业委员会

学术支持　教育部人文社会科学重点研究基地北京师范大学教师教育研究中心
　　　　　　四川分中心

　　　　　四川省教育厅四川师范大学基础教育课程研究中心

目 录

>>> **本辑特稿**

003 回顾与展望：课程与教学研究的学习论基础建构　/曾文婕

017 学科教学高质量育人探析
　　　——李玉贵小学语文教学样态的启示　/李　重

>>> **教育数字化**

035 技术赋能：课堂分析与教学的范式转换
　　　——第二十届上海国际课程论坛述评　/汤晨琦　邵川华　龚瑞晴

048 学校数字治理的困境：表现、溯因与应对　/杨征铭

>>> **课程与教学**

063 新课改的理论基架探寻：怀特海的有机教育论　/曹正善　曹艳瑭

075 《义务教育历史课程标准（2022年版）》对高中历史教学的启示
　　　——以核心素养课程目标为中心　/张利娟　冯一下

087　课程干预改善未来体育教师对智障学生体育活动的态度研究

　　　　　　　　　　　　　　　　　　　　　　　　　/刘　萍　张韧仁

103　基于CIPP评价模型的"学前儿童科学教育"课程评价指标体系构建　/余　祥

115　基于课程思政视域的非英语专业师范生跨文化能力双向培养策略研究

　　　　　　　　　　　　　　　　　　　　　　　　　　　　　/谢　爽

>>> 教师教育

135　义务教育"共享教师"的生成动因、构想诠释与行动策略　/邹　维

146　专家型园长何以成为可能
　　　——对一位专家型园长成长故事的分析　/周险峰　杨启国

159　地方乡村定向师范生协同培养质量现状与提升建议
　　　　　基于成渝地区调查数据的分析　/张　鹏　贾凤丽

175　师德师风建设的实践指向
　　　——对"两意见一纲要"的分析　/程雄飞　贺武华

189　论中小学校本教研激励机制的建构　/蒋士会　王　琼　钟佳容

198　编后记

本辑特稿

Research on Basic Education and Teacher's Development

回顾与展望：课程与教学研究的学习论基础建构

曾文婕

[摘要] 当下，"以学定教"已经成为人们的普遍共识，课程与教学研究的学习论基础逐渐受到关注和重视。多年以来，学习研究主要形成了三种态势：心理学描述学习的心理规律；人类学展示学习的社会脉络；脑科学揭示学习的生理机制。课程与教学研究的学习论基础建构，主要取得了三方面的成就，即学习论成果为课程与教学研究提供了解释证据、分析框架和观点启发，同时也面临着学习理论难以运用、理论"表述"多而"运用"少、理论本身有待发展以及成果过多导致研究者无所适从等多重挑战。展望未来，我国课程与教学研究学习论基础的进一步建构与发展可从以下三方面入手：重视哲学视角的学习研究，以强化意义指引、祛除错解误读并凸显整体主义方法论；整合多种学习研究成果，以形成体系化的学习理论知识；通过"转译"和"行动研究"，推动学习理论的实践运用。

[关键词] 学习论；课程论；教学论；课程与教学基础；课程与教学研究

基金项目：本文系国家社会科学基金教育学一般课题"以学习为中心的评估理论建构研究"（BHA180125）的研究成果之一。

作者简介：曾文婕，华南师范大学教授，博士生导师，教育学博士，教育科学学院副院长。主要研究方向为课程与教学论。

岁月不居，风云变幻，教育的发展日新月异，色彩斑斓，但是，"学习"一直是教育领域的一个核心论题，"对学习的理解乃是教育变革的根本出发点"[①]。人们对学习论、课程论与教学论的关系虽有不同的理解，但学习理论确实影响了课程与教学研究的发展。时至今日，"以学定教"已成为普遍的价值取向和主导的实践诉求。随着学习型社会的推进，以学习促发展的观念逐渐凸显并深入人心。在这样的背景下，本文拟分析多年来学习研究对我国课程与教学论发展的影响，在此基础上，就如何拓展与深化人们对学习的认识与把握进而推动课程与教学研究提出一些建议。

一、 课程与教学研究的学习论基础建构的历程分析

多年来，学习论领域积累了丰富的研究成果，主要形成了三种态势：心理学描述学习的心理规律；人类学展示学习的社会脉络；脑科学揭示学习的生理机制。我国有关课程与教学研究的学习论基础建构在不同的时期受到不同研究成果的影响。参见图1。

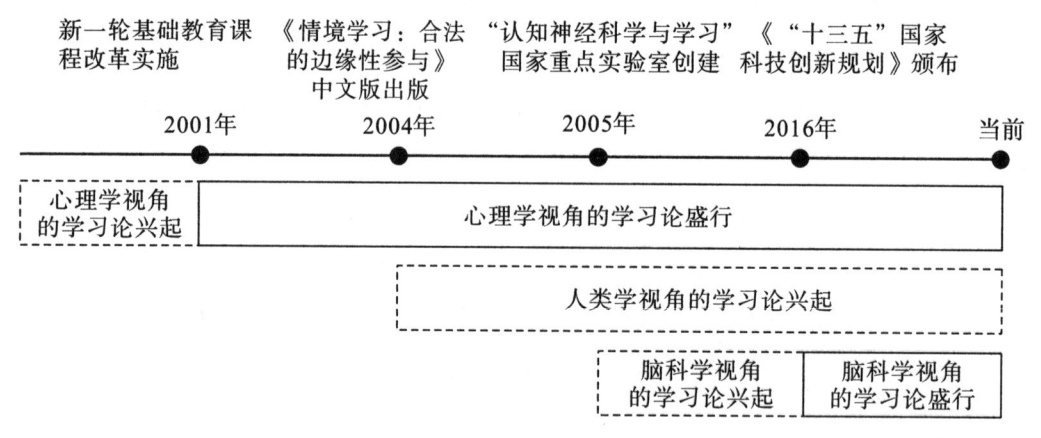

图 1 课程与教学研究的学习论基础建构历程简图

（一） 心理学视角的学习论盛行

学习研究是心理学的主要研究领域之一。从 1879 年威廉·冯特（W. Wundt）建立第一个心理学实验室开始，心理学在一百余年的发展与繁荣过程之中，一直关注对

---

① Marshall H H. Redefining student learning：roots of educational change[M]. Norwood，NJ：Ablex Publishing Corporation，1992：xii.

学习的研究，进而积累起一系列的学习理论。在很长一段时间里，人们甚至习惯性地将学习研究仅仅定位为心理学的分支。心理学视角的学习研究，主要关注学习的心理规律，为人熟知的有行为主义、认知主义和建构主义等派别。

在行为主义看来，"学习即反应的习得"，是通过强化等方式来增强或减弱刺激与反应之间联结的过程，其结果是行为的改变。行为主义旗帜鲜明地宣称，心理是不可观察的"黑箱"。其对学习心理规律的揭示，不是通过研究个体的内在意识来进行，而是通过观察个体的外部行为完成的。行为主义学习理论的基本看法包括：①心理学应当关注可观察的行为；②人类的行为是个体与环境互动的结果；③学习意味着行为改变，这是判定学习是否发生的唯一依据；④行为改变主要受效果律的控制，如果行为结果令人愉快或得到奖励，那么个体重复此行为概率提高，如果行为结果使人不满或受到惩罚，那么个体重复此行为概率降低；⑤行为也受环境的控制，某些行为比其他行为更适宜于某种环境，同时，人们能学会做出适宜于环境的行为。[①]

与行为主义关注学习者的外部行为表现不同，认知主义重视学习者内部心理结构的发展变化。在认知主义看来，"学习即知识的习得"，是学习者进行信息加工的过程，其结果是获得客观的、结构化的知识。认知主义学习理论的主要观点有：①学习是通过认知过程对信息进行编码、转换、组织与储存并形成认知结构的活动；②学习是学习者内在心理与外在环境的互动；③心理是学习者处理外部信息的媒介；④学习的基础是学习者内部认知结构的形成与改组；⑤学习的成效受学习者掌握的认知策略影响，这些策略有助于学习者增加知识的数量并合理组织认知结构。[②]

在建构主义看来，"学习即知识的建构"，学习不是对信息进行编码或吸收的过程，而是用已有知识对信息进行诠释的过程，是用已有知识去建构新知识的过程，其结果是形成自我建构的、诠释的知识，学习者由知识的接受者走向知识的建构者。学习者的心理各有不同，其建构过程与结果均不相同。建构主义学习理论强调以下六方面的内容：①学习结果不仅受学习环境的影响，而且受学习者已有知识的影响；②学习必然涉及意义的建构，学习者以他们看到或听到的事物为基础建构起的意义，既可能是也可能不是被预期的意义，个体的已有知识在很大程度上影响着意义建构；③意义建

---

① Wheldall K, Merrett F. The behavioural approach to classroom management[C]//. Fontana, D. Behaviourism and learning theory in education. Edinburgh: Scottish Academic Press, 1984: 16-17.
② Shuell T. Cognitive conceptions of learning[J]. Review of Educational Research, 1986(4): 411-436; Cooper P. Paradigm shifts in designed instruction: from behaviourism to cognitivism to constructivism[J]. Educational Technology, 1993(5): 12-19.

构是积极主动、持续不断的过程；④建构的意义需要被评价，以决定是接受或拒绝；⑤学习者对自己的学习负有决定性的责任；⑥学习者共享着一些物理环境和语言环境，因而存在一些意义建构的模式。[①]

此外，人格心理学也涉及对学习的研究。这类研究视学习为一种"情感过程"，既考察学习过程中存在的堵塞、恐惧和扭曲等多重心理防御机制，也分析学生的驱力、生命实现、补偿和追求优越等多种能驱动学习产生与持续的人格发展动力。

课程与教学论领域的教材与专著，通常将心理学视角的学习研究成果列为课程与教学的心理学基础。在心理学发展史中，科学主义方法论始终占据主导地位。行为主义在研究学习时，以可观察的外显行为作为对象，强调研究的客观立场与方法，将学习归结为刺激—反应的联结。这种研究取向，推动心理学走上了客观研究的道路，揭示出学习产生与发展的部分规律，并促使学习理论在课程与教学论中得到较广泛的应用。认知主义以符号表征和符号运算等信息加工观点作为解释学习活动的基本框架，关注对学习的内部心理规律的揭示，开创了客观考察内在认知的新途径，推进了心理学对学习的研究，也使得从事课程开发与教学活动的教师更好地理解学习过程，据此做出更适宜的课程与教学决策。建构主义认为学习是具有不同经验的学习者进行主动建构的过程，强调个体心理的不同会导致学习过程与结果的差异。2001 年实施的新一轮基础教育课程改革将建构主义作为主要的指导性理论，使得建构主义学习理论对我国课程与教学改革的诸多方面产生了较大影响。

（二）人类学视角的学习论兴起

人类学指出，心理学学习研究主要坚持个体主义的假设，认为个体心理是孤立的，学习是个体的私人事务，而没有看到学习过程中个体之间的相互影响，不能充分解释发生在个体间与组织中的学习。因此，人类学倡导学习研究应当从个体的、认知的视角转向社会的、情境的视角，凸显学习的群体脉络。人类学家莱夫（J. Lave）和温格（E. Wenger）在对助产士学徒制、裁缝学徒制、海军舵手学徒制、屠夫学徒制和戒酒的酗酒者学徒制等进行人类学考察之后，提出了情境学习理论，其核心观点是"合法的边缘性参与"（Legitimate Peripheral Participation）[②]。其代表著作《情境学

[①] Gunstone R F. Constructivism and learning research in science education[C]//. Phillips D. Constructivism in education. Chicago: National Society for the Study of Education, 2000: 263.

[②] 莱夫 J, 温格 E. 情境学习. 合法的边缘性参与 [M]. 王文静, 译. 上海：华东师范大学出版社, 2004: 1.

习：合法的边缘性参与》英文版于 1991 年出版，中文版于 2004 年出版，在我国产生了较广泛的影响。

情境学习理论认为，学习是共同体成员在取得合法参与机会的状况下，得以从边缘逐渐进入实践共同体并走向中心的过程。在此过程中，新手通过参与（如新手培训工作坊、观察、说明会、讨论和完成作业等）将体验具体化为实物形式（如文件、表格、公式、规则和程序等），以促进对共同体中各种事件的理解。新手在从共同体边缘走向中心的过程中，所处的位置是新手在共同体中能力的反映，而成员们或朝向中心，或停留在边缘，或从中心往边缘疏离，或离开共同体等的倾向，都与身份认同感有关。概括而言，人类学视角的学习论认为学习是主动参与社会共同体实践、建构与实践共同体有关的身份的历程。学习者在学习知识与技能的过程中，改变着自己的身份认同感，学习一种新文化的过程就是一个塑造新自我的过程。学习活动包括四大基本要素：①意义，指体验世界的丰富意义；②实践，指投入到有意义的世界之中，去共享历史的和社会的资源以及在行动中学习者相互约定并维持结构与观点；③共同体，指社会结构，在其中学习者拥有各自的事业，不是去追求给定的目标及任务，而是由各成员在参与过程中通过协商形成共享的目标并理解和承担相应的责任，学习者的参与被所有成员认可；④身份，指学习改变人们的身份。由此发展出的"学习即体验""学习即行动""学习即获得归属"和"学习即身份变化"等观点，给课程与教学研究带来了诸多启发，使得课程与教学研究既关注学生学习的"意义"与"实践"，也重视以往较忽视的"共同体"和"身份"这两大要素。

（三）脑科学视角的学习论盛行

近年来，随着无创脑成像技术的不断突破，脑科学研究特别是认知神经科学研究飞速发展，人们不再满足于仅仅描述学习的心理规律和社会脉络，而期望利用先进技术进一步探索学习的生理机制。

脑科学认为，学习的过程就是脑受来自环境的外部刺激并构筑中枢神经通道的过程[①]。学习研究的一个基本问题就是揭示学习的神经机制。具体而言，一些到达脑的刺激引发了学习过程，一旦输入信息被接受，每个脑细胞就像一个微型电池一样，通过细胞膜的钠钾离子的浓度差异进行信息传递工作。当神经冲动是兴奋性的，就能促进细胞以树突分枝方式进行生长。这些分枝使细胞之间形成更多的联结，使突触的强

---

① 小泉英明. 脑科学与教育：尖端研究与未来展望[J]. 教育研究，2006（2）：22-27.

度和敏感性大大增加，直到在某些情况下形成完整的"神经森林"，帮助脑更好地进行理解。当神经冲动是抑制性的，突触也被改变，不大可能被激活，以尽可能减少错误的联结，从而使脑学习加速[1]。简言之，学习就是"通过突触功效的改造而实现的"[2]，这是学习发生的基本神经机制。

在脑科学看来，"学习的唯一的证据是记忆"[3]，学习和记忆犹如一个硬币的两面，不可能脱离其中一面去谈论另一面[4]，记忆通道的脑生理机制是脑科学视角学习研究的一个重点问题。与多年来心理学认为人们拥有陈述性记忆和程序性记忆这两种主要记忆类型不同，脑科学利用脑电波（Electroencephalogram，EEG）、近红外光谱（Near-Infrared Spectroscopy，NIRS）和功能性磁共振成像（functional Magnetic Resonance Imaging，fMRI）观察了个体在不同任务中脑的活动情况、脑对信息的储存和提取过程以及脑在执行不同功能时所使用的脑区。研究发现，脑的存储区域比人们预想的更多。目前已经探明了五种记忆通路[5]在脑特定区域的活动情况，分别是语义的、情景的、程序的、自动的和情绪的记忆通路：①语义记忆。语义记忆保持的是来自言语的信息，新信息通过脑干进入脑，传到丘脑之后，再传送到海马体，海马体是语义记忆的"档案柜"。②情景记忆。又称关系记忆或空间记忆，它处理位置信息，其入口也位于海马体。因为海马体储存所有的事实信息，而位置也是事实。③程序记忆。又称肌肉记忆，相关通路处理身体做出的和记忆的各种程序，储存这类信息的脑区位于小脑。④自动记忆。又称反射记忆，是特定刺激对记忆或信息的自动激发，其通路位于小脑。任何一个对个体来说变得自动化的学习过程都可能储存在自动记忆之中，如阅读（不是理解）就发生于小脑之中，许多歌曲也可能储存在这里。⑤情绪记忆。其通路是通过位于前额叶内部、海马体附近的杏仁核开启的，杏仁核储存情绪信息。情绪记忆总是优先于其他任何一种记忆，脑总是赋予情绪最大的优先权。当信息进入脑内，到达丘脑的时候，如果信息是情绪性的，杏仁核便会截取这些信息，径直对它进

---

[1] 詹森. 适于脑的教学 [M]. 北京师范大学"认知神经科学与学习"国家重点实验室，脑科学与教育应用研究中心，译. 北京：中国轻工业出版社，2005：16-17.
[2] 詹森. 适于脑的教学 [M]. 北京师范大学"认知神经科学与学习"国家重点实验室，脑科学与教育应用研究中心，译. 北京：中国轻工业出版社，2005：18.
[3] 斯普伦格. 脑的学习与记忆 [M]. 北京师范大学"认知神经科学与学习"国家重点实验室，脑科学与教育应用研究中心，译. 北京：中国轻工业出版社，2005：54.
[4] 詹森. 适于脑的教学 [M]. 北京师范大学"认知神经科学与学习"国家重点实验室，脑科学与教育应用研究中心，译. 北京：中国轻工业出版社，2005：17.
[5] 斯普伦格. 脑的学习与记忆 [M]. 北京师范大学"认知神经科学与学习"国家重点实验室，脑科学与教育应用研究中心，译. 北京：中国轻工业出版社，2005：59-65.

行加工。情绪记忆通路的激活，可以增大其他记忆通路开启的可能性。但是，如果信息引起强烈的情绪（尤其是恐惧），那么杏仁核可能会发生应激反应，皮质醇之类应激激素的释放可能会阻断脑内部的信息传递，其他的记忆通路就会受到这些不利的甚至危险的化学物质的阻断。积极的情绪参与是学习的关键。值得注意的是，高效的学习总是发生在多重记忆通路之中。

除了深入研究学习发生的过程和记忆通路的神经机制等基本问题之外，脑科学逐渐拓展自己的研究领域，研究内容日益细化，对具体学科的学习、学习者的学习风格、学习反馈、问题解决和师生互动等也展开了系统研究。

世界发达国家已将脑科学研究纳入国家重点科学发展战略规划，如美国的"脑的十年"计划等。世界著名大学也纷纷建立认知神经科学研究机构，如牛津大学的认知神经科学中心和斯坦福大学的认知神经科学实验室等。在科学界的权威刊物《科学》和《自然》上，经常可以看到相关新成果发表。我国于2005年成立了"认知神经科学与学习"国家重点实验室，开始重视脑科学视角的学习研究。"我们对脑的理解越充分，就越能够设计更好的方案促进脑的最优化学习"，也才能够"从一些有关脑及其如何获取、存储知识的研究中"寻找到为什么一些教学策略管用而另一些不管用的答案[1]。2016年，"脑科学与类脑研究"被写入我国《"十三五"国家科技创新规划》，推动了脑科学视角学习研究的迅猛发展。近年来，课程与教学研究者也愈发重视这方面的研究成果。脑是学生学习的生理基础，没有意识到脑如何学习的教学，就像设计手套却不知道手是什么样子。基于脑科学成果，厘清学生学习的神经科学机制，有望设计出精准的学习活动[2]，这对课程与教学研究和改革而言尤为重要。

二、课程与教学研究的学习论基础建构的成就与挑战

多年来，学习论不断发展，为课程与教学研究提供解释证据、分析框架和观点启发。但是，课程与教学研究的学习论基础建构也面临着学习理论难以运用、"表述"多而"运用"少、理论本身有待发展以及成果过多导致研究者无所适从等多重挑战。

---

[1] 沃尔夫. 脑的功能：将研究结果应用于课堂实践[M]. 北京师范大学"认知神经科学与学习"国家重点实验室，脑科学与教育应用研究中心，译. 北京：中国轻工业出版社，2005：VI-1.
[2] 黄甫全，李义茹，曾文婕，等. 精准学习课程引论：教育神经科学研究愿景[J]. 现代基础教育研究，2018（1）：5-14.

（一）课程与教学研究的学习论基础建构取得的主要成就

课程与教学研究的学习论基础建构，主要取得了三方面的成就，即学习论成果为课程与教学研究提供了解释证据、分析框架和观点启发。

第一，学习论成果为课程与教学研究提供解释证据。学习论揭示和解释了学习发生的规律和机制等，为相应的课程与教学活动提供了证据。比如，情境学习理论常被用作理解知识的情境性和开展情境教学的有力证据[①]。脑科学视角的学习研究揭示出了通过学习获得经验以实现神经网络形塑并引发行为变化的机制[②]。在此基础上，神经科学确证了"道德脑"的存在，使人们理解了道德行为内在地表征为大脑神经的特殊活动及其通路。由此，道德学习被重新定义为个体接受周围环境中所有具有道德价值性的刺激，形成神经激活与通路并表现出获得新道德经验或新道德行为的过程，涉及认知、情感、意志等多种心智活动及其神经机制的发展。而且，意力大脑意愿行动过程的神经科学研究成果不仅揭示了认知发展与道德发展具有迭代的神经机制，还发现了清晰的神经通路并建构了其决策过程模型，基于此进行的德育课程教学与学习理论研究及实践创新，已经展现出了广阔而美好的前景[③]。

第二，学习论成果为课程与教学研究提供分析框架。学习论成果为分析课程与教学领域的各种问题并建构相应策略等提供了理论框架。比如，有学者基于行为分析理论提出了课堂管理策略[④]。行为分析理论主要由巴甫洛夫的经典条件反射理论、斯金纳的操作条件作用理论和罗杰斯的人本主义心理学理论构成，旨在揭示行为发生的真实原因（包括内在动机和外在刺激），进而准确解读行为。针对课堂行为发生的不同原因，可采取"人际沟通"和"操纵强化"策略进行有效课堂管理。作为一种课堂管理策略，人际沟通的关键在于：积极地倾听，了解行为发生的真实原因；信任行为者改进自己行为的能力，并让其真实承担起行为改进的责任。课堂管理的操纵强化策略，主要是指强化形式在正强化和负强化之间的相互转化。有学者基于建构主义学习理论分析多媒体英语教学的特征并提出了相应的教学模式[⑤]。也有学者以建构主义理论为

---

① 张琼，胡炳仙. 知识的情境性与情境化课程设计 [J]. 课程·教材·教法，2016（6）：26-32.
② 曾文婕. 学习人性论：课程人性基础的发展走向 [J]. 课程·教材·教法，2019（11）：82-88.
③ 陈思宇，黄甫全，伍晓琪，等. 学科德育何以可能：来自神经科学的发现 [J]. 课程·教材·教法，2019（8）：85-92.
④ 李森，潘光文. 行为分析理论视角下的课堂管理策略 [J]. 课程·教材·教法，2003（11）：30-33.
⑤ 邵华. 以建构主义理论为基础的多媒体英语教学 [J]. 课程·教材·教法，2003（10）：71-74.

基础，分析了传统教学评价的不足并尝试建构新的教学评价策略，主要包括评价与教学的一体化策略、以评"学"为主的策略、教学评价标准的多元化策略、评价目标与内容的多维性策略[①]。还有学者基于情境学习理论，分析中学物理教学系统中存在的"失衡"问题，提出了生态化物理教学的概念、基本特征及教学设计要求[②]。另有学者基于皮亚杰认知发展理论，提出课程编排和教学设计应是螺旋式的，要对不同程度的学生设计不同的活动和教学方法，注意鼓励并强化学生的自然学习倾向[③]。

第三，学习论成果为课程与教学研究提供观点启发。有学者运用认知心理学的理论，改进了"除数是小数的除法"的教学[④]。事实上，心理学、人类学、脑科学等视角的学习论成果都可加以择用或整合转化成为课程与教学研究的理论基础。近年来，带有整合多领域学习研究成果性质的"学习科学"诞生，已有学者基于学习科学提出了一系列对课程与教学的启示和指导，主要包括：内隐学习强调浸润式学习特征，具身认知研究揭示了学习的涉身性对学习的促进，根据内隐学习与具身体验学习的实质与特征，设计嵌入式的内隐学习、体验式学习，提升学习效果；学习策略研究凸显思维能力发展与高效学习的关联，采用专门教学与学科渗透相结合的路径，增强学生的策略意识和策略能力，促进学习效益；移动学习引导学习环境与条件从内容到形式转变，依托方便快捷的移动数据通信网络技术和手段，实现非正式学习与正式学习的无缝对接[⑤]。

（二）课程与教学研究的学习论基础建构面临的多重挑战

虽然学习论对课程与教学研究产生了影响，但课程与教学研究的学习论基础建构还不尽如人意，面临着学习理论难以运用、学习理论"表述"多而"运用"少、一些学习理论本身待发展以及学习理论过多导致研究者无所适从等多重挑战。

其一，学习理论难以运用。许多学习理论离学校与课堂太远，几乎无法直接运用于课程与教学实践，难以指导课程开发与有效教学。造成这一问题的原因主要有三个：①许多学习理论探讨的是实验室中的学习，"极少论述在课堂上学生的行为是如何变化

---

① 陈旭，王淑敏. 从建构主义理论看教学评价策略的建构 [J]. 课程·教材·教法，2003 (6)：26-30.
② 张伟，郭玉英. 基于情境学习理论的生态化物理教学初探 [J]. 课程·教材·教法，2006 (5)：59-63.
③ 化得元，朱雪峰. 皮亚杰认知发展理论对课程编排和教学设计的启示 [J]. 课程·教材·教法，1992 (6)：60-62.
④ 沈光中. 运用认知心理学的理论：改进除数是小数的除法的教学 [J]. 课程·教材·教法，1990 (10)：26-28.
⑤ 彭文波，刘电芝. 学习科学研究对课程设计与教学的启示 [J]. 课程·教材·教法，2019 (1)：18-25.

的，以及应该如何引导的问题"①，因而难以迁移到课程与教学实践中。②学习理论的应用要求对理论成果进行实践转化，"要做大量属于工程性质的工作"②，而这个过程需要学习论专家、课程与教学研究者及一线教师相互合作，现实中这样的合作困难重重。③我国的学习论研究起步较晚，发展较不充分，多数学习理论是从西方引介过来的，存在与我国的课程与教学实际不相适应、水土不服的问题。

其二，学习理论"表述"多而"运用"少。许多教材或专著都对学习论基础进行了"表述"，但相应的学习论对课程与教学研究的目的性和方向性没有起到整体的、一贯的引领和调节作用。很多情况下，所表述的学习论观点只是作为"标签"存在，并未直接支撑相应研究。究其原因，主要在于未能深入分析各种学习理论所针对的问题、所适应的情境等，只是罗列一些学习理论的观点，未充分体现出运用学习理论分析某些课程与教学问题的研究思路和运用成效。这样的"表述"，主要是迎合某种外在要求或顺应潮流趋势等，而不是出于解决课程与教学具体问题的需要。

其三，一些学习理论本身有待发展。比如，建构主义理论中那些反常规科学观念的观点（如科学知识是相对真理，不是绝对真理；科学理论是科学家头脑中建构的东西，不反映客观存在）存在过于强调知识的相对性、否认知识的客观性，强调学生学习过程的个别性、忽视共同性，强调知识学习的情境性与非结构性、否认知识的逻辑性与系统性，强调学生主体作用、忽视教师作用等问题③，在知识观、学习观、教学观、学生观和教师观等方面都存在偏颇之处，容易导致教学的偏激和放任倾向。任何理论都不可能是完美无缺的，也不是放之四海而皆准的，关键是要明确一系列学习理论的局限、适用范围、效用边界，然而，这方面的研究还远远不够，导致人们在运用相应理论之时认识不清、定位不准、实践成效不彰甚至带来严重的负面效果，这会在很大程度上影响人们对理论的认同、信心及实践意愿。

其四，学习理论过多导致研究者无所适从。基于心理学、人类学和脑科学视角的学习论众多，但不同视角的学习理论及同一视角的不同观点之间存在相互割裂甚至相互矛盾的现象，未形成系统的体系，未能较好地体现不同理论和观点之间的联系。因此，人们在选择课程与教学研究的理论基础时，容易感到困惑，觉得无所适从，陷入学习理论越多越不知该如何运用的困境。

---

① 施良方. 学习论 [M]. 北京：人民教育出版社，2001：19.
② 鲍尔 G H，希尔加德 E R. 学习论：学习活动的规律探索 [M]. 邵瑞珍，皮连生，吴庆麟，等，译. 上海：上海教育出版社，1987：905.
③ 杨维东，贾楠. 建构主义学习理论述评 [J]. 理论导刊，2011（5）：77-80.

三、 课程与教学研究的学习论基础发展的前瞻走向

彰往察来，回顾历史不仅仅在于描述、归纳和呈现过往，更在于展望和创造未来。择要而言，可从"重视哲学视角的学习研究""整合多种学习研究成果"及"推动学习理论的实践运用"等方面，推进我国课程与教学研究学习论基础的进一步建构与发展。

（一） 重视哲学视角的学习研究

重视哲学视角的学习研究，有利于为课程与教学研究的学习论基础建构与发展提供意义指引、去除错解误读和凸显整体主义方法论。

其一，提供意义指引。心理学、人类学和脑科学视角的学习研究，主要着眼于揭示"学习是什么"，这推动了人们对学习的科学认识。然而，学习对人类生存与发展的意义何在，仍未得到充分的阐释。因此，迫切需要立足于哲学价值论维度去追问学习的意义，去回答"人为什么需要学习"。可是，在通常情况下，学习的意义被认为是不言而喻、不证自明的。著名的哲学启蒙著作《苏菲的世界》中有这样一个情节：苏菲收到一封神秘来信，里面的纸条上写着："世界从何而来？"苏菲想，我不知道，不用说，没有人真正知道。不过她认为这个问题的确是应该问的，她生平第一次觉得生活在这世界上却连"世界从何而来"这样的问题也不问一问，实在是很不恭敬[①]。这个问题触发了苏菲的心灵启蒙，她不再把这个世界视为理所当然，开始了自觉自为的思考和求索。同样的，"为什么要学习"或"学习有什么意义"等问题，在一定意义上也具有"启蒙"的性质。课程与教学是为促进学生学习而存在的，对学习意义的研究有利于课程与教学工作者深入认识"我的工作到底有多大分量"，深刻体验到自己工作的意义感和价值感，并且能在面临多重干扰、多种阻碍甚至陷入困境之时，保持工作的定力与持续的热情。重视哲学视角的学习研究，探寻学习的价值和意义，经由对学习意义的沉思而焕发出的意志、激起的勇气和迸发的动力，能帮助人们保持工作的信心不致受到侵蚀，透过日常事务观照到更宏大、更深邃的价值背景，进而增强自觉意识、危机意识、责任意识和使命意识。

其二，去除错解误读。"哲学是一种'反思'的思维活动，或者说，是一种'反

---

① 乔斯坦·贾德. 苏菲的世界[M]. 萧宝森，译. 北京：作家出版社，1999：5.

思'的思维方式。"① 深入建构与发展课程与教学研究的学习论基础，重视哲学视角的学习研究，主要体现为两点：一是将已运用于课程与教学领域里一些流行性的、主导性的学习论观点及相应的习以为常的行动策略加以审查、澄清、检验其背后的假设条件，分析、辨明其自身的效用边界，剖析、解释其理论本身的不合理之处，从而去除一些误解错识；二是将视野拓展得更广阔一些，审视有没有一些更适宜的学习理论能更深入地分析、解释和指导当下的课程与教学问题，这涉及深入挖掘支配研究思维的先决条件，揭示潜藏于研究的基本用语之中、渗透到研究行动和结论里的理念，从而帮助研究的思维走出"窠臼"。这样的反思，有助于形成理论自觉。前一种反思，使人们对学习论基础的建构从"确定无疑"走向"有所质疑"；后一种反思，启示人们思考学习论基础的建构何以如此、应该如何及如何更好。

其三，凸显整体主义方法论。已有的学习研究主要从特定视角去认识学习。视角划定了人们"去看什么""怎样去看"及"能看见什么"，同时决定着人们"不去看什么""不怎样去看"及"不能看见什么"。视角规定了研究的视域、方法与逻辑理路，也就决定了研究的性质与定位。哲学的优势就在于贯通一体的理性思考②，由此形成和凸显的整体主义方法论，可为课程与教学研究进一步建构学习论基础开启整体视野并提供方法论进路，即明确学习研究的心理学、人类学和脑科学视角之间的"互补"关系。一切视角都既有长处也有局限，既能产生洞见也会存在盲点，虽然不同视角会产生相异甚至对立的认识，但是，它们并非互不相容，反而常常在更高的层面上相互补充，它们都看到了学习的某些侧面，它们都有助于对学习的深入认识和彻底解释。

（二）整合多种学习研究的成果

长期以来，基于心理学、人类学和脑科学视角的学习研究积累了丰富的成果，对课程与教学研究产生了影响。但是，一个不容忽视的事实是，不同视角的研究成果越多，越容易让人陷入无所适从的困境之中。面对纷繁复杂、互不一致甚至针锋相对的学习理论，人们很容易迷失在繁杂与偏狭之中，难以形成普遍的综合的概观。在这样的情境下，整合多种视角的学习论成果就显得尤为必要。

整合多种学习论的研究成果，意味着要建立多种学习论之间的内在联系，将以零散状态存在的"元素式"知识加以"结构化"。这就意味着要洞察和明辨各种理论的适

---

① 孙正聿. 哲学通论 [M]. 北京：人民出版社，2010：180.
② 王文兵，王成华. 构建一种新的哲学文化观 [J]. 天府新论，2005（4）：97-101.

用问题、效用边界、独特价值以及同其他理论的深层次关系等，以便建构起关于学习理论的一系列整体性认识。由此形成的体系化的学习理论知识，将厘清多种理论之间的关系，辨析各理论的优势、不足、针对性和适用边界，如针对什么问题提出某一观点，基于什么事实、方法和经验证实某一观点，这些事实、方法和经验有无问题，其他学者在哪些方面发展或批判了某一观点及依据为何。

黑格尔（G. W. F. Hegel）指出："在普遍性里同时包含有特殊的和个体的东西在内。"① 斯特劳森（P. F. Strawson）认为，"具体"和"特殊"在"本体论"里具有"优先地位"，"能够对一个给定类型的殊相进行识别是将这个类型的殊相包含在我们的本体论中的必要条件"②。整合多种学习论的研究成果，不能断章取义或削足适履。对多种学习理论进行"体系化的整体建造"，必须对其具体组成部分的"特殊性"进行考察和分析，即要对多种学习理论进行具体而微的挖掘和解读，在厘清其所有要素及其动态关系的过程中，以贯通一体的理性思考和整体主义的进路考察，最终建构各种学习理论的全貌。

体系化的学习理论知识，是更新后的学习理论知识体系对已有多种学习理论的选择、包容、重新定位和再结构化，既便于深化相应认识及实践运用，也让学习论研究在知识层面上实现了累积式的发展。而且，整合多种学习论的研究成果所寻求的不仅是整合先前研究的成果，还要求能超越先前的研究，从"研究现在在哪里，准备到哪里去，如何到那里"的角度来加以思考。对已有多种学习理论的整合性考察与建构，内蕴着高度的反省性，不仅要描述"是什么"，而且还要对"应该是什么"做出反省，这有利于学习研究找到新的方向与生长点。

（三）推动学习理论的实践运用

整合多种学习研究成果，有助于形成整体认识。但是，这些成果如何应用于实践，是研究者必须直面的问题，而这是一个"瓶颈式"的问题。"理论脱离实践"和"理论无法解决实践问题"等常被论及。从根本上说，理论与实践的矛盾具体表现在理论的"普遍"与实践的"特殊"之矛盾、理论的"抽象"与实践的"具体"之矛盾、理论的确定性"必然"与实践的不确定性"偶然"之矛盾、理论逻辑的"静态"与实践逻辑的"动态"之矛盾③。事实上，不是学习理论"无用"，而是"理论"与"实践者所需

---

① 黑格尔. 小逻辑［M］. 贺麟, 译. 北京：商务印书馆，1980：334.
② 应奇. 斯特劳森的哲学图像［J］. 哲学研究，1998（11）：61-70.
③ 李政涛. 交互生成：教育理论与实践的转化之力［M］. 上海：华东师范大学出版社，2014：73-79.

的知识"存在着"知识版本上的不同"。理论表述过于学术化,导致实践者望而生畏、难以应用。因此,研究者要运用多样化的策略与方法,将相应学习理论加以"转化设计",将以理论表述为主的知识转化设计为面向实践、便于实践操作的知识版本,甚至采用操作手册的方式予以呈现,在一定意义上就是将高深的文本转化为通俗的普及读物。"转化设计"的关键在于"转译"和"开展行动研究"。

其一,转译。即理论版本知识向实践版本知识的转化,这好比"翻译"(translate),不同于"传递"。比如,将一个短语或一种思想从一种语言翻译为另一种语言时,译者必须明了受众的理解水平、词语运用的正确性、词语的顺序、文化背景、手势意义及社会交流中的一些弦外之音,并随时接收与融会受众的表现与反馈。转译时,研究者切忌完全照搬学习理论中的表述,而是要用更亲近实践的话语,以实践者容易接受和理解的语言将相应理论知识所蕴含的原理与方法提炼和表达出来,即使用"用户友好型"表述方式。转译时,研究者还要能认识到"这些学习理论知识对实践是否适宜""为什么需要这些学习理论知识"和"这些学习理论知识与未来的课程与教学实践改进有何关系",进而建构起当下转译与长远的课程与教学实践之间的关系。

其二,开展行动研究。为了进一步践行、验证和发展学习论成果,建造"理论"与"实践"之间的沟通桥梁,实现"理论"与"实践"互通的目的,需要开展相应的行动研究。在行动研究中,探察"依据什么学习理论能够开发哪些策略,以优化课程与教学哪些方面的发展",探明"开发使用有关策略以优化相关的课程与教学是否显著有效",探析"这样的有效性,其内在机理是什么"等问题。行动研究的循环往复和螺旋深化,既能推动学习论成果的实践运用,又能提升课程与教学研究与实践的实效性。在行动研究中,还可以形成以下两类知识:一是在实践中应用相应学习理论的知识,即有效运用学习论的"诀窍";二是解决在实践中遇到的已有学习论无法解决的问题的知识,即有效解决问题的新方法。这些知识的积累、表达与推广,将在很大程度上推动学习论成果的实践运用。

当下,学习研究已成热点,产生了大量的研究成果。由于研究话语、方法与风格不同,要真正全面加以把握,确实有很大困难。课程与教学研究的学习论基础的建构与发展,必然遭遇无数的挑战。但是,不能用逃避上路的方式来免除障碍与挫折。可以说,前景越辉煌,过程中的不确定性就越多,复杂程度就越高。保持研究和践行的动力,不断发现问题和解决问题,在过程中收获,在校正中前进,是值得努力的方向。

学科教学高质量育人探析

——李玉贵小学语文教学样态的启示

李 重

[摘要] 学科教学如何有效落实核心素养，推进"五育"融合育人，融入高质量发展的战略目标，是新时代学科教师面临的新挑战与新机遇。我国台湾名师李玉贵从人的终身发展与现代社会建构的双重视角来理解学科教学的生态意蕴，确立了小学教师"务实的系统思考的问题解决者"的角色定位。围绕学科育人问题，她在小学语文教学中坚持以育人为天，从每一位学生的存在感、独特性及终身可持续发展出发，运用战略思维及辩证思维灵活把握语文课堂的生态关系，平衡育德与育能的育人目标，协调宏观设计与微观实施的育人实践，统筹整合优质的育人资源，提升教师的价值领导力，以"贴近学习历程的方式"，实现教书与育人的整体有机融通，在成事成人的育人实践中真正落实高质量育人。

[关键词] 学科教学；高质量育人；教书；育人；有机融通

学科教学如何有效落实核心素养，推进"五育"融合育人，实现从"教书"到"育人"的有机融通，是每一位教师都面临的挑战。作为具有战略思维的学科教学专家，我国台湾著名小学语文教育专家、台湾师铎奖获得者李玉贵不仅在语文教学上独树一帜，而且重视育人实践，把语文与育人在整体上做到有机融通、协同并进，探索

作者简介：李重，上海师范大学教育学院副教授，硕士生导师，博士、博士后。主要研究方向为语文课程与教学论。

出了一条成功的学科育人实践路径。李玉贵善于从人的终身发展与现代社会建构的双重视角来理解语文教学的生态意蕴，准确把握小学教师共通的角色定位，即"务实的系统思考的问题解决者"，通过系列化问题的有效解决，实现从"教书"到"育人"的进路。从一定意义上说，李玉贵的学科教学是真正超越学科思维局限，又依托学科教学平台，最终落实整体育人价值的典型样态。这打破了我国近代以来"学科教学与人的精神世界、人格培养割裂的基本格局"[①]，对当前推进核心素养本位的学科探索具有启迪价值，尤其有助于解决从学科教学到核心素养培养的难点、堵点，融通"分科模式"育人与综合育人的差异。研究李玉贵学科融通育人的成功样态，既有助于探寻学科教学高质量育人的多维路径与立体建构，又有助于跳出学科局限，开辟整体育人的新空间、新境界。本文围绕李玉贵如何实现学科教学从"教书"到"育人"的全面转型，阐述其背后的教学理路或思想路径，以期为推进学科教学的高质量育人、促进学科教师的专业发展转型提供有益借鉴。

一、平衡育德与育能的育人目标：育德为基，育能为要，协同并进

学科教学高质量育人的第一要义是确立育人方向、把握育人目标。对此，李玉贵明确、清晰地处理育德与育能的辩证关系，即育德为基，育能为要，教学生做人与做事协同并进，同时兼顾学生审美情趣、体能的发展，在教学全过程积极建构深层次的育人良性关联，既引导学生体验当下的美好，又为孩子们的可持续发展及未来的幸福生活奠基。

（一）育德为基

在育德方面，重在依托鲜活、真实的教育生活样态，引导学生从人与社会、人与自我、人与自然三个维度来积极建立充满"爱与责任"的伦理关系，深入挖掘并持续提升学校日常生活本身的德育价值，为学科教学提供人文价值的导向与根基。

1. 人与社会，命运与共

（1）建构充满宽容、信任、激励的人际关系（首要是师生关系）。课堂生活是一个微型的社会生态关系。教师要让学生信任自己，让学生拥有充分的安全感，这样学生不仅可以安心上课学习，还可以毫无顾忌地跟老师说出他想说的任何事情，如他的问

---

① 叶澜. 回归突破："生命·实践"教育学论纲[M]. 上海：华东师范大学出版社，2015：319.

题或困惑、小秘密，不用担心受到歧视或批评。"以前面对回答问题磕磕绊绊、迟疑不决的学生，我会显得很'关心'，跟那个学生说：你想好再说。我的态度是那么'和蔼'，表情是那么'民主'。学习了佐藤学的教育教学思想后，我有了一些改变。再次面对这种类型的学生，我会转变为'没想好你也可以安心说'。因为学生只有通过说，才能够想得更清楚，只有让学生感觉到安心的课堂才是好课堂。"① 在孩子们的心灵世界里，课堂应是自由思考的港湾，教师是最值得信赖的伙伴。教师要以唤醒、激励为主，以宽容、慈悲为怀，给每个孩子散播爱的"阳光和雨露"，春风化雨，润物无声。

（2）建构真正的同学关系。学科教学绝不止于知识传授与技能训练，以育人为天的课堂生活首先要建构真正的同学关系，而不是排他性、畸形的竞争关系。李玉贵认为："真正的同学关系是成为互学共学的伙伴，关系需要经营，需要老师做一些事情去设计，只有这种互学关系建立了，小孩才会互相合作，不会的时候才会说不会。"② 为此，教师应做好如下方面工作：

首先，让每个孩子在课堂上找到存在感。"建立互学的关系需要让孩子在课堂上有存在感。""小孩在课堂里要有存在感，他不只是来上学，而是在课堂上生活。他要自如，存在感有了，他才能去挑战学习，这是我深刻的感受。今天他在班上是被忽略的，他没有存在感，他不会解题也没人理他，他是班上比较差的小孩，这时候你布置一道题，让他去挑战，这是不可能的，他要先存在，先生活。"③ 确立每个学生的存在感，这是建构同学关系乃至一切良性育人关系的前提条件。要培育有担当的独立人格，需要尊重每位学生的主体性存在，让学生相互欣赏各自独特的存在价值。

其次，教会孩子倾听，养成倾听习惯。"聆听很复杂，不是一个物理行为，我听你说，听恰恰是建立学习的关系。""我们让学生安静听、专心听、好好听、仔细听时，要先教他们怎么听、听什么、听到什么程度。"④ 只有同学之间学会倾听，学习的关系才可能建立起来，同学之间有效的横向互动才成为可能，日常化的彼此分享、相互激励的育人场域才会形成。《义务教育语文课程标准（2022年版）》也把"学会倾听"作为总体目标要求与学业质量指标，给予充分重视。李政涛认为，"倾听是一种多感官交织融通的行为"，教育要从倾听开始，"倾听受教育者的叙说是教师的道德责任"，"作为教育者的教师既承担着培养和发展学生倾听能力的责任，也负有发展并运用自身倾

---

① 李玉贵. 教到学生的需要处［N］. 中国教师报，2017-05-10（4）.
② 伊敏. 李玉贵：让同学，成为同学［J］. 教育文摘，2018（1）：77-80.
③ 伊敏. 李玉贵：让同学，成为同学［J］. 教育文摘，2018（1）：77-80.
④ 伊敏. 李玉贵：让同学，成为同学［J］. 教育文摘，2018（1）：77-80.

听能力的责任"①。可见，教会孩子学会倾听，养成倾听习惯，不仅是育智的要求，更是育德的根基之一。

再次，教会小孩"心中有别人"，善于在和谐人际关系中学习。"因为这个世界上没有人可以拥有所有人的想法，我有想法，我也去听别人的想法，只有心里有别人，小孩才会真的去倾听、去合作。"在她看来，"将来没有哪个工作是只有一个人能完成的，倾听别人会丰富自己的想法，小组学习中每个人进小组不是要跟别人捆绑在一起，不是四个想法不一样的人快速达成共识，而是为了丰富自己的想法"。所以，"真正组建学习的关系，就是要真正去做一件事，叫做'心里有别人'"②。唯有如此，引导学生真正走出"以我为中心"才有可能，这是建构一切美好伦理关系的基本条件。

（3）建构感恩父母的亲人关系。李玉贵认为，教师要从小教会学生懂得体惜父母、感恩父母，这是做人的重要方面。感恩父母要内化到心灵，落实在行动，体现在细节。教师不仅需要动之以情、晓之以理，还需要有计划地组织学生进行演练。

2. 悦纳自我，建构积极的自我心像

李玉贵非常注重引导学生建构积极的自我理解，体验自我效能感，学会合作，解放身心，从而培植自信的根基。根据具身认知的理论研究可知，身体不仅是认知工具，而且是情感体验的重要途径与载体。李玉贵不主张对学生身体做不必要的规训，因为身体是学生自己的，学生平日需要舒展身心，拥有身体的自由感，而不是长时间处在被束缚的状态。她还会有意识地设计一些富有挑战的学习任务，然后合理规划、循序渐进，引导学生勇于挑战、突破自我，最终完成任务，从中获得满足感与自我效能感。当学生常有机会体验到挑战的乐趣，体验到成功的喜悦，他们会比较容易建构起积极进取的心态，形成积极向上的自我人格。这将为建构学习共同体做好铺垫与心理准备。

3. 亲近自然，和谐共生

李玉贵还善于培养学生的环保意识，促使他们养成良好的环保习惯，建构人与自然的和谐共生关系。比如，每次组织学生外出参观，她都会让学生准备一个袋子，一路见到垃圾随时捡拾到袋子里，再统一丢到垃圾箱内。虽然这方面的探索内容不是很多，可是李玉贵已意识到培育生态文明素养对未来教育而言具有战略意义，这也是育德边界的新发展。未来的德育必定是融入自然生态的绿色德育，未来的素质教育必定是整合生态文明素养的优质教育。

---

① 李政涛. 倾听着的教育 [M]. 上海：华东师范大学出版社，2017：3.
② 伊敏. 李玉贵：让同学，成为同学 [J]. 教育文摘，2018（1）：77-80.

总之，李玉贵善于把共同生活、真实世界转化为丰富的课程资源，通过系统思考、长程设计、巧妙安排丰富多样的育人活动，将多维相关、质朴美好的育人因子、育德关系渗透进日常教学生活之中。同时，教师有意示范、言传身教，学生观察体验、濡染陶冶，汇集点点滴滴、日积月累之功，逐渐在学生心灵深处形成美好的伦理关系、做人规范，并外化为日常行为习惯，积淀为品格素养。

（二）育能为要

在育德基础上，李玉贵不仅注重身体素质培养，而且特别注重能力锻炼，将做人与做事彼此关联，"五育"并举、相互促进，逐渐建构起深层次的育人价值结构，培养出具有可持续发展潜质的小公民。

1. 育能教学突出共通的基础能力

从身心发展的角度，通过孩子们"看""听""说""跳""玩"活动切入，注重链接日常课堂生活，突出培养观察能力、倾听能力、说话能力、运动能力（跳绳能力）、合作能力等基础能力。

（1）日常观察能力。李玉贵带学生外出参观时，不会阻止学生使用比较昂贵的天文望远镜等设备，因为她平时就注意训练学生学会观察，科学操作各种设备，所以不担心学生会弄坏设备。此外，观察能力训练还关联到教育生活的方方面面。

（2）倾听能力。学生只有学会倾听，才能有效交流、彼此了解，进而形成相互学习、协作进步的"同学"关系。学生只有具备有效的倾听力，课堂开展的讨论学习、小组学习才能取得预期效果。

（3）说话能力。她会结合各种典型的生活情境，教学生怎么得体、有礼貌地说话，与人有效沟通。交际情境不同，说话方式、语调语气、眼睛转向、身体动作等要求也不同，这些她都会在课堂上加以演练，让学生学习，课后反复应用，从而形成习惯。

（4）运动能力。她每天训练学生跳绳，锻炼身体，还与学生一起进行跳绳比赛等。

（5）合作能力。在"玩"的方面，她积极鼓励在"玩"中合作，在"玩"中交流、动脑筋。

总之，结合日常校园生活，培养小学生"看""听""说""跳""玩"等多方面的基础能力，这些都与合作能力、思维能力训练紧密相关。通过培养上述基础能力，孩子们会越来越健康、聪明、乐群，最终促进班级学习共同体的形成。

2. 育能教学突出语文能力

语文能力本来是基础能力的核心内容，也是育德的必要前提。李玉贵认为，"语文哪里是文科啊，语文是所有学科的母科，语文是工具中的工具，所以语文不是只靠背就可以完成的，不是仅靠记忆就可以完成的。当我们的小孩在测验纸上得到了满分时，我们切莫以为教学任务已经完成，也决不要认为学生拥有了带得走的语文能力"[1]。"语文是所有学科的母科"，也是人生发展的根基、底座。培养语文能力与培养上述基础能力、育德实践相连共生、融为一体，为此李玉贵注重系统设计、整体融通，避免脱离社会生活与学生体验的"割裂式"语文训练，充分彰显母语教学的综合特质。根据小学低段学生的心理特点，她提出以阅读为重心、"大量阅读，真实写作"的教学主张，还提出了读写量的具体要求。这与《义务教育语文课程标准（2022年版）》所倡导的"以生活为基础，以语文实践活动为主线"，"加强课程内容整合"，"促进学习方式变革"，"以促进学生核心素养发展为目的"[2]的课程理念相通、一致。

（1）注重自我关联及情感体验的阅读实践。李玉贵认为，阅读文本只是媒介，学生自己的阅读兴趣、阅读体验更重要，阅读教学要回到人本身。不同的学生对相同文本必然产生不同的阅读感受，阅读教学不能要求学生只按一个模子来阅读理解，而是要从学情差异出发实施个性化的阅读指导。还要特别鼓励每个学生说出自己的阅读感受、心得，让学生们彼此交流，这也是阅读效果评估方式之一。为此，她鼓励学生每读完一本书之后，要彼此交流，口述自己读了什么、有什么感受。她会组织班级阶段性评估会、期末评估会，将亲子阅读也列入评估范围，最后请抽检员老师从100本书内随意抽出一本书，任意请一位学生讲述这本书的主要内容，如果连续抽5次都通过，期末阅读抽检就算通关，班级可以获得相应的基金奖励。为提高阅读课效果，李玉贵要求学生在课前做好预习，做到读懂课文内容。在课堂上，她侧重教学生"读深"是"读透"。"读深"是教学生领会课文字面以下的深层含义，"读透"主要是教课文的内容组织、行文逻辑、表达形式特点。她还会专门教学生掌握长文阅读的策略知识。

（2）紧密联系日常生活的写作实践。李玉贵认为，小学作文不仅一定要紧密联系小学生的日常生活，而且要提前做许多铺垫与设计，为他们完成自我表达"铺路搭桥"。譬如，教师需要从实际出发，因地制宜，合理开发写作题材资源，拓展书面表达的新空间。她会有计划、有组织地安排学生参观学校附近的公园、博物馆，组织学生去周围草地打滚、做游戏等，引导学生"走到哪里写到哪里"。每次外出，她都会带上

---

[1] 李玉贵. 以贴近学习历程的方式思考教学[J]. 中国教师，2016（9）：64.
[2] 中华人民共和国教育部. 义务教育语文课程标准（2022年版）[M]. 北京：北京师范大学出版社，2022：2.

一张大白纸，让每个学生带上一个有松紧带的铅笔盒、硬板夹，方便随时记录、书写。在集合点，她会一边把大白纸贴起来，一边问几个有趣的问题，结合当时情境让学生回答。当学生回答时，她随手把学生说的写在大白纸上面，学生就可以参照大白纸来完成作文，待活动结束后还可以参照大白纸来修改、评议作文。有了"大白纸"做支架，学生不会觉得写作特别困难。总之，李玉贵主张借助写作情境来开展教学，在写作过程中提供支架辅助，积极指导反馈，而不是让学生脱离情境闭门造车、脱离情境评改作文。在作文评价方面，她主张尽可能给学生打高分，不要太吝啬，否则学生对写作练习的热情会逐渐减退。

3. 育能教学突出融通与整合

育能教学需要做的事情比较繁多、细碎，如果不注意关联、贯通，育能效果必将大打折扣，劳而寡功、得不偿失。此外，育能与育德息息相关，也需要加强双向融通与转化，实现有机整合与提升。对此，李玉贵深有体会。她认为，带班与怎样教学对她来说是同等重要的事情[①]。带班活动不仅育德，而且育能，两者须自然融通而不是人为割裂。通过带班活动，积极建构彼此尊重、信任、安心的人际氛围，营造良好的价值认同、班级文化，有助于推动学生形成优质、深厚的人文情感结构，这是高效育能的前提基础。一般而言，先有好的带班教师，才有好的语文教师。总之，在带好班级与教好语文的融通与整合方面，李玉贵见解深刻、独特，实践效果明显。此外，对做好育能与育德的融通整合，她强调要务实，要能干，应善于借助各种统计图表、计划表、任务单等工具来做好整合工作。

二、协调宏观设计与微观实施的学科实践：动态融通、细节传神

在明晰育人目标与方向的基础上，李玉贵特别善于抓住育人过程，既做好系统规划、长程设计，又做到循序渐进、落到实处，既见树木，又见森林，滚动推进。为此，她的教学实践可谓行云流水，又在细节处见精神。

（一）宏观设计：系统规划、动态融通

在育人过程维度上，李玉贵注重围绕育人目标从纵横两个向度来宏观规划学科活动。纵向把握关键节点，做到循序渐进、有条不紊；横向注重拓展育人空间，善于整合课堂、

---

① 李玉贵老师于2019年5月27日下午在上海师范大学教苑楼1010会议室的演讲实录。

校园、家庭、社区等育人资源及育人力量。"不谋全局者，不足谋一域"，通过宏观规划，李玉贵的学科教学可谓层次分明，既能把握关键节点，又能实现动态融通。

1. 教育时间与教育空间的生产与设计

当一个人将心灵长久地浸润于育人世界，那她满眼望去，看到的尽是育人空间、育人时间、育人资源。李玉贵对教育时空感是非常敏感的，在她眼中处处皆是育人舞台，时时皆可为育人之事，从而跳出了狭隘的固化的课堂中心，依据育人需要去转换育人时空。学科教师不应只是围绕孤立的课堂打转，而应该将学生的课堂生活引向更为广阔的社会生活、自然生态，从而将课堂实践嵌入万物互联的真实世界之中。

基于育人时空的丰富育人资源包括：学生的先天禀赋及后天经历资源、家长义工等人员资源、社区人际互动资源、本土人文民俗资源、书籍网络等媒介资源、项目活动资源等。依据育人的价值目标，灵活链接教育时空的育人资源来创造性设计育人活动，优化育人过程，这样的育人事业对教师的想象力、创造力提出了极大挑战，也为教师超越匠气、走向大气，创设广大精微、别具一格的教育意义世界提供了可能。李玉贵在她的育人世界里长袖善舞，轻盈微笑，将育人天地尽收眼底。学生长期浸润在这样的育人价值空间里，也会与众不同。为此李玉贵说："我们班上的学生，一走出去，辨识度都挺高的。人们一看就知道是我班上的学生。"[①] 这就是系统规划、落实细节、长期积淀的自然结果，这也是以育人为天、倾心育人的结晶。

2. 系统规划、长程设计"泛语文"育人活动

根据长期教学经验，李玉贵认为，学生语文素养的形成，20％靠学生的自主学习（如预习、复习），30％靠老师的课堂教学，还有50％靠组织"大量阅读、真实写作"[②]。以此为"纲"，她系统设计语文教学的年度计划时，主要关注如下问题：①学生自主学习什么，教师具体教什么，学生的自主学习与教师的课堂教学如何有效联结，如何激励学生主动参与、积极投入学习，还有学生的自主学习、教师课堂教学的效果如何评价等；②在"大量阅读、真实写作"方面，大量阅读到底读多少、阅读书目及读物如何来、在哪里读、如何读、先读什么再读什么、阅读过程性指导如何进行、读后效果如何评估等，真实写作写什么、到哪里写、如何指导、写作效果如何评估等。此外还包括如何在整个"泛语文"育人活动中挖掘动力源泉，建立动力机制；如何把握关键性的节点；如何相互关联、彼此呼应，形成"泛而不散""分而不乱"的育人格

---

① 李玉贵老师于2019年5月27日下午在上海师范大学教苑楼1010会议室的演讲实录。
② 李玉贵老师于2019年5月27日下午在上海师范大学教苑楼1010会议室的演讲实录。

局；如何将"泛语文"的复杂性活动转化为可用心观照、有序组织的非线性、多维、优质的语文活动。

3. 多线多维展开，大集成组织设计

育德活动与育能活动、带班级与教语文在多线推进的同时，如何彼此关联、动态融通、集聚生成，也是李玉贵在宏观设计中会考虑的问题。这些方面都与她的育人理念、教学艺术彼此暗合，相融互促。

（二）微观实施：落到实处、细节传神

虽然看重宏观设计、系统规划，但是李玉贵更强调落到实处、务实能干、细节传神。她对小学教师的角色定位是"务实的系统思考的问题解决者"。如果离开了务实、能干，再宏大的系统设计都要落空，无法实现。在落实系统规划的过程中，难免会遇到无数琐碎的小事，教师不要一味抱怨，抱怨不能解决任何问题，要有耐心、要用心。为此，李玉贵认为，要做好老师，心态一定要好。这些质朴的话语，无不体现她作为师者的育人思想与人文精神。可见较好的人文素养是教师在日常学科实践中达到"融通"与"传神"所必需的要素。

1. 严格管理课堂时间

李玉贵强调，课堂时间非常宝贵，必须严格管理、合理利用。关于几乎每位老师都觉得课堂时间不够用的问题，她认为解决的办法有两个：①教师的教学语言要精练、简洁。②根据学生的学情差异，做好长程设计。学生能够自主完成的学习任务提前安排，让学生做好预习，自主完成。譬如，在上阅读课之前，她要求学生做好预习，读懂课文内容。评价方式是让学生口述课文内容。上课时，她就可以把教学重点放在引导学生读深、读透上，从而提高阅读课的综合效益。这个环节不仅注重细读文本，还更加注重依据学情差异来实施个性化的教学指导。学生的表现性差异还会随教学推进随时变化，教师要能及时跟进、灵活应对、有效推进，这样才能呈现行云如水、聚集生成的教学佳境。

2. 在细微处读懂学生

无论是育德还是育能，无论是课内还是课外，要取得理想的育人效果，都离不开读懂学生、诊断学情。李玉贵善于从多途径来了解学生的方方面面。

（1）很耐心地倾听。倾听既是修养，也是示范。她善于教导学生倾听，既一步步教学生懂得倾听，又教导学生在日常生活中实践，从而建立学习关系，形成积极的学习生态。她认为，学生要学会倾听，必须知道听的时候要做什么。"第一步，像向日葵一样把身体转向讲话的人;第二步,眼睛看着讲话的人;第三步,微笑聆听;第四步,听懂了的话点点头;第五步,有问题的话,在别人说完一段的时候提出来,跟他说'你刚刚讲的那个我不会哎,你可不可以换一种方式,再试着说给我们听听看,也许我能多懂一些';第六步,别人的话要听到最后。""不仅要教给小孩这些动作和回应的语言,更重要的是教师每天都要示范给小孩看。""特别是遇到说话的人支支吾吾、断断续续,说完一个词之后好久才能再挤出一个词,所有的小孩都没法听到最后,但是对这个支支吾吾的小孩来说,他最需要的就是全班安静地听到最后。只要我们能听到最后,这些支支吾吾的小孩会越说越完整,学习的关系也才能建立。"[①] 在倾听学生的过程之中教会学生倾听,养成倾听习惯,学生会终身受益。

(2) 读懂学生的身体语言。李玉贵对学生的身体语言非常敏感。一年级学生对许多方面的身心感受很难用言语表达出来,但是会通过身体传达出来。教师如果能读懂他们的身体语言,就能更深刻地读懂学生,实施更深层次的教学,比如帮助学生建构自己的身体概念,认同自己。

3. 指导学生落到精细处

李玉贵认为,对小学低段的学生不要讲太多的道理,更不要一味说教、训诫,而是要指导到位、落实到位。无论是育德还是育能,有许多内容都要求学生做出来,用肢体动作准确表达、生动呈现出来。比如,每当家长们抽出宝贵时间来参加班集体的活动,李玉贵与孩子们都会90度鞠躬,表达内心的诚挚感谢。又比如,每当爸爸妈妈下班回家,她不仅要求孩子们立即放下手头的事情,跑去开门,欢迎爸爸妈妈,还教每个学生怎么开门、怎么说话,说话时眼睛看哪里、面部表情怎样;不仅要说"爸爸妈妈上班辛苦啦",还要问"有什么东西要我帮忙拎进来吗",如果爸爸妈妈手上拿了东西,就要立即接过这些东西,帮爸爸妈妈把东西拎到家里。这一系列的细节动作,李玉贵不仅会详细解说,而且会在教室内分组演练,要求开门动作、眼神方向、面部表情、说话方式、语调语气等方面逐一练习到位。这样,学生无论回家还是外出参观,他们言行的辨识度都会提高,这就是自然而然的事情。这些看似是平常小事,实则关系美好人性的养成。

三、 统筹整合优质的课程资源: 聚焦育人目标, 重在融通转化

要做好全面育人工作,落实系统规划与长程设计的各项任务,必然需要围绕阶段

[①] 伊敏. 李玉贵:让同学,成为同学 [J]. 教育文摘, 2018 (1): 77-80.

性育人目标，深度挖掘、充分利用各类优质的课程资源，做好课程资源的有效管理与有序开发，实现各类育人资源的融通与转化。这向教师提出了挑战。为真正教好学生，李玉贵仔细琢磨如何统筹、利用好身边的各类课程资源，将平时看似与学科教学不相关的诸多材料、人员、工具等悉数整合，有机导入教学过程。有些是发挥身边资源的显性育人功能，有些是发挥隐性育人功能；有些是直接利用，拿来对接教学过程，有些是间接利用，为教学实践铺路、搭桥，或提供背景情境。如今信息技术高度发达，更有海量的优质网络资源可供选择利用。只要育人目标清晰明确，每一位老师、学生身边的许多资源都可以融通转化，以共同促进学生核心素养的发展。

（一）时间资源、空间资源的灵活转化与综合利用

李玉贵对教育情境、育人氛围很敏感，她会根据一年四季不同时节、万物生长情况、周围环境变化来设计系列活动，把"育德""育能""读写"等目标分解，渗透到各类活动中，循序渐进，逐步达成。她会将一些日常情境巧妙转化为教育情境，比如在班级开展一些阅读活动时，她会有意选择特定颜色的衣着来上课，营造学习氛围。空间资源方面，她会利用学校周围的公园、博物馆、家庭屋舍等空间来开展学习活动，达成育人目标。

（二）人员"资源"的融通与转化

1. 家长与教师形成育人合力

家长是重要的育人力量。家长和教师一条心、形成育人合力，将给予高质量育人强有力的支撑。李玉贵曾展示过两张照片，其中一张是开学日家长们来学校时拍的，每位家长的表情各不相同，但有一点是共同的，都是满脸疑惑，毫无笑意；另外一张是期末"毕业"那天拍的，家长们洋溢着笑容，满心欢喜，家长彼此互动，显得非常亲近、温馨。两张照片体现出家长们前后两种心理"样态"，反差鲜明。家长们心理"样态"的转变离不开李玉贵的育人智慧与真诚付出。她认为："家长就是社会的缩影。家长们有不同的声音很正常，教师要允许他们有议论的空间。""教师要学会站在家长的角度想问题，向家长开放，了解家长们是怎么看教育、怎么看教学的，而不是要求每个家长都按自己的想法来。"[①] 通过倾听家长的想法及诉求，真诚交流，李玉贵不仅能团结家长，争取到他们各方面的支持，还动员家长参与育人过程。于是每天早上就有

---

① 李玉贵老师于2019年5月27日下午在上海师范大学教苑楼1010会议室的演讲实录。

家长在送孩子到学校后,接着在教室里做义工,帮助检查学生的阅读预习情况,从而形成"一个教师组织一帮家长陪着一群孩子长大"的良性循环。学科教学绝不可关起门来搞改革,课堂需要向家长开放,学校需要向社区开放,从而形成教师与家长、学校与社区携手育人的强大合力。

2. 学生集体也是强大的育人力量

李玉贵特别注意引导学生相互交流,形成真正的学习共同体。学生每天在一起学习成长,他们各有长短,如果能彼此激励,相互交流,取长补短,建构真正的同学关系,这样班集体就不只是一个教师在教,而是有无数的"小先生"在互帮互学,同频互动,一起成长。"李老师给我们带来了一个富有启发意义的概念——学伴。'学伴'一词最能阐释学生间合作学习的关系。李老师告诉我们,低年段适合同桌(隔壁)做'学伴'。综观李老师的课,李老师总是给学生创设一个和谐的、充满关爱的课堂氛围,让'学伴'小声交流他们的想法,然后让尽可能多的学生发表自己的观点。""由此看来,台湾的'合作共同体'的意义不仅限于课堂、学校,限于教育本身,更有这样一层意义:不同的人彼此信赖与合作,构建多元文化共存的氛围。"①

为此,李玉贵的课堂教学显得"别具一格"。"她在内地上公开课很特别,前面20分钟她只做一件事——建立学习的关系。""在她看来,并非教务处把一群小孩编到一个班,他们自然就成为同学。同学一定要'互相学习',这个关系需要老师去组建。"②"课堂,不再只是优秀生的秀场,而是每一位学生的阵地。"③ 总之,当学生集体逐渐转化为互帮互学的育人力量,这样班集体生活就形成一个强大的"育人场域",学生之间彼此启发,相互激励。

(三) 读物资源、工具资源的整合

李玉贵组织学生一年读完100本书,这些书她会精心选择,先分好类,也会发动家长们积极推荐。她认为,如果学生喜欢上一本书,就多了一位教师,喜欢100本书,就多了100位教师来教他们。组织学生读的书,必然是好中选优,优中选精,让这些书来帮助学生爱上阅读。有些同学不喜欢读书,只是因为他们没有遇见自己喜欢的读

---

① 臧义铭. 谈台湾语文课堂教学:由台湾名师李玉贵的报告及课堂教学想到的 [J]. 中国校外教育,2017 (7):225.
② 伊敏. 李玉贵:让同学,成为同学 [J]. 教育文摘,2018 (1):77-80.
③ 戴燕妮. 在她的课堂上,我的学生为啥这样精彩:听李玉贵老师教学《穷人》有感 [J]. 小学语文教师,2016 (9):36.

物。她认为:"学习是很有意思的事情。我教书教了一辈子,还没有遇见不爱学习的孩子。"① 为促进学习发生,她还善于利用各种教学工具,总会将各种交流工具、书写工具、记录工具、统计工具等整合起来供学生使用。为有效组织学生读写,她还要做不少统计图表、记录单等。

总之,统筹各类育人资源,做好整合、融通、转化,都是为了落实系统规划及长程设计,有助于做好"五育"融合育人,落实核心素养。

四、提升教师的价值领导力:
实现"空"与"实"、"分"与"合"统一

李玉贵以其独特方式体悟"学科育人"的本质意蕴,育人过程充满辩证法精神,呈现出庖丁解牛般游刃有余的气象。无论教育理想与现实的距离有多么遥远,她始终怀抱着一颗求索的心,主动探寻、反复追问、不断逼近她心中最本真、最理想的育人境界。从一定意义上说,引导李玉贵落实高质量育人的一个关键概念就是育人价值。育人价值也是她领导一帮家长陪着一群孩子不断长大的核心与纽带。可以说教师价值领导的辩证艺术,正是李玉贵走向成功的关键所在。一位教师只有站在育人价值的高地,才可能凭借价值优势来引领、团结、组织各方面的育人力量,整合优质的育人资源,搭建路径与桥梁,从而将高质量的育人价值渗透、贯通于学科育人过程。

(一)"空"与"实"的辩证统一

"天地之间,其犹橐龠乎?虚而不屈,动而愈出。""凿户牖以为室,当其无,有室之用。"② 内心虚空,才能包容万物;骄傲自满,自然难以容人。如果谦逊好学,见贤思齐,反躬自省,明白三人行必有我师,就能不断吸纳新的知识能量,不断提升见识水平。李玉贵不断在反思中探索前行,不断领悟学科育人的复杂变化,探索学科育人纵横交错的立体路径,不断开拓无限丰富的潜在育人空间,为此她致力建构的育人世界显示出开阔的视野、通达的路径,也呈现博大的气象。

同时,李玉贵也认识到栽培学生不仅是她一个人的事业,还是无数家长"利益攸关"的事情,也是古往今来无数作家、学者、编者孜孜以求的立人事业,更是影响国

---

① 李玉贵老师于 2019 年 5 月 27 日下午在上海师范大学教苑楼 1010 会议室的演讲实录。
② 饶尚宽. 老子 [M]. 北京:中华书局,2006:13,27.

家、社会可持续发展的千秋大业。十年树木，百年树人。培养孩子，实现学科高质量育人，需要大家共同努力，这就需要教师的价值领导力。

为实现教书与育人的整体有机融通，达成高质量育人的目标，李玉贵善于"放空自己"，"聆听"家长、学生、同行专家的声音，倾听来自多方面的意见或诉求，通过沟通交流、求同存异达成价值认同、育人共识。她还善于将各种优质的育人资源、育人力量有序引入教育发生的现场，使其渗透孩子们成长的全过程。于是有家长自愿承担义工角色，早自习在教室里检查学生预习情况，回到家里参与亲子阅读；学生自愿做"小老师"，同学相互学习。她还通过遴选100本优质图书，借用100位作家、学者的智慧来教育孩子们。总之，在教师价值领导力的引领下，周围的人纷纷转变角色，像向日葵一样把能量转向孩子们成长的世界，而不是老师"独霸"育人空间。可谓"问渠哪得清如许，为有源头活水来"。这就是学科育人价值"空"的妙用。

在"空"的价值引领基础之上，李玉贵特别强调小学教师应是"实干家"，要务实、能干、善干，让美好的学科育人价值落地生根。她虽然注重系统规划、长程设计，但是更注重落实、落地。学科育人不是喊口号、贴标语，而是要在日常教学生活中"做出来"，要见显著效果，如她所带班的学生"言行"具有明显的辨识度。为此，她对要求学生做的事情也教得非常细致，可操作性强。她注重操作规则的内化，从课堂练习到课后形成习惯。她认为越规范就越自由。李玉贵的实干精神主要体现在带班活动与语文教学上，她强调这两个方面同等重要，彼此融通，相得益彰。

（二）"分"与"合"的辩证统一

作为培养身心健康、人格健全的学生的育人事业，学科教学涉及育人价值、知识内容、资源、环境等多维、复杂因素，且每个因素又实时变化、交互生成。有鉴于此，要真正做到高质量育人，把系统规划、长程设计落到细节，必然需要将学科的育人目标既做细致分解，又有机联结，使其呈现网络分布状态，这样就必然需要在学科的育人价值层面做"分""合"交错耦合，有序推进，整体融通，导向"五育"融合育人，否则学科内容点就像断线的珍珠，一盘散沙。李玉贵以学科育人价值领导力为抓手，鲜明体现"分"与"合"的教学艺术，以学科育人价值为主线，将各维度、各因素连缀贯通，集合生成。

1. 时间与空间的"分"与"合"

从学科育人价值层面对教学时间、空间做好规划与设计，把握关键的时间节点与重要内容点，为创设独具特色的育人格局提供有利条件。在系统规划及长程设计方面，李玉贵根据学科育人的分解目标，对小学语文教学活动的时间节点与教学地点都审慎选择，恰当安排，使预期价值、操作要领、评估标准等连贯一致。

2. 人员力量与育人资源的"分"与"合"

通过学科育人价值领导力，李玉贵将人员力量转化为育人力量，将物质资源转化为课程资源。根据学科育人的分解目标，各方面的育人力量及资源要协调、统筹，她一方面在带班过程中努力构建学生之间的交流、学习关系，将班集体改造为一个学习共同体；另一方面向家长开放小学语文课堂，也会在教室预留一部分家长的活动空间，通过育人价值领导力引导家长协助教师督促学生做好课前预习、课外读写等活动，构建起家校紧密型"育人联盟"。

3. 教学活动、学习项目的"分"与"合"

通过学科育人价值领导力，李玉贵勇于突破课堂空间的羁绊，巧妙组织协调小学语文的教学活动或任务项目，将过去"三点一线"的"流水线工厂作业模式"转化为网络状、互动生成的人际交往育人空间，在集聚生成中形成综合育人的显著效应。比如，她主持、提炼的"泛语文"教学模式就是将教师的教学主导作用、学生的自主合作学习及"大量阅读、真实写作"项目学习有机统整起来的综合育人实例。依托学科育人价值领导力，各个环节的"语文学习"能够做到"形散神不散"，产生整合集成的效果。又如，她主持的带班活动与语文教学，没有出现相互隔膜或"一虚一实"的现象，真正实现了有机融通与整体发展，达到了"育德"与"育能"双丰收。总之，学科育人价值领导力是实现整个教学活动、学习项目"分"与"合"的灵魂，在李玉贵的教学实践中，学科育人价值的活性因子全程渗透进语文活动安排，取得了满意的育人效果。当然，学科育人价值领导力的修炼离不开她 30 多年对小学语文教学的实践体悟与上下求索。只有通过学科育人价值领导力，才能建构起高质量的学科育人家园，可谓"贤者以其昭昭，使人昭昭"[①]。

---

① 潘新国，余文军. 孟子选注［M］. 杭州：浙江文艺出版社，2003：157.

教育数字化

Research on Basic Education and Teacher's Development

技术赋能：课堂分析与教学的范式转换

——第二十届上海国际课程论坛述评

汤晨琦 邵川华 龚瑞晴

[摘要] 课堂分析是打开课堂"黑箱"、推动教育教学革新和发展的重要手段。人工智能技术后发先至，推动了课堂分析和教学的范式转换。本文梳理了2022年以"技术赋能的国际课堂分析：打开黑箱与重构课堂"为主题的上海国际课程论坛的专家观点和相关文献，围绕论坛聚焦的课堂教与学的革新、技术赋能课堂分析、技术驱动教师发展、课堂分析未来走向四大核心内容，提出打开课堂黑箱的三把钥匙：①合理借鉴世界各国课堂研究的优秀经验；②透视我国教学的独特智慧；③技术赋能构建课堂分析新范式。最后总结概括人工智能时代，课堂分析与教学如何以术为用、以道御术、以人为本，通过揭秘课堂教与学的规律，深化课堂教学改革。

[关键词] 课堂分析；技术赋能；多模态分析；话语分析；教师发展

课堂是学校教育的主阵地，是课程与教学发生的场所。教育若是人体，课堂即是细胞。21世纪风云变幻，未来的不确定性使得培养学生的批判性思维和合作能力成为全世界共同的教育目标。传统"知识告知型"课堂教学无法实现对人才的培养目标，课堂教学亟待转型，而这离不开对课堂的深度剖析与研究。传统的听评课和课堂观察等手段过度依赖研究者的主观经验，对课堂分析评估与价值判断的关注点多集中在

作者简介：汤晨琦，华东师范大学课程与教学研究所博士研究生；邵川华，华东师范大学课程与教学研究所博士研究生；龚瑞晴，华东师范大学课程与教学研究所硕士研究生。

"教"而非"学",因此课堂分析的范式转型迫在眉睫。在数字化时代,信息技术如人工智能为教育领域拓展了新的天地。技术赋能的课堂分析也取得了突破性的进展。

在此背景下,华东师范大学课程与教学研究所、上海智能教育研究院、华东师范大学智能教育实验室于2022年11月11—12日,围绕"技术赋能的国际课堂分析:打开黑箱与重构课堂"这一主题联合举办了第二十届上海国际课程论坛。本次论坛汇聚了来自联合国教科文组织等国际组织以及哈佛大学、斯坦福大学、哥伦比亚大学、加州大学伯克利分校、牛津大学、剑桥大学、华盛顿大学、北京大学、香港大学等海内外机构与顶尖高校的专家和学者,共同探讨如何推动课堂分析范式转型,构建课堂以学为中心的新样态。

本综述基于此次论坛的主旨发言以及相关研究,尝试梳理课堂分析与教学研究的新进展与新成果,并对如何打开"黑箱"重构课堂这一问题做出探索性的解答。

一、他山之石:揭秘国际课堂研究

打开课堂"黑箱"不仅是我国课程与教学领域的目标,也是全世界教育学者的共同追求。在揭开课堂真相、改进课堂教学的探索之路上,需要互相借鉴,促进反思。在本次论坛上,就有来自不同国家和地区的专家学者们分享了他们基于课堂研究分析得到的教学发现和研究成果。

(一)技术定制课堂:促进知识整合

过去的经验告诉我们,灌输式教学的效果十分不理想。如果知识只是单纯"被告知",那么将难以与已有的知识产生联结,这样获取的知识往往是零散的、碎片化的,容易被遗忘。建构主义学习理论认为学生先前的经验与想法是学习新知识的首要资源。知识整合(Knowledge Integration)的教学理论就是基于利用学生已有知识的想法发展起来的[1]。那么,如何在课堂上运用知识整合的理论进行教学活动呢?

本次论坛中,来自美国加州大学伯克利分校教育学院的马西娅·C. 林(Marcia C. Linn)教授与我们分享了利用教育技术促进知识整合的课堂教学,即使用定制环境的教学系统(Authoring and Customizing Environment,简称ACE)进行科学教育。

---

[1] 赵国庆,张丹慧,陈钱钱. 知识整合教学理论解读:将碎片化知识转化为连贯性想法[J]. 现代远程教育研究,2018(01):3-14,30.

ACE是一个以课程整合教学法为指导的在线科学探究教学系统,通过诱出已有的想法、添加新的想法、辨分想法、反思和整理想法等环节,帮助学生构建科学概念,获得对科学知识的连贯性理解。

在传统的教学中,人们把"教"等同于"学"。事实上,教师的"教"不等于学生的"学"。在课堂中,学生是否真正在学以及学得如何是课堂分析的重要内容。如何使课堂中的思维可视化也是教学的重难点之一。马西娅·C. 林教授指出,ACE系统可以通过引导学生输出自己的想法,让学生思维可视化;通过教师评分工具和系统,使得教师思维可视化,确保学生了解到自己知识的掌握程度和学习表现;通过交互仿真模拟技术,使得科学思维可视化,激发学生产生新的科学概念和知识,并与原来的想法建立联系。

技术走进课堂,教学借助计算机技术实现了思维可视化,课堂中的教与学变得清晰可见。通过教育技术,课堂实现了从"黑箱"到"玻璃箱"的转化。

(二)课堂小组活动: 实现对话反思

以学生为中心的课堂教学愈发关注学生之间的合作学习,在新课程理念的指导下,小组活动被广泛地运用到课堂教学中。课堂小组活动是以小组为单位使学生通过组内交流合作参与课堂学习的一种教学组织形式。有效运用小组活动进行探究式合作学习,能够增加学生的课堂参与度,加强学生的主体地位,促进其核心素养的全面提升。但是,小组活动的一些弊端在课堂中依然存在,比如组织管理困难,容易造成优等生一言堂等。使用科学的手段检验小组活动的有效性,探索小组活动的实施策略,对改进教育教学具有重要的作用。

在本次论坛中,来自英国剑桥大学教育学院的克里丝汀·豪(Christine Howe)教授分享了有关小组活动的发现。克里丝汀·豪教授和团队在近30项的人为干预实验中,根据对比干预前后的学生发展特质,发现非教师直接参与的小组合作可以促进学习,但是需要满足特定的条件:小组中必须有观点不同的学生。如果所有学生在讨论之前都对一个问题持同样的观点,那么进步就不会产生。观点的差异优化了对话的特定形式。克里丝汀·豪教授进一步解释,小组合作的有效性取决于小组对话的形式。要使得对话富有成效,对话就必须包含为了解决小组任务而提出的不同建议、支持这些建议的理由以及对建议和理由的评估。

此外,学生在小组活动后对先前讨论内容进行反思、评估和整合,会影响他们的进步程度。为此克里丝汀·豪教授还探讨了组外分享的意义,并表示如果学生向组外的同学解释他们组内的讨论内容，会提升小组合作的成效。因为在进行解释时，学生必须反思并整合小组中的讨论。

（三）对话辩论式教学：焕发课堂生机

随着互联网的发展，数字信息时代早已来临，而谬误的广泛传播则是这个时代带来的副产品。为了帮助下一代应对这个充满谬误的时代（Age of Misinformation），提高他们独立思考、辨别和评估信息的能力成为现当代教育的共同目标。来自美国斯坦福大学教育学院的乔纳森·奥斯本（Jonathan Osborne）教授号召将数字化素养所涵盖的基本技能与对科学实践的有效理解相结合，培养有科学素养的社会个体。来自英国牛津大学科学教育学院的希贝尔·厄杜兰（Sibel Erduran）教授表示为了应对未来的不确定性，学校需要通过教授学生论辩来发展批判性思维。论辩式教学如何与学生的思维发展相结合，教师应如何在课堂中使用论辩式教学法？来自美国哥伦比亚大学教师学院的迪安娜·库恩（Deanna Kuhn）教授在本次论坛上给出了一个鲜活的示例，即应用"基于对话的辩论式教学法"（a dialogue-based argument approach）的课堂教学形态。

迪安娜·库恩教授用视频展示了纽约一所公立学校的初中生参与的为期四天的"与我辩论"项目。该项目有四项指导原则：第一，教育的目的是发展思维，无论是在个人层面还是与他人合作的层面；第二，学生主要通过实践批判性思维体验它带来的力量和价值以发展该思维能力；第三，与同龄人进行有目的的对话是通向个人批判性思维和写作的桥梁，也就是说对话被学生内化了；第四，使用电子对话方式，因为它提供了保存在屏幕上的对话记录，这有助于促进学生对对话本身的思考和讨论。

依据指导原则，首先，学生需要根据论题选择自己的立场并组成团队。其次，学生需要和自己的团队提出支持论点的理由，并挑选整理老师提供的事实作为相应的论据，把论据和理由相关联。再次，学生队内讨论如何应对对方的论点以及对方对自己论点的反驳。最后，双方正式进行辩论。在项目后期，学生还要根据论题提交论文。迪安娜·库恩教授表示，从对话到文字，学生的写作结构和内容都取得了极大的进步。

虽然有很多研究者认为学生的学习应该是合作构建知识的过程，而不是对抗的过程，但迪安娜·库恩教授认为学生应该参与不同观点碰撞的过程，因为要求说服对方的辩论形式会促使学生对问题进行深入思考。而这一点和克里丝汀·豪教授有关小组活动的发现不谋而合。同时，希贝尔·厄杜兰教授表示在教师间举行辩论同等重要，因为这样可以使得教师深刻理解如何引导学生进行辩论。

纵观本次论坛中关于课堂分析和教学实践的国际经验，世界各国和地区都十分重视培养学生面向 21 世纪的技能，包括问题解决的能力和批判性思维等，并且注重发挥课堂分析在推动教学转型中的巨大作用。面对世界各国和各地区的经验，需要理性客观地进行评估和反思。如果确定经验是有价值的，便应该合理借鉴吸收，使之在我国发挥作用。

二、就地取材：透视中国教学智慧

面对舶来品，借鉴吸收其优秀的经验是重要的，但是单单这样还不足够。来自华东师范大学课程与教学研究所的肖思汉副教授表示，以优秀的境外经验做棱镜，透视中国教师在中国课堂上独特的智慧同等重要。

课堂话语分析的研究学者在 20 世纪 70 年代发现了课堂话语的普遍结构，即"引发—回应—评价"（initiation-response-evaluation，简称 I-R-E）和"引发—回应—反馈"（initiation-response-feedback，简称 I-R-F）。到了 20 世纪 90 年代，奥康纳和迈克尔斯发现具有"合理推断＋间接引语＋附带问题"的结构更好，将之命名为"回音"（revoicing）。"引发—回应—回音—评价/反馈"（initiation-response-revoicing-evaluation，简称 I-R-Rv-E）的回音话语旨在把评价的权利还给学生，加强学生的主体性，并且通过营造学生之间的对话关系，促进学生对课堂的深度参与[1]。

我国的课堂较美国班额更大，课时更多，在课堂中运用回音策略显然难度更大，因此我国一线教师对于能否在中国的课堂上运用回音策略是有困惑的。面对这样的困惑，肖思汉副教授在本次论坛上通过展示上海市某初中一位资深教师"李老师"在生命科学课堂上呈现的两个"回音"片段的话语分析，显示出中国教师在知识与效率和情感与公平上努力维持平衡的独特智慧。

在这两个片段中，"李老师"的话语在结构上都满足回音的标准，但一个多了"纠正"的意味，即转述学生话语时在极短的时间内悄悄地做了修改和调整，使学生的论据更为完善。此举瞬间在课堂营造出买卖的剧场，将学生引导进荒谬的情境中，在愉快的氛围中让学生感受到自己论点的不合理性。"李老师"在反驳与回音之间自如转

---

[1] 肖思汉. 听说：探索课堂互动的研究谱系［M］. 上海：华东师范大学出版社，2017.

化，在反驳时依然维持了课堂融洽的气氛，在回音时依然高效率地推进了课程[1]。根据肖思汉副教授的进一步解释，发生在中国课堂上的"回音"话语体现了中国教师的教学巧思和智慧，难以被完全归类为奥康纳和迈克尔斯及其追随者所研究的话语结构。

来自华东师范大学课程与教学研究所的刘良华教授在本次论坛上也就中国课堂独特的"回音"话语性质、类型和特点以及如何利用"回音"话语提升教学的有效性和校本教研做了发言。他指出中国课堂中的"回音"有多种类型，包括重复或归纳、补充或点评、追问或征询。每一种"回音"类型都有其特殊的意义和价值，即使看似简单的重复，也可以使学生感受到教师的倾听与尊重。关注中国的课堂"回音"，对我国教师发展具有十分重要的意义。

面对境外优秀的经验，寻找自身存在的问题并加以弥补是心之所向也合情合理，但是"补短"的同时也要"取自身之长"。发现、分析并发扬中国教学智慧，是我国课程研究者义不容辞的责任。

三、把握机遇：技术赋能课堂分析

课堂是一个复杂的系统，除了话语，还有书面对话和非言语行为。当前传统的课堂教学诊断形式以现场观察法、访谈法和问卷调查法为主，存在主观性较强、效率低下、反馈延迟、干扰课堂等问题。人工智能等技术的发展可以转变已有诊断和评价方式，为解决传统课堂教学诊断的问题提供新的思路，技术赋能的课堂教学研究日益成为研究与实践领域的关注重点[2]，然而技术可以在哪些方面为课堂教学研究提供支持呢？

（一）拓展广度：大规模跨文化分析

传统的课堂教学研究需要大量的人工编码和分析，存在效率低、反馈不及时等现实问题。在信息技术助力教育研究的背景下，现阶段的课堂分析可以将机械重复的编码和分析工作交由机器来完成，进而自动得出诊断结论并进行反馈。这样不仅可以减轻研究者和教师的负担，还为后续规模化的应用奠定了基础。正如论坛中华东师范大

---

[1] 肖思汉. 转轴拨弦三两声：探索中国课堂上的"回音"话语 [J]. 全球教育展望，2022，51 (10)：45-58.

[2] 杨晓哲. 基于人工智能的课堂分析架构：一种智能的课堂教学研究 [J]. 全球教育展望，2021，50 (12)：55-65.

学课程与教学研究所国际课堂分析实验室执行主任杨晓哲副教授的研究报告所述，在机器的自动识别与提取的辅助下，对全国乃至全世界规模性的课堂样本进行同步分析成为可能。杨晓哲团队借助机器编码完成了对全国范围内1～9年级一共1008节语文课堂的分析工作，实现了课堂分析从1到100的跨越，实现了从全国层面分析中小学语文课堂中师生教与学生态特征的目的。技术赋能的课堂分析完美破解了传统课堂分析效率低、样本规模小的窘境。

此外每一个课堂都具备特有的文化氛围，传达特有的思想观念和价值立场，传统的课堂研究大多都以课堂中的教师、学生、教学内容、教学方法等要素作为研究重点，往往忽略了课堂的文化属性与价值立场的差异性，加之缺乏资料分享交流的平台，因而更加无法实现不同国家、不同地区、不同文化背景下的课堂分析与比较。而技术赋能的课堂研究扭转了这一局面。在此次论坛中，教育部教育大数据与教育决策实验室徐瑾劼副教授分享了经济合作与发展组织（Organization for Economic Co-operation and Development，简称 OECD）开展的"全球教学洞察"（Global Teaching Insights，简称 GTI）项目。该项目填补了教师教学国际调查项目（Teaching and Learning International Survey，简称 TALIS）对课堂教学有效性评估的缺失，依靠技术成功搭建了教学数据上传分享平台，创新性地收集了国际范围内包括中国、日本、英格兰在内的8个国家或地区课堂教学的视频、课件、板书等素材，并对所收集到的教学素材进行单独编码和评分的跨文化研究，为打开课堂教学的"黑箱"提供了一种新的视野和研究路径。

（二）挖掘深度：多模态数据分析

随着传统课堂研究低效烦琐、成本昂贵和侵入现场等问题与局限性的日益显现，课堂研究方式从"间接测量"转向"直接研究"。尤其是在近些年人工智能为便捷化、规模化、非介入式的课堂整体形态研究提供技术支撑的背景下，课堂研究的视角日趋丰富，在"语言中心"转向"身体中心""图像中心"的过程中逐渐形成了课堂研究的多模态分析体系[①]。

课堂的多模态分析（Multimodal Analysis）是指以教育学理论为核心，以交互、感知、语义理解技术作为支撑，尽可能收集课堂教学过程中的声音、视频、问卷等多

---

① 吴军其，吴飞燕，张萌萌，等. 多模态视域下智慧课堂协作学习投入度分析模型构建及应用[J]. 电化教育研究，2022，43（07）：73-80，88.

模态数据，围绕教学过程中所产生的学生生理和行为数据进行分析，以揭示课堂的深层规律。从多模态分析视角出发，课堂教学过程中的数据来源涉及教师使用的语言、手势、神情，教学环境，以及教科书、白板和教育技术等多样化资源。多模态课堂分析具有互补性、互证性、融合性和转换性这四重鲜明的特征[①]。即每一样态的数据都是对某一学习现象的部分解释，多种模态数据互补，共同解释教学全过程；不同类型的学习数据可用于论证同一教学现象或结果，进而能够有效提高结果的科学性和公信力；各种样态的数据相互融合，共同表征某一类教学现象或学习指标；同时，在技术赋能的背景下，物理数据可由机器进行翻译，自动转换为数字证据并可视化，以便教师依据数字画像进行精准教学与反馈。不难发现，多来源、多维度条件下数据支撑的多模态课堂分析已成为未来课堂研究的趋势。

杨晓哲副教授针对收集的多模态数据，从教师、学生、话语、非话语四个一级维度，运用82个课堂数据编码标签全面深入地刻画了课堂教学场景。他还强调了用技术赋能课堂分析的价值，即不仅能够运用人工智能技术实现大规模课堂诊断与评价，破解课堂评价无法规模化的难题，还可以构建基于多模态数据的课堂评价标准，进而解决课堂智能评价缺乏指向性的困境。此外，杨晓哲副教授还指出，开展多模态课堂分析过程中，首先要从教育学原理出发，设计好所需要的证据，并训练算法使之完成机器自适应，从而对大规模数据进行智能分析。利用信息技术赋能课堂实录视频的多模态分析可以在探讨宏观层面的课堂类型、课堂组织分布形式的同时，对课堂微观视角的师生对话进行有效识别标注，为规模化、精细化地解构、刻画课堂提供有效支撑。此外，针对多模态数据分析，华南师范大学宋宇教授与上海智能教育研究院姜飞研究员结合自己的研究进行了深入探讨。宋宇教授利用信息技术对课堂教学过程中的师生话语进行抓取，进而建构了课堂师生话语的语料库，并通过机器学习实现了课堂话语互动的自动分析；姜飞研究员则着重于课堂中学生的面部图像数据研究，通过比较课堂与日常生活两种场域下学生面部表情的变化，分析课堂中发生的教学行为，并通过计算机自适应，实现对多位学生课堂情绪的实时检测与反馈。

值得关注的是，本次论坛架构起了课堂分析与技术赋能的桥梁，在交流研讨的过程中，不同背景、不同研究取向的专家学者碰撞出了别样的火花，并达成了共识："针对信息技术赋能下的课堂多模态数据分析，将不同类型的课堂数据进行组合、串联，

---

① MU S, CUI M, HUANG X. Multimodal data fusion in learning analytics: a systematic review[J]. Sensors, 2020, 20(23): 6856.

共同解构课堂中发生了什么、进行了什么是十分有必要的，例如结合学生话语内容与面部表情变化，多视角地深度刻画学生在课堂过程中的认知路径。"

（三）提升高度：服务教师专业发展

课堂教学是教师展现其专业能力的重要场所，课堂实践本身亦蕴含着教师专业成长的丰富资源。通过对课堂中各种因素的研究和分析，教师能够更深入地了解和反思自身教学行为、学生认知过程、师生沟通互动、师生与环境的交互影响，进而提高自身专业实践的能力。尤其是在信息技术的加持下，借助一定的技术和方法对课堂教学进行细致科学的观察和分析，更能够帮助教师全面、准确地了解到课堂中师生交互的情形，据此教师可以快速、准确地根据信息技术筛选、截取出的课堂教学视频片段进行交流讨论与深入分析，进而反思和改进自身的教学行为[1]。

在此次论坛中，香港大学教育学院陈高伟副教授关注了教学一线课堂研讨对教师专业发展促进作用的有效性问题。他指出研讨课堂实录、分析师生互动对教师专业发展的促进作用不言而喻，而教学一线中通常采用直接向教师播放视频并分析点评的这种传统课堂研讨方式，其实施作用与效率是比较低下的。课堂中蕴含的信息纷乱繁多，直接给教师观看，会使教师面临较高的认知负荷。此外课堂实录中的信息多以线性的方式呈现，缺乏侧重点，容易导致新手教师不知将注意集中于何处。将信息技术与课堂研讨有机结合，实现对课堂实录视频的结构化、可视化加工，可以成为突破这一窘境的有效途径。陈高伟团队开发了一种基于可视化技术的视频研讨系统，在研讨过程中从课堂师生话语的用词、词频以及话轮等多个视角全方位指导教师开展课题互动，进而形成"教师行为—课堂分析—教师专业发展"的良性循环，使教师得以在有效的比较讨论中自我反思，提升专业素养。

四、反思与讨论

当技术进入教育领域、进入课堂分析领域时，人与技术之间始终存在着张力。本次论坛上，与会的专家学者对技术赋能课堂分析面临的机遇与挑战进行了理性审思，并对其未来图景展开构想。技术赋能课堂分析的存在样态、理论根基、价值伦理仍有待深入探讨，其优质的课堂分析范式亟待各国各地区学者进一步研究。

---

[1] 顾小清，王炜. 支持教师专业发展的课堂分析技术新探索[J]. 中国电化教育，2004（7）：18-21.

（一）风云际会：技术创造机遇

在国内外诸多学者的努力下，由技术介导的课堂分析已取得了突破性的成就。尽管人力介入课堂分析的传统模式为打开课堂"黑箱"提供了分析路径，但课堂分析效率低、反馈慢的困境仍然存在，而技术的出现为课堂分析带来了转变机遇。

1. 摆脱传统课堂分析困境

技术的出现解决了由人介导的课堂分析的现有问题，对传统课堂分析的滞后性、侵入性给出了新的回应。技术赋能的课堂分析所带来的快捷性填补了传统课堂分析滞后性的不足。在传统课堂分析模式中，面对错综庞杂的课堂数据，由人工完成的课堂分析速度慢，且易出现分析判断失误。但技术的介入，让课堂分析得以高速发生，如杨晓哲副教授借助人工智能技术实现课堂分析从 1 到 100 的突破，以及姜飞研究员利用人工智能技术对课堂教学数据进行读取和评估。技术助力让短时间内完成大量课堂数据分析成为可能，并能够及时产出课堂分析成果，从数据视角挖掘出被隐藏的课堂真相。

同时，技术与课堂相融合能够在课堂研究中形成侵入缓冲。安桂清教授谈及传统课堂分析的侵入性时指出，观察和研究课堂，往往对课堂本身具有一定的侵入性。这种侵入性来自研究人员和研究设备所带来的陌生性。由于从事课堂分析的研究者及研究设备不隶属课堂生态本身，当其进入课堂时，这种陌生的侵入将引起教师和学生的敏感反应，从而对课堂产生影响。但当技术与教室结合，或与教师结合，技术就能够成为课堂生态的一部分，缓冲了侵入性，有利于还原课堂真相。

2. 拓宽课堂分析应用场景

技术为课堂分析提供了更为广阔的应用场景，以集成多模态数据库的形式，为教师专业发展提供支持。以视频为主要数据形态的平台，借助可视化与分析技术，形成"教师行为—课堂分析—教师专业发展"的良性循环，同时也为教师提供自我反思和提升专业素养的机会。陈高伟副教授借助可视化和分析技术，以课堂教学视频促进教师进行教学反思，支持教师专业发展。除视频等学习活动数据外，课件等学习资源数据同样值得关注。上海师范大学国际与比较教育研究院徐瑾劼副教授指出，课件是教师对课堂预设的一种表现形式，能够展示不同国家及地区在教学设计中学习机会的质量。利用智能技术对课件等学习资源进行评价，将对教师专业发展和教学改进产生积极意义。

（二）扶颠持危：理性应对挑战

教育是社会、心理、生理交叉构筑的复杂活动。课堂分析在面临技术带来的发展机遇时，同样也面临着挑战。这种挑战不仅源自技术本身，更来自技术与理论、技术与人之间的关系。

1. 以术为用：着力把握技术与课堂融合样态

技术的介入是教育发展的内在诉求，但进入教育领域的技术尚未完全成熟，技术不可避免地对教育产生了外在冲击。技术作为手段，在具备功能性的同时，也对教师、学生、课堂本身有潜在威胁。这一威胁在于，技术的介入打破了原有的由人构建的课堂自然生态。在"教师—环境—学生"的原始关系中，环境的作用在技术加码下拓宽和增效，教师和学生两大课堂主体却在一定程度上褪色。技术作为打开课堂"黑箱"的钥匙，需要在课堂研究与实践中审慎运用。浙江大学教育学院屠莉娅副教授认为技术支持下新型教学空间不只是外设于学习的物理存在，还能对实质性教学关系、教育生态与文化的塑造起到促进作用。北京大学教育学院汪琼教授从人机合作的分工与工作动机层面反思高度自动化的教学工具带来的副作用。当人工智能作为辅助与教师进行课堂合作时，信任、控制、责任等现实问题便接踵而来。技术进入课堂后的自主、公平、隐私、教育福祉、可用性都值得更深入地思考。

2. 以道御术：持续建构技术赋能课堂理论基础

技术进入课堂的最终目的是为课堂赋能、服务于教学，因而技术与课堂之间的主客关系需要被揭示，技术赋能课堂的理论基础需要被阐明。由于技术更新迭代的速度远超理论的发展速度，当前的人工智能课堂分析研究是以技术为先导的研究。技术先行进入课堂，在课堂实践中会引发一系列现实问题。技术驱动的发展始终需要理论的指引和支撑，相对完善的技术赋能课堂理论体系需要被建构。浙江大学教育学院刘徽教授强调学习科学视野下的教学转型，提出培养学生的专家思维，让学生亲历概念转变的动态过程。成都教育科学研究院中学所所长袁文等人则关注整合学习视阈下的高质量课堂建设研究。华东师范大学课程与教学研究所所长崔允漷教授在主论坛总结发言中点明，缺失理论的数据只能以孤立的乱码形式存在。理论对课堂分析具备价值导向功能，因而深化对课堂分析理论标准与框架的建构势在必行。在利用数据改进理论的同时，要借助理论进行价值引导。

3. 以人为本：重新审视技术与课堂的伦理关系

无论是技术或是理论，课堂分析始终与课堂中的教师和学生密不可分，最终需要回归到人的教育本身。但在数字化时代，技术已经对人本身产生了影响。人与技术的关系更加紧密，越来越多与人相关的活动正向人机协同演变。因此，我们需要在技术视角下重新审视人的存在和价值及其与技术的关系，进而思考以人为主体的课堂与技术的伦理关系。首都师范大学信息工程学院孙众教授等人聚焦当前基于人工智能技术的课堂分析及其运算至上的困境，建构指向意义发现的人工智能课堂教学分析机制。苗逢春主任提出，数字时代的人工智能与教育应当遵循数字人文主义。在数字化时代，知识生产与知识表征已经发生变革，过去的人类经验同样需要转变，人类社会呼唤一种建立在人文主义基础上的数字人文主义，即在工具理性与价值理性中寻求平衡。

（三）千帆竞发：共画未来蓝图

在技术赋能背景下，课程分析面临着机遇与挑战并存的局面，从中可以一窥课堂分析的未来蓝图，即寻求人与技术之间的平衡支点，并在此基础上实现高质量发展。华东师范大学石雨晨副教授在论坛中首次发布的《国际课堂分析的十大前沿问题》提出了对课堂分析未来蓝图的构想。

在澄清价值理论层面，未来的课堂分析呼唤理论的价值引领与高质量分析框架。在揭示课堂真相层面，未来的课堂分析追求多模态数据与多样化技术，致力于提高课堂数据编码自动化水平，从而建设大规模、无介入的课堂分析系统。在化数据为证据层面，未来的课堂分析要求建构伦理公约，为学生与教师画像，并满足其教、学、评、管的需求。通过实践与规范，数据将自下而上归纳为理论，理论将进一步自上而下演绎，从而推动实践发展，最终实现数据与理论的双向驱动。在此过程中，技术赋能课堂分析的理论与实践路径将逐渐被勾勒清晰，形成高质量的多元优质范式。

五、结语

二十朝风雨砥砺，潮起扬帆，二十载春华秋实，高掌远跖，上海国际课程论坛已经走过整整二十个年头。华东师范大学教育学部主任袁振国教授在论坛致辞时表示："任何事情只要坚持就会出彩，二十年如一日，论坛在推动课程理论与实践的改革方面已经产生了巨大的国内外影响力。"

本届论坛聚焦课堂教与学的革新、技术赋能课堂分析、技术驱动教师发展、课堂分析未来走向四大核心内容，汇聚了世界顶级研究团队，构建了课堂以"学"为中心的新生态和技术赋能课堂分析的新范式。

此外，课堂分析领域的重大成果也在本届论坛上惊艳亮相。华东师范大学国际课堂分析实验室执行主编杨晓哲和石雨晨副教授及团队基于已有研究，在会上首次发布了两份报告——《中小学课堂智能分析：从 1 到 100》《国际课堂分析的十大前沿问题》，带来了中国式、大规模、精细化的现代课堂研究的重大突破，梳理了国内外课堂分析领域亟待解决的前沿问题，为我国课堂研究指明了方向。多方协同的"可视化与分析技术支持教师专业发展""课件视域下的跨文化课堂教学研究""多元取径的课堂研究和数据分析"等创新成果也受到了国内外专家学者的关注。

本次论坛助推了课堂分析向数字化、智能化范式聚焦，在促进课堂教学改革发展的道路上点燃了一盏明灯。路漫漫其修远兮，未来智能技术与课堂分析如何有机结合并更好地服务于课堂实践，还需要全世界学者的共同求索。

学校数字治理的困境：表现、溯因与应对

杨征铭

[摘要] 当前学校数字治理面临各种困境，主要有陷入技术路径依赖与绩效内卷的漩涡、数字赋能与数字贫困之间的张力难以调和、治理内容的清晰性需求与模糊性定位冲突、数据资源整合与共享的失范造成平台虚化等表现。追溯这些表现的原因，可发现学校数字治理过程中存在监督错位与数字技术的自反性导致治理约束偏离、制度体系与技术发展的异步性导致治理动力缺失、智能嵌入与技术本身的负强化导致治理保障不足、技术精准性与数字鸿沟的冲突导致治理调节失灵四大问题。对此，宜建立精准监督数字治理的治理约束系统、创设贴合技术实际的治理动力系统、设置消解技术负能的治理保障系统及确立弥合数字鸿沟的治理调节系统作为应对路径。

[关键词] 数字治理；困境；表现阐释；生发溯因；应对路径

基金项目：本文系教育部哲学社会科学研究后期资助项目"循证教学的理论建构研究"（课题编号：22JHQ088）、国家社会科学基金青年项目"西部民族地区乡村教师获得感测评与提升研究"（20CMZ026）的研究成果。

作者简介：杨征铭，西南大学教育学部博士研究生。主要研究方向为课程与教学论、教育治理。

一、问题提出

学校数字治理的目标，是使学校治理的各项环节更加透明、精准和高效：一方面，为学生减负，消除学生在学习任务和学习环境的作用下经历的负向体验，实现自身全面发展；另一方面，为教师减负，激发教师的专业发展动力与热情，促使教师潜心教书与静心育人，推动学校教育进一步提质增效。《中国教育现代化 2035》明确将加快信息化时代教育变革列为面向教育现代化的战略任务之一，提出应"推进教育治理方式变革，加快形成现代化的教育管理与监测体系，推进管理精准化和决策科学化"[①]，为学校教育治理的数字化转型指明了方向。怀进鹏部长在 2023 年 2 月 13 日的世界数字教育大会上指出，要"推动教育治理高效化、精准化，通过人工智能、大数据等技术应用，实现业务协同、流程优化、结构重塑、精准管理，从而更好提升教育管理效率和教育决策科学化水平"[②]。数字技术的发展不仅推动了课堂和学习的变革，同时也为学校治理提供了全新的治理工具与路径。在国家各部门的倡导下，各地区和各级各类学校的教育数字化进程不断推进，通过大数据、人工智能、云计算等先进科技为课堂教学、作业设计与评价、课后辅导等学校教育的各个要素与环节赋能，以此为学生的学习和教师的教学排除障碍，助力学校对学生学习与教师教学的管理与服务。当今，数字技术已经进入学校教育系统的方方面面，推动了教育资源供给方式的优化、智能教育环境的建设以及学校系统内部与外部信息资源的顺畅交换，在一定程度上便利了学校治理的实施，对学校治理体系与治理能力现代化起到了一定的推进作用。

在看到数字技术赋能学校治理所取得的成效以及巨大潜力的同时，我们也应注意到在深化教育数字化战略过程中所产生的新问题，以及学校在数字治理问题产生过程中与产生之后的应对乏力。如部分学校仅仅只是进行了"表面数字化"，其提供的智慧教育平台只是传统系统与技术的堆叠，以及一些包装的噱头，在使用过程中故障频发，给教师和学生造成困扰[③]；"信息孤岛"与"数字鸿沟"问题依旧未能有效解决，地处偏远农村地区的学生，由于当地基础设施尚不完备、网络不畅，家中经济困难无法购

---

① 中共中央国务院印发《中国教育现代化 2035》[N]. 人民日报，2019-02-24（001）.
② 怀进鹏. 数字变革与教育未来 [N]. 中国教师报，2023-02-15（001）.
③ 陈洲. 智慧教育"噱头"平台频现，亟须多角度破解产业难题 [N]. 通信信息报，2021-10-13（007）.

买有关设备，无法正常参与智慧课堂①。由于观看电子屏幕时间过长，中小学生的近视问题变得更为棘手②；由于技术发展不成熟，直播课程延迟时间过长，师生互动不连贯、画质模糊等现象时有发生，线上教学质量难以保证，学生学习效率较之线下更低③；更有甚者，一些学校强迫学生和家长购买网络终端设备与数字服务，增加了学生和家长的经济负担④。这些现象表明，被寄予厚望的数字技术，在教育数字化的具体实践中，某种程度上反而增加了学生、教师和家长的负担，对他们产生了负面影响。教育数字化如果失去了学校数字治理长效机制的支撑，便会成为无源之水、无本之木，难以真正推广。随着数字技术在学校治理中的广泛运用，现有的学校数字治理组织体系及制度结构与新兴数字技术之间产生了适应性矛盾，技术运用伴生的"副作用"逐渐显现，部分学校对技术异化的后果应对乏力，不仅未能消除以往学校治理过程中产生的传统形态负担，还致使新形态的负担滋生并层出不穷。要使数字技术真正成为学校治理的润滑剂，我们需要进一步从数字技术赋能学校治理的作用机制出发，考察数字技术赋能学校治理过程中产生的困境，探讨造成学校数字治理困境发生的因素，寻求学校数字治理困境应对之道，为学校数字治理长效机制的建设提供有力的参考和依据。

二、学校数字治理的困境表现阐释

（一）陷入技术路径依赖与绩效内卷的漩涡

技术路径依赖是指旧有的技术路径凭借先发优势、巨大的使用规模、流行范围广而产生强大的学习效应，加之许多行为者采取相同技术从而产生协调效应，由此形成自我增强的循环。相反，一种具有较之旧有技术路径更为优良的新兴技术路径却可能由于迟到一步、追随者过少而被旧有的技术路径压制，甚至"锁定"在某种被动状态

---

① 胡畔. 直击在线教育利弊，教学质量是关键［N］. 中国经济时报，2020-02-19 (002).
② 中华人民共和国教育部. 教育部办公厅等十五部门关于印发《儿童青少年近视防控光明行动工作方案（2021—2025 年）》的通知［EB/OL］.（2021-04-28）［2022-11-02］http://www.gov.cn/zhengce/zhengceku/2021/05/11/content_5605840.htm.
③ 陈洲. 开学季来临 运营商如何发力智慧教育？［N］. 通信信息报，2021-09-01 (006).
④ 中华人民共和国教育部. 教育部：坚决禁止强制要求家长和学生购买终端设备和数字服务［EB/OL］.（2022-03-01）［2022-11-02］http://www.moe.gov.cn/fbh/live/2022/54251/mtbd/202203/t20220302_603752.html.

之下，难以推广①。要想实现数字治理推动学校教育高质量发展的目标，真正让教育数字化顺利落地，组织制度体系必须做出与数字技术发展趋势相适应的调整。学校组织制度的改变势必产生办学成本增加等一系列不确定性问题，改革者需要承担可能产生的风险。一些教育行政部门及学校主管领导在衡量自身利益之后，不愿意突破"舒适区"参与组织制度的变革，为未知的将来冒险。当学校组织制度结构未与治理技术同步更迭时，数字技术便无法与学校管理与服务活动有机融合，本应推动学校治理的数字技术反而会增大学校治理主体（如教师和学生）的负担，使其在学习或工作过程中产生负向体验，如学校教育的过度数字化导致数字应用"新门槛"的产生。一些学校在课程与教学管理工作中运用了各种教育 App，这些 App 在实际应用的过程中因操作流程烦琐、功能碎片化等，不仅没能提升学校治理活动的效能，反而耗费了治理主体的大量时间和精力。有的学校过量使用教育 App，将"留痕"作为教师教学工作和学生学习活动的评价标准。教师、家长和学生为了"留痕"而同时加入多个微信群，常为管理者在微信群中布置的截图、打卡等任务疲于奔命；一些学校自主开发的教育 App 并未充分考虑兼容性，导致教师和学生在使用过程中需要重复输入数据；教育 App 开发完成后，学校也未注重后期完善，导致其逐步沦为"僵尸"应用和数字形式的泡沫②。学校教育过度数字化使学校治理活动复杂化，但学校教育质量的整体水准却无法向更高层次转化，由此造成参与学校治理的各个主体陷入绩效内卷的漩涡，对学校教育数字化起着反作用。

（二） 数字赋能与数字贫困之间的张力难以调和

学校数字治理可以通过数字技术赋能学校治理，进而推动学校教育治理结构和秩序的变革，利用大数据、物联网、人工智能等数字技术，让参与学校教育治理的多元主体能够最大限度地发挥能力，激发学校治理体系的内生动力，助推学校教育高质量发展行稳致远。这不仅意味着数字技术可以对各个学校治理主体有效赋能，同时通过运用数字技术可以加强各个学校治理主体之间的联结，促使其达成沟通与协作。数字贫困是数字时代的一种新型贫困形式，在学校数字治理领域中主要表现为物理方面的数字贫困与心理方面的数字贫困。物理方面的数字贫困为显性数字贫困，主要体现在满足学校数字治理需求的基础设施（包括数字终端、网络接入口、信号基站等）匮乏

---

① 诺思. 制度、制度变迁与经济绩效 [M]. 杭行，译. 上海：格致出版社，2016：105-106.
② 姚晓丹. 该管管了! 教育 App 迎来全面规范引导 [N]. 光明日报，2019-09-07（004）.

或存在缺陷。而心理方面的数字贫困为隐性数字贫困，主要体现为参与学校数字治理的治理主体缺乏数字素养[①]。数字赋能与数字贫困之间的张力致使参与学校数字治理的主体不仅无法获得教育数字化的红利，还因参与学校数字治理背负压力。一方面，一些地区学校的基础设施建设与教育数字化的要求不相匹配。不同地区甚至同一地区的不同学校数字化基础设施的建设水平存在差异，位于偏远地区或经济相对落后地区的学校，数字技术的普及率还有待进一步提升，物理方面的数字贫困使相当数量的教师与学生未能深度接触数字技术。另一方面，心理方面的数字贫困造成学校数字治理过程中各个主体之间协同受限。要想有效开展学校数字治理，离不开政府、学校等机构组织以及学生家庭、有关科技企业等社会力量的参与。在具体实践中，往往是政府（主要是教育行政部门）牵头负责整合协调其他治理主体。然而，当前一部分政府工作人员、学校主管领导的数字素养、数据治理能力欠缺，在推动学校数字治理的实践中，往往无法整合各个主体协同参与。此外，各个参与学校数字治理的主体对于数字技术的认识往往存在较大差异，不同地区的教师、不同家庭背景的学生在使用数字技术促进教学或自身学习的主动性和技能水平等方面均有所不同，这些差异导致学校数字治理主体之间往往难以实现平等的对话并达成有效的共识，主体间应有的协同效应难以发挥。

（三）治理内容的清晰性需求与模糊性定位冲突

搭乘教育数字化的东风，深入推进学校数字治理，是学校治理理念革新的体现，有利于学校治理内容从模糊向清晰转变，可以将学校各方面错综复杂的状况清晰呈现，推动学校治理内容从"看得见"升级至"看得清"。当下，数字技术在一定程度上助推了学校治理内容清晰性的升级，但学校治理内容的模糊性状况依然存在。当治理内容的清晰性与定位的模糊性达成平衡时，数字技术就能为学校治理效能的提升添砖加瓦；而当治理内容的清晰性与定位的模糊性出现冲突时，则可能引发学校治理内容异化问题。学校治理内容异化问题一方面来自数字技术难以识别数字弱势群体。伴随着数字技术在教育领域的普及应用，越来越多的教师和学生融入数字化浪潮，期待能够充分享受数字化带来的技术红利。但当前在一些学校尤其是偏远地区的学校，存在着为数众多的数字弱势群体，他们身上存在着"数字能力缺失"以及"数字学习不足"等问题，难以接入学校数字治理的轨道，难以对其在教学工作和学习过程中的心理倾向、

---

① 陈思祁. 中国区域数字鸿沟的形成机制 [M]. 北京：人民邮电出版社，2018：32-37.

话语表达等形成清晰的画像。另一方面来自学校治理内容的高复杂性。学校数字治理借助智慧平台以及特定的算法，对教师工作以及学生自身学习过程中产生的各项状况进行识别，在情况发生偏差时进行预警，以此帮助学校治理决策走向科学精准。教师的工作过程以及学生的学习过程千变万化，兼具动态性和瞬时性，教师和学生都可能根据自身所面临的场景变化随时对自己的行动采取调整，因而学校治理面临的情况并非一成不变。但数字技术往往只能抓住教师教学过程或学生学习过程的瞬时画面，而基于一系列的算法运算、数据处理得到的治理画像往往不能真实反映学生学习与教师教学情状的动态演进[1]。

（四） 数据资源整合与共享的失范造成平台虚化

以大数据、物联网与人工智能等数字技术为基础构建的网络教育平台，突破了传统学习时空的边界，实现了教师教学与学生学习的"虚拟在场"。近年来，各级地方教育行政部门相继投入资金研发智慧教育大脑、智慧校园数据库、学习App等数字平台，借以推动学校治理方式创新。在学校数字治理的实践中，由于数字平台的技术标准体系尚存在漏洞及空白地带，数字平台的效能并未得到真正释放，以数据资源整合与共享失范为主要表现的"平台虚化"问题在一定程度上暴露了出来。学校数字治理是一项系统性工程，治理内容涉及多个复杂的领域，其贯彻落实涉及多个治理部门。数据搜集规范不明确，搜集标准不统一，造成数据多次重复搜集等现象频发，引发数据资源整合失范。例如当前一些学校依据不同的工作事项要求，通过微信群、QQ群等网络社交平台进行数据搜集与整合，但由于学校的事务繁多，所需搜集的数据种类较多，数据资源整合不仅加剧了教师和学生的负担，同时也致使教育数字平台的效用虚化；学校数字治理本应充分运用数字技术的穿透性特征，打破传统学校治理体系中的主体壁垒，推动参与学校治理的多元主体形成合力，让各个治理主体间的协同成为可能。即使某些治理主体（比如学校）在长期治理基础之上拥有了具备丰富数据资源的数据库，但由于缺乏明确的数字平台共享机制，加之社会面的数据开放共享保障机制尚不健全，相当一部分教师和学生对数据安全以及个人隐私等问题有所顾虑，不愿意共享与自身教学或学习情况息息相关的数据；一些学校主管领导为了"保护"学校的利益，对数据开放共享较为抵触。学校与学校之间、学校与上级教育行政部门之间

---

[1] 刘学太，李阳，巴志超，等. 数据驱动环境下数据画像若干问题探析[J]. 情报理论与实践，2022，45（4）：87-94.

共享数据资源的意愿不足，数据资源在各个主体之间无法顺畅流通，数字平台的作用得不到最大限度的发挥。这些共同导致了平台虚化的问题。

三、学校数字治理困境溯因

学校数字治理要求学校利用教育数字化的理念与数字技术工具在事务管理和运行模式上进行创新，即"基于数字化的学校治理"。[①] 学校数字治理推动教育行政部门、学校、教师、学生及家长之间的互联互通，一方面能够提升教育行政部门在学校管理等教育公共服务领域的治理效能，另一方面能够进一步强化学校治理领域内多元主体之间的协同互动，达成学校治理的智能化与专业化目标，实现对学校事务的有效治理。学校数字治理不仅强调学校治理技术的优化，同时也要求学校治理理念以及治理主体等层面的革新[②]。

（一）监督错位与数字技术的自反性导致治理约束偏离

在国家深化改革和经济转型的社会背景下，教育领域不断发生变化，教育变革面临的挑战增加，教育数字化转型处于关键阶段，深化学校数字治理的需求日益高涨，但教育行政体系和学校组织制度并未很好地做出适应学校数字治理的调整。教育督查是我国上级教育行政部门监督、指导、评估和改进下级教育行政部门工作和学校教育情况的重要方式。近年来，教育行政部门十分重视教育督查的作用，教育督查进行的频率提高，严格程度持续加强。教育督查是一种包括信息收集、情况反馈、整改纠偏、责任追究等环节的惩戒性工具，表现出明显的强制性，在运作中可能产生一些行为偏差，使学校数字治理的约束系统丧失精准性。具体表现为：一是教育督查有时"唯数据"，不问只罚，只要数据有出入，便对基层学校领导和教师进行追责，而非结合各个学校的行政环境、拥有的资源能力等实际情况做决定。这便可能使一线学校的领导与教师背负身心负担，对教师的正常教学和学生在校的学习活动造成干扰，导致部分督查流于痕迹而不注重实际效果，偏离了初衷。二是教育行政部门对于数字指标具有很大的依赖性，在数字指标前，对数据的效用，数据与督查领域的相关性，数据的生存

---

① 蔡翠红. 数字治理的概念辨析与善治逻辑[N]. 中国社会科学报，2022-10-13（005）.
② 张治，李永智，游明. "互联网＋"时代的教育治理[M]. 上海：华东师范大学出版社，2018：42-45.

空间、持久力以及误差等影响数字指标质量的因素并未进行充分评估，本应使教育督查更加便利的数字指标反而导致教育督查陷入愈加复杂多元、分散涌现的不确定的风险中，对教育督查的效果造成了极大的损害[①]。

（二）制度体系与技术发展的异步性导致治理动力不足

在技术社会的发展进程中，社会关系分支日趋增多。在数字化时代，学校数字治理的治理主体增加，其对于制度规则的需求亦在增加。运用数字技术进行学校治理，是在国家和地方有关法律法规以及政策文件的框架内，以数字技术为主要手段，更多地采用组织制度规则进行学校治理，通过完善制度体系与组织体系形成良好的学校数字治理推动力，为学校数字治理创造良好的环境[②]。数字技术的发展日新月异，其更迭速度较快且跨度较大，而基层教育行政与学校组织制度体系的更迭速度并未跟上数字技术发展的速度，因此在推进学校数字治理的过程中极易产生技术异化现象，对学校数字治理的全局造成破坏，导致学校数字治理动力不足。学校数字治理过程中技术异化产生的具体原因为：其一，数字技术场域的运行缺乏完备的制度保障。教育行政体系及学校的组织制度并未就数字技术过度精细化和超前化的特征进行相应的完善与调整，致使教育制度体系与数字技术的发展状况脱节。在没有合理制度规范的约束下，数字技术的精细化特征使各个治理主体对有关学校数字治理结果的数据过度关注，放大了各个治理主体的压力与负担，技术异化现象由此产生。譬如，一些学校在学生期末评分系统中嵌入最新开发的智能评价系统，本意是弥补人工评判的不足，却导致对学生的智能评价逐渐演变为学校之间竞争评比的指标。有的学校为在与同类学校的竞争评比中胜出，采用不适宜学校自身发展情况的数字技术，这与学校自身不完善的组织制度相冲突，产生数字负担。其二，在制度规则约束存在漏洞的数字场域，数字技术的创新在很大程度上受制于技术精英的有限理性和自我规制。从学校治理的现状出发，创新适合于学校教育发展的数字技术形式，是数字技术与学校治理协同发展的必由之路。然而，技术精英进行的技术创新很多时候并未完整贯彻以人为本的理念，致

---

① 庞明礼，陈念平. 科层运作中的督查机制：惯性、悖论与合理限度［J］. 理论月刊，2021（2）：58-65.
② 郭绍青，华晓雨. 教育数字化转型助推城乡教育公平的路径研究［J］. 国家教育行政学院学报，2023（4）：37-46，95.

使技术的负外部性难以消弭[①]。例如，学校进行线上教学活动，使信息弱势群体（如年纪较大的老教师、偏远乡村的学生）陷入窘境。操作过程烦琐的小程序使信息贫困者无法顺畅推进网课的进程，技术漏洞也给诸如"网课爆破者"之类的不法分子破坏正常教学秩序带来可乘之机，为教育数字化的推行埋下隐患[②]。其三，数字技术的发展异步于个体发展，其典型表现为数字鸿沟的出现致使数字弱势群体难以跟上数字技术发展的步伐。如一些农村地区或年龄较大的教师难以运用操作过程烦琐的数字教育平台。

（三）智能嵌入与技术本身的负强化导致治理保障不足

智能数字技术嵌入学校治理过程已是大势所趋，其具备精准度高、节省大量人力资源、缩短决策时间等特点。但是我们对于数字技术的考量还应包括它本身所带来的各种风险。在数字技术运用保障机制的建设与数字技术的发展脱节的情况下，数字技术智能性的发挥受到极大限制，技术负强化不断涌现，参与学校数字治理的各个主体在面对技术负强化时容易手足无措，陷入决策困境之中[③]。采用可量化的数字指标管理是当下学校数字治理中普遍采用的方法，但由于数字技术与学校治理之间的不兼容性以及数字技术自身的局限性，数字指标管理产生了负强化。具体表现为：一是数字技术难以衡量数字指标的内容是否公正。运用数字技术参与学校治理的根本目的是避免人为的情感、经验等非理性主观因素的干扰，追求治理效率的最大化；而学校治理的目标不能只追求效率，更要兼顾公平。数字指标管理以数据为核心，依照数据的分析结果进行决策并做出最优选择，但最优并非最合适，持续推行最优选择可能会牺牲大多数教师和学生的权益，只依靠数据无法兼顾公平，容易使数字指标管理产生负强化[④]。二是作为治理参数的数字指标过于细化，稀释了数字治理的成效。在数字技术驱动的决策系统之下，各项指标被层层分解细化，上级部门需要足够的人力资源与技术资源才可对分解对象进行全面管理。但在人力资源和技术资源不充足的情况下，上级部门不得已采取定量的方式对学校的教育成效进行考核评价，而考核评价主要依托数字表格、数字报告等客观数字指标，此举可使学校数字治理的成本降低，但代价则

---

① 闫泽华，王天夫. 回归社会的数字治理：对一个案例的转型社会学考察［J］. 西安交通大学学报（社会科学版），2022，42（2）：85-93.
② 赵丽. "网课爆破"污秽不堪涉嫌违法犯罪［N］. 法治日报，2022-11-05（004）.
③ 李桂花. 科技哲思：科技异化问题研究［M］. 长春：吉林大学出版社，2011：182-183.
④ 张勇，陈恩伦，刘佳. 学校教育生态的技术治理审思［J］. 中国教育学刊，2021（4）：17-21.

是治理成效的"空心化"。三是工具理性过度膨胀，挤压了学校数字治理的弹性空间。运用数字智能技术参与学校治理决策，在大幅提升学校治理效率的同时，工具理性占据了主导地位，教育行政部门和学校对于数字技术的依赖性与日俱增，技术手段的效用存在被过分放大的风险，理应承担重要引导作用的价值理性却逐渐被忽略乃至被遗忘。学校治理的方式将被智能程序固定，导致教师和学生不得不参与各项材料的搜集和填写工作，难以实现灵活治理。

（四）技术精准性与数字鸿沟的冲突导致治理调节失灵

数字技术的精准性体现在两个方面：一是数据准确精要，二是运用数字技术进行治理切中要害。不同地域的学校、不同的校领导和教师群体之间尚存在不小的数字鸿沟，且数字技术的精准化服务缺乏调节机制，使数字技术的精准性与数字鸿沟之间存在的冲突扩大并暴露出来。这种冲突具体表现在：一是数字技术的精准性发挥受制于治理主体的"趋利避责"心理。在进行学校数字治理的过程中，数字技术的精准性优势是治理主体精确判断学业负担的情势并对症下药的关键点，要想充分发挥数字技术的精准性优势，必然要对教育行政体系以及学校的组织制度进行相应的改革。为了规避改革成本，在将新兴的数字技术引入教育领域时，各个治理主体并未推动教育组织制度做出相应的革新，旧有组织制度的限制使得数字技术并未有效提升学校治理的效率，因而无法及时有效回应学校治理的需求。二是数字技术精准性优势的发挥受制于治理主体，尤其是学校领导与教师的数字能力。教育数字化战略和学校治理政策的有效贯彻均有赖于良好的执行力，学校领导的数字领导力和教师自身的数字素养则是最有效的保障。数字技术的精准性优势的发挥与学校领导的数字领导力以及教师熟练运用数字技术的能力密切相关[①]，但是不同地区、不同学校领导的数字领导力以及教师的数字素养参差不齐，导致学校数字治理的效果难以保证。

四、学校数字治理困境的应对路径

（一）建立精准监督数字治理的治理约束系统

要对学校数字治理的过程进行精准监督，实现对学校数字治理行为的有效约束，

---

① 曲娇娇，高春梅. 数字化赋能：校长信息化领导力的时代指向与提升策略[J]. 中国电化教育，2022（12）：129-135.

应实施如下三点举措：其一，各治理主体应摒弃"唯数字论"，建立学校治理隐性数字指标督查循环机制。学校治理隐性数字指标不同于显性且较易量化的数字指标（如作业量、教学时长等），是有关学生学习或教师教学的感受等较难量化的数字指标。关注学习或教学的感受有助于了解学生对于学习、教师对于教学是否有成就感、幸福感，以及满意度如何。参与学校治理的各个主体不能仅将注意力停留在与学校治理有关的显性数字指标上，还要对隐藏在更深层次的隐性数字指标予以更多关注。这就需要参与学校治理的教育行政部门与学校主管部门深入学校教育的日常，建立"实地调研—反馈—治理—督查调研—二次反馈—再治理"的循环系统，真正从根源上了解基层学校治理的现状，摆脱对于显性数字指标的过度依赖，通过获取最真实的学校治理情况得出结论，以此循环，弥补学校数字治理路径的漏洞。其二，建立学校数字治理事前、事中、事后的监督链。首先，应提高事前敏感度。通过制定、完善有关法律法规，辅之以政府部门规章和规范性文件，明确教育行政部门以及学校领导在学校数字治理中的权限范围以及直接责任，把学校数字治理作为教育督查部门、教育行政部门以及学校领导述职和考核的重要内容，建立科学合理的学校数字治理考核指标与权重体系，为保证教育行政部门与学校主管领导在参与学校数字治理的过程中做到权责一致提供依据。其次，强化事中动态监督。根据事前预警的有关内容，全方位、多视角地对学校数字治理对象的生成与发展变化进行立体式的跟踪。最后，实施事后严格监管。对在学校数字治理过程中表现怠慢的组织部门及个人进行公开通报批评，惩治其中的不作为和乱作为现象，畅通投诉举报渠道，充分发挥舆论与大众等社会力量的监督作用。其三，建立以客观理性评判为基础的教育督查容错机制。教育督查的意义在于更好地促进学校治理，应该因地制宜，综合考虑各地区、各学校的主客观因素，包括教师运用数字技术进行教学的能力、校领导运用数字技术进行管理的能力、校领导和教师对于数字化的看法等主观因素，以及当地数字技术普及程度、数字技术基础设施建设水平、学校配套组织制度建设等客观因素，分别制定相应的实施方案及对应的容错机制，以规避"不奖只罚"对基层学校造成的负担。

（二）创建贴合技术实际的治理动力系统

数字技术的进步给教育事业带来机遇的同时也带来了负面效应。数字技术作为推进学校治理的灵丹妙药之一被寄予厚望，却出现了未曾预料到的后果，偏离了赋能学校治理的初衷。为了避免学校数字治理偏离其本来的目标，构建技术价值与教育价值整体协调的学校数字治理动力系统十分必要。树立数字技术为人服务的学校治理理念，促成教育理念与数字技术应用协调，是构筑与当前教育实际和技术发展相适应的学校数字治理生态系统的应有之义。树立数字技术为人服务的学校治理理念需要转变一味推崇用技术提高效率的传统学校数字治理理念，避免过度依赖技术导致学校数字治理体系走向绝对化及死板教条，重拾对教师和学生主体性的关注，在学校数字治理规则的制订过程中维持价值理性和工具理性的均衡，通过不断健全制度减少数字技术所带来的负面效应。二是推动数字技术创新与学校治理组织制度的平衡。注重跨地区、跨学校的大型流通数据库对于学校数字治理的重要作用，同时整合各地区和各学校之间的数据收集标准，破除地区之间、学校之间的信息孤岛和数据壁垒。三是加快学校治理组织制度建设机制的数字化转型。一方面，通过数字技术创新，完善对于学校数字治理的激励机制，优化各个学校之间评比竞争的环境，保证各个学校之间的评比竞争公开、公正、透明。另一方面，要不断健全学校数字治理的标准规范，并定期发布学校数字治理行动指南，统筹对学校的线上与线下管理以消除"无效留痕"行为，避免在学校数字治理的过程中产生新负担。

（三）设置消解技术负能的治理保障系统

要想消除学校数字治理过程中的技术负能，充分发挥数字治理的治理效能，数字技术就不能只对单个治理主体赋能，还需要对多个主体参与治理进行赋能；而建立有利于多元主体协同治理的组织机制，是引导数字技术对多个治理主体进行赋能、促进理性主导数字治理、设置消解技术负强化保障系统的关键[1]。处于同一个系统内部且彼此之间相对独立的子系统如能协同参与同一个治理事项，便能事半功倍，以一种更有效的方式达成治理目标[2]。创建多个治理主体协同参与学校数字治理的保障体系，首先需要在纵向和横向两个方向分别建立学校数字治理协同机制。在纵向上，由教育部牵头领导，自上而下出台有关学校数字治理的政策，建立合理高效的学校数字治理考核体系，各级地方教育行政部门根据本地实际制定相应的学校数字治理地方实施细则与激励监督政策。与此同时，利用自下而上的反馈机制与顶层设计形成互补，畅通并完善媒体舆论监督以及群众监督机制[3]。在横向上，地方政府教育行政系统内的各个部门之间、学校内的各个部门之间通过内部治理规则、政策与制度的整合，推进同

---

[1] 曾渝，黄璜. 数字化协同治理模式探究 [J]. 中国行政管理，2021（12）：58-66.
[2] 梁宇，郑易平. 我国政府数据协同治理的困境及应对研究 [J]. 情报杂志，2021，40（9）：108-114.
[3] 21世纪教育研究院. 2035迈向教育治理现代化 [M]. 北京：人民出版社，2019：103-106.

一层次上的学校数字治理主体的协同。其次需要推动学校数字治理的目标、工具与结果的协同。公开各级教育行政部门、各类学校数字治理的治理目标，重视数字技术工具在分析学校治理需求中的作用，加强教师、学生和家长体验数字化转型引导，营造共同学习数字技术的氛围，充分调动基层教育行政部门执行人员与教师、学生和家长共同学习新型数字技术的积极性。通过对学校数字治理成效的定期检验获取反馈，发现学校数字治理的偏差之处，及时调整并不断适应学校数字治理面临的新情况。最后是推动数字治理学校内部执行的多主体协同。通过出台多方政策，为一线教师、学生和家长提供更为多元的参与学校数字治理的渠道。利用数字技术的优势构建学校治理交流协商平台，实时关注并协调教师、学生和家长对于学校治理的利益诉求，及时对学校数字治理过程中的不协调因素进行应对处理[1]。

（四）确立弥合数字鸿沟的治理调节系统

在学校数字治理的过程中，我们还需要精准识别不同地区和学校中长期存在的"数字贫困"现象，确立保证数字教育资源公平分配，弥合数字鸿沟的调节系统。消解数字鸿沟问题的要点在于明晰数字贫困的症结所在，这就需要深入数字化发展水平较低的地区，深入当地的基层学校，详尽了解学校的管理人员和教师、学生的数字素养及数字基础设施建设现状，调查其有无数字贫困的情形或贫困程度，分类识别不同的数字贫困人员，切实根据当地数字化发展水平的实际情况，制订合适的学校数字治理帮扶计划，相应投入人力物力，以更好地推进学校管理人员与教师的数字技能培训，培育提升学生数字素养，加快数字设备引进升级，保障数字弱势群体获取数字教育资源的权利，建立更加人性化的学校数字生态环境，以促成数字教育资源公平分配的实现。教育行政部门及学校管理人员、教师要将对于学校数字治理的认知转向至人文价值导向，充分认识到学校数字治理应遵循社会伦理、彰显人文价值，同时结合教育数字化的目标与"双减"政策的治理需求，始终以"有利于学生更好地进行学习、教师更好地进行教学"作为学校数字治理的出发点和落脚点，抵制唯数字导向，避免学校数字治理过程中产生的不利数字、不真实数字等一切"数字污染"对教师教学和学生学习产生不良影响。

---

[1] 范国睿. 教育治理的战略：教育治理现代化的未来之路 [M]. 北京：教育科学出版社，2021：215-218.

课程与教学

Research on Basic Education and Teacher's Development

新课改的理论基架探寻：怀特海的有机教育论

曹正善　曹艳瑭

[摘要]《义务教育课程方案和课程标准（2022年版）》聚焦的学科核心素养等问题与怀特海在其名著《教育的目的》中所阐述的问题有密切的关系。怀特海基于科目相互分离等教育的"致命问题"所提出的一整套解决方案，对于我们理解和落实《义务教育课程方案和课程标准（2022年版）》有非常重要的启发作用。这套解决方案可以用"有机教育"来概括。有机教育论认为教育是一个生物有机体吸收食物的过程，学生是有血有肉的人，知识必须像从大海里刚捞出来的鱼那样鲜活，教师必须要有活跃的思想，要以充满想象力的方式教给学生有价值的东西。

[关键词] 新课程改革；怀特海；有机教育；"致命问题"；活跃的思想

我国正在实施以《义务教育课程方案和课程标准（2022年版）》（以下简称"新课标"）等为标志的新一轮课程改革，为广大中小学教师提供理论尤其是体系化理论是保证其顺利实施的重要前提之一。已有研究发现，新课标的不少说法可在阿弗烈·诺斯·怀特海（Alfred North Whitehead）的教育思想中找到痕迹。如余文森等指出，新课程在内容上贯彻了"少而精"原则①，这与怀特海所提到的"教育上的两条戒律"精神一致；张华认为，"在教育理论界，第一次明确提出'学科素养'的人很可能是怀特海"②；李润洲则肯定了怀特海在"大观念"③上的"先见之明"④，而新课标所倡导的"综合性教学活动"则与怀特海的"创造性综合学习"（Creative Synthetic Learning）别无二致⑤。以上至少表明，新课标与怀特海的教育思想密切相关。鉴于怀特海将自己建构的哲学标为"有机哲学或机体哲学"（Philosophy of Organism⑥），因此可以将他的教育思想称"有机教育论"，其焦点问题是如何激发教育这个有机体的生命活力。

一、教育的"致命问题"

任何教育改革都要锚定现实教育中存在的问题，但是发现问题并不是一件简单的事，这不仅需要比较广阔的视界，还需要深邃的洞察力。怀特海享有"七张面孔的思想家"的美誉⑦，有着善于"用概念"而不是"用语言"思考的习惯⑧，当他用"有机体"这个概念思考教育的问题时，就发现了那些导致教育难以为继的"致命问题"。

---

① 基金项目：四川省教师教育研究中心重点项目"新课改背景下普通高中教师队伍建设研究"（TER2010-002）成果。作者简介：曹正善，四川师范大学基础教育研究院教授，博士生导师；曹艳瑭，四川师范大学教育科学学院2022级本科生。余文森，龙安邦.论义务教育新课程标准的教育学意义[J].课程·教材·教法，2022（6）：4-13.

② 张华.论学科核心素养：兼论信息时代的学科教育[J].华东师范大学学报（教育科学版），2019（1）：55-65.

③ "大观念"（big idea）亦作"大概念"，怀特海用的是"general ideas"，在 The Aims of Education and Other Essays 全书中共用了22次，可译作"普遍概念""一般概念"，是与"具体概念"（special ideas）或"具体而特殊的事例"（concrete special cases）相对。此外还有6次使用"main ideas"，1次使用"the great fundamental ideas"，其意与"general ideas"无别。

④ 李润洲.转识成智：何以及如何可能：基于怀特海智慧教育观的回答[J].浙江师范大学学报（社会科学版），2020（2）：114-120.

⑤ "Creative Synthetic Learning"简作CSL，这是怀特海的私人研究助理费劳德（Ronald Preston Phipps）为怀特海教育理论所冠的"名称"，怀特海关于教育的全部论述都可以归于这个主题之下，而不局限于学习、教学、课程等具体领域。关于"创造性综合性教育"的介绍和讨论参见费劳德.论创造性综合教育[J].湛江师范学院学报（哲学社会科学），2011（2）：26-30；费劳德.一种怀特海主义的教育理论：兼论中国教育改革[J].华中科技大学学报（社会科学版），2020（2）：110-114. 崔永光.怀特海CSL理论对英美文学教学的启示[J].鸡西大学学报（社会科学版），2020（2）：79-81，92.

⑥ Whitehead. Process and reality: an essay in cosmology [M]. New York: The Free Press, Division of Macmillan Publishing Co., Inc. 1978: xi.

⑦ 怀特海.过程与实在[M].北京：中国城市出版社，2003：译者前言，2.

⑧ 卢西恩·普赖斯.怀特海谈话录[M].周邦宪，译.北京：商务印书馆，2020：162.

（一）何为教育的"致命问题"？

一般说来，每次课程改革都有亟须解决的现实问题，其中一些具有历史性、根本性的艰巨问题往往很难马上完全解决，正所谓"积重难返"。怀特海把这样的问题称为"致命的"（fatal）问题。在其著作 *The Aims of Education and Other Essays* 里，"fatal"出现过8次，即有八大致命的教育问题。这八大问题可以分为三大类：

第一类是管理体制上的问题。这主要是指管理部门统一而严格的控制（包括统一考试、课程设置方面）剥夺办学重要主体学校及教师自主权的问题。第一大问题，外部考试制度（a common external examination system）[①] 的问题。考试将教育简单化了，它无法将学生的求知欲、判断力和预见力检测出来，而这些方面与他说的"文化的精华"联系在一起。第二大问题，课程强制推行问题。教育主管部门强制性地对学校进行简单分类，然后又强制要求每类学校都采用"刻板的课程"（a rigid curriculum）[②]。这两个问题都没有把教育当成有生命的有机体，对待教育好像对待没有生命的物体那样随意分割和处置，因而是"致命的"。因此，他极力主张学校要成为"完完全全的教育单位"[③]，课程和考试等必须都要有教师或内部人员的介入。

第二类是课程及其内容的问题。这主要是指各科目之间、一个科目内的概念和知识细节、抽象概念和范例之间的相互分离，实质上是课程缺乏整合的问题。第三大问题，科目之间的相互分离问题（the fatal disconnection of subjects）[④]。分科课程虽体现时代的进步，但是将科学的分化思想机械地照搬到教育中的做法不过在做"拆分式的教育"，拆分就是扼杀生命。这一问题又表现为细节知识与重要概念、被动接受与主动运用的相互分离，即第四大问题，"细节知识"与"重要概念"的相互分离，即"抽象观念与具体事实相分离"（abstract in the sense of divorce from concrete fact）[⑤]，灌输给学生与重要概念无关的细节知识，而不重视一般概念与细节知识的联系。第五大问题，"一般概念"与"具体实例"相互分离，没有将范例当作一般概念的直接说明（examples should be direct illustrations of the main ideas）[⑥]，一味堆砌抽象概念，止于

[①] Whitehead. The aims of education and other essays [M]. New York：The Free Press, 1967：9.
[②] Whitehead. The aims of education and other essays [M]. New York：The Free Press, 1967：14.
[③] 怀特海. 教育的目的 [M]. 徐汝舟, 译. 北京：生活·读书·新知三联书店, 2022：20.
[④] Whitehead. The aims of education and other essays [M]. New York：The Free Press, 1967：6.
[⑤] Whitehead. The aims of education and other essays [M]. New York：The Free Press, 1967：26.
[⑥] Whitehead. The aims of education and other essays [M]. New York：The Free Press, 1967：81.

死记硬背。第六大问题，接受与应用相分离，灌输给学生他们没有理解也从不会运用的理论（cramming the children with theorems which they do not understand）①。这与他所说"呆滞的思想"② 有一定的对应关系，可以视为"呆滞思想"在知识或课程上的说明，他将之称为"dead knowledge"，即死板、僵死、生硬的知识，本质是没有生命的知识，它犹如惰性气体，不会与任何事物发生反应。

第三类是教育节奏的问题。第七大问题，由工具论假设所引起的教育延迟的问题，"你不能延迟大脑的生命，像工具一样先把它磨好然后再使用它"③。第八大问题，精确知识贯通论导致的学习同质化的问题。"无论中学还是大学，在传统的教育计划中，精确阶段都是唯一的阶段。"④ 不管什么年龄的学生，都埋头于对精确知识的识记式的学习中，"如果大学的第一年仍然耗费在用旧的态度重温旧的功课，那是致命的错误。"⑤

道出教育的"致命问题"的前提是视教育为一个活的有机体而不是如石头、房子、钢铁那样的无机物。

（二）"致命问题" 的具体说明

除了"fatal"以外，怀特海还用了与其意义相近的词来表达教育中存在的问题，其中最显著的就是"inert"。这个词有不同的译法，如"呆滞的""惰性的""生硬的""僵死的""陈腐的""死板的""呆板的"等，但本质上都是指对任何刺激都没有反应、没有生命特征、僵死之物的意思。与其相反的词是"alive"，它被译为"有活力的""活跃的""有血有肉"，即"有生命的"。在他看来，教育的核心问题就是如何防止"呆滞"，恢复乃至增强"活力"的问题，"要使知识充满活力，不能使知识僵化，而这是一切教育的核心问题。"⑥

在原文中，最值得注意的是"inert ideas"和"inert knowledge"。"inert ideas"即"无生命的观念"，怀特海将其确认为"仅被大脑所接受"或者说是被灌输进头脑，尤其是"不加以利用""不进行检验""没有与其他新颖思想有机地融为一体"的那些

---

① Whitehead. The aims of education and other essays [M]. New York: The Free Press, 1967: 83.
② 怀特海. 教育的目的 [M]. 徐汝舟, 译. 北京: 生活·读书·新知三联书店, 2022: 2.
③ 怀特海. 教育的目的 [M]. 徐汝舟, 译. 北京: 生活·读书·新知三联书店, 2022: 9.
④ 怀特海. 教育的目的 [M]. 徐汝舟, 译. 北京: 生活·读书·新知三联书店, 2022: 48.
⑤ 怀特海. 教育的目的 [M]. 徐汝舟, 译. 北京: 生活·读书·新知三联书店, 2022: 38.
⑥ 怀特海. 教育的目的 [M]. 徐汝舟, 译. 北京: 生活·读书·新知三联书店, 2022: 9.

观念①。显然，"无生命的观念"是与灌输式的教或全盘接受的学相联系的。用他的比喻来说，这种"无机教育"是"往行李箱里装物品的过程"②，是把大脑当成了箱子，把要传授的思想观念当成了类似于"靴子"的物品。被这种"无生命的观念"所充斥的教育毫无好处，是"极其有害的"③，因为它加剧了慵懒懈怠、不劳而获、好逸恶劳等劣根性，任何有意义的或者被称为进步的教育都是对它的激烈反抗。"inert knowledge"或"dead knowledge"即"无生命的知识"，按照他的说法，这种知识往往与"课堂纪律良好"④"过分强调纪律"⑤"没有浪漫的冒险"或"缺乏创新"⑥ 联系在一起，是通过安静听课、准确记忆、不断存储得到和积累的。

在这里，"无生命的观念"与"无生命的知识"是有区别的，后者比前者更为具体，用怀特海的"以具体说明一般"的原则，我们可以把后者视为"前者"的例证。这对教育来说是有意义的，众多教师都把知识授受作为教学的中心任务，而事实上，教学往往包含了除知识以外的大量内容，重要的不在于教知识，而在于教有生命或活的知识。

（三）"致命问题"的反向说明

前已述及，与"inert"相反的是"alive"，即"活的或活跃的""有生命或有机的""鲜活的或有活力的"。怀特海将重心放在如何保持思想、知识的活力上，并且强调学生是有生命的个体，教师必须有"活跃的思想"。值得注意的是他频繁使用"active"一词，多达13次，其中"active thought""active wisdom""active minds"在结构上与"inert ideas"相一致，可以分别译为"有生命的思想""有生命的智慧""有生命的心智"。在他看来，这极其重要，"教育的全部目的就是使人具有活跃的智慧"⑦。也就在这个意义上，怀特海的教育思想也被陈理宣等冠以"智慧教育"⑧。"成功的教育所传授的知识必有某种创新。""陈旧的知识会像鱼一样腐烂。不管怎样必须设法使它在

---

① 怀特海. 教育的目的 [M]. 徐汝舟，译. 北京：生活·读书·新知三联书店，2022：2.
② 怀特海. 教育的目的 [M]. 徐汝舟，译. 北京：生活·读书·新知三联书店，2022：47.
③ 怀特海. 教育的目的 [M]. 徐汝舟，译. 北京：生活·读书·新知三联书店，2022：2.
④ 怀特海. 教育的目的 [M]. 徐汝舟，译. 北京：生活·读书·新知三联书店，2022：8.
⑤ 怀特海. 教育的目的 [M]. 徐汝舟，译. 北京：生活·读书·新知三联书店，2022：46.
⑥ 怀特海. 教育的目的 [M]. 徐汝舟，译. 北京：生活·读书·新知三联书店，2022：48.
⑦ 怀特海. 教育的目的 [M]. 徐汝舟，译. 北京：生活·读书·新知三联书店，2022：53.
⑧ 陈理宣，温友珺，舒梦. 怀特海智慧教育思想及其启示 [J]. 教育研究与实验，2019（3）：44-48；肖士英. 走向智慧教育观的新境界：怀特海智慧教育观的审视与超越 [J]. 华东师范大学学报（教育科学版），2015（4）：7-14.

某种程度上对现实有具有重要的新意,就像刚出水的鱼一样鲜活地呈现在学生面前。"[1] 就如鱼儿离开了水其命不久一样,脱离当前的现实生活的知识将很快失去其活力。

二、教育的"机体生命"

"致命问题"以"教育是活生生的有机体"为基点,如果教育是没有生命的无机物,就不存在这个问题。

(一) 教育如同"有机体吸收食物的过程"

怀特海认为"与教育最相似的是生物有机体吸收食物的过程",而"完全不适用"的是"往行李箱装物品的过程"[2]。前者将健康视为头等大事,"若给一个孩子喂了不合适的食物",轻则害其胃口,重则伤及性命。换句话说,只有提供"可口的食物"才有利于孩子的健康成长。此外,生物有机体并不是把食物原封不动地吞食下去,而是要咀嚼、消化、吸收,将食物转化为营养。在这里,食物已发生了彻底的变化。相比之下,后者则不需要考虑上述问题,一般说来,进入行李箱的物品不需选择也不会变化,物品和行李箱两不相伤,"当你把靴子放入行李箱,它们会一直留在那里直到你把它们取出来为止。"[3] 他还以此来说明想象力及其培养,"你不能一劳永逸地拥有想象力,然后无期限地将它保存在冰箱里,定期按规定的量支出。充满学问和想象力的生活是一种生存方式,而不是一件商品。"[4] 这两个比喻的本质差别在于前者将教育视为对生命的哺育,而后者则将教育视为对物体的搬运。正是"物体搬运"式的教育造成了灌输式教育的滥觞和养成式教育的式微。

生命(life)一词被提及多达 106 次,足见怀特海对它的重视。life 含"生命"和"生活"两义。在"生命"的意义上,他谈到,"生命本质上是周期性的"[5]"艺术和文学赋予生命力并不只是一种间接的影响,它们还直接给予我们充满想象力的视野。"[6]

---

[1] 怀特海. 教育的目的 [M]. 徐汝舟, 译. 北京:生活·读书·新知三联书店, 2022:117.
[2] 怀特海. 教育的目的 [M]. 徐汝舟, 译. 北京:生活·读书·新知三联书店, 2022:47.
[3] 怀特海. 教育的目的 [M]. 徐汝舟, 译. 北京:生活·读书·新知三联书店, 2022:47.
[4] 怀特海. 教育的目的 [M]. 徐汝舟, 译. 北京:生活·读书·新知三联书店, 2022:116.
[5] 怀特海. 教育的目的 [M]. 徐汝舟, 译. 北京:生活·读书·新知三联书店, 2022:25.
[6] 怀特海. 教育的目的 [M]. 徐汝舟, 译. 北京:生活·读书·新知三联书店, 2022:83.

概括地说，非工具性或当下性、节奏性或阶段性、艺术性或想象力是"生命"的教育意义所在。这分别对应于他所提出的三大教育原则，即：第一，即刻唤起原则，"不管学生对你的主题有什么兴趣，必须此刻就唤起它……这是教育的金科玉律。"[1] 第二，教育节奏原则，"我不相信有任何抽象的规则可以为所有学科、为各种类型的学生或为每一个学生提供合适的知识。这里不包括我始终坚持的那种具有节奏性变化的规则，即在发展的早期应注重自由，中期偏后则应强调确实掌握指定学习的知识。"[2] 第三，艺术奠基原则，"在现代教育中，我们是否对艺术的作用给予了充分的重视""在精神生活中，你忽视像艺术这样重要的因素必然会蒙受损失"[3]。怀特海还用了如"vitality""living"来描述生命的状态。值得注意的是如下论断：课程的整体性，要"根除各科目之间那种致命的分离状态，因为它扼杀了现代课程中的生命力。教育只有一个主题，那就是五彩缤纷的生活"[4]。教育的自主性，"英国现阶段的教育缺乏明确的目的，受到扼杀教育生命力的外部机构的损害"[5]。发展的自我性，"除了我们自己，任何人，任何天才都不能使我们的生活充满活泼的生命"[6]，"自我发展才是最有价值的智力发展"[7]。

（二）"学生是有血有肉的人"

怀特海在《教育的目的》"前言"中用一句话概括了其著作的主旨，"学生是有血有肉的人，教育的目的是为了激发和引导他们的自我发展之路。"在他看来，教育要以学生的身体发展作为立足点，离开学生身体的教育是不可能成功的。"我坚持认为这是教育中的一条原则：在教学中，你一旦忘记了你的学生有躯体，那么你将会遭到失败。"[8]

基于这一重要的教育原则，怀特海提出了自己的"具身教育论"。首先，他对桑德森（F. W. Sanderson）的"他们通过接触来学习"给予高度赞赏，并反复强调"这句话的重要意义涉及真正教育实践的核心问题"[9]。而通过接触来学习最简单、最直接

---

[1] 怀特海. 教育的目的[M]. 徐汝舟，译. 北京：生活·读书·新知三联书店，2022：9.
[2] 怀特海. 教育的目的[M]. 徐汝舟，译. 北京：生活·读书·新知三联书店，2022：50.
[3] 怀特海. 教育的目的[M]. 徐汝舟，译. 北京：生活·读书·新知三联书店，2022：58.
[4] 怀特海. 教育的目的[M]. 徐汝舟，译. 北京：生活·读书·新知三联书店，2022：9.
[5] 怀特海. 教育的目的[M]. 徐汝舟，译. 北京：生活·读书·新知三联书店，2022：18.
[6] 怀特海. 教育的目的[M]. 徐汝舟，译. 北京：生活·读书·新知三联书店，2022：81.
[7] 怀特海. 教育的目的[M]. 徐汝舟，译. 北京：生活·读书·新知三联书店，2022：1.
[8] 怀特海. 教育的目的[M]. 徐汝舟，译. 北京：生活·读书·新知三联书店，2022：72.
[9] 怀特海. 教育的目的[M]. 徐汝舟，译. 北京：生活·读书·新知三联书店，2022：89.

的方法就是要动手操作,即要从做中学。其次,他高度重视亲身实践或直接经验,他以几何教学为例作了说明:"一个典型的数学问题应该是:测量某一块场地,按某种比例尺绘制出它的平面图,并找到这个地方。这是一种很好的程序,即提出必要的几何命题却不进行证明。然后在进行测量的同时学会证明这个命题。"① 再次,他特别强调"运用",认为"如果你能应用知识,你便能牢牢地掌握它"②。最后,他突出切身经验的教育价值,认为"要避免那种邪恶的影响:灌输与个人经验毫无关系的一般性说明"③。

无机论的学生观则与这种有机论的学生观相反,它把学生视为可以任意拆解和组合的"七巧板"、等待装填物件的"行李箱"、同步移动的机械。

(三)"要使知识充满活力"

众所周知,知识是人们努力探索的结果,就像所有"既往"的知识逐渐会变得陈旧一样,知识的保鲜非常紧迫,必须抓住当下,"毕竟,教育从整体上说不过使受教育者做好准备,去迎接生活中的各种直接经历,用相关的思想和适当的行动去应付每时每刻出现的情况。"④ 将"呆滞的思想"转化为"活跃的智慧"既是教育的重要任务,也是解决教育问题的关键所在,它是贯穿怀特海教育思想的主线,"活跃智慧论"与"有机知识论"因"同质"而能相互解释。

怀特海是以知识来解释智慧的,"智慧是掌握知识的方式。它涉及知识的处理,确定有关问题时知识的选择,以及运用知识使我们的直觉经验更有价值。这种对知识的掌握和运用就是智慧,是可以获得的最本质的自由。"⑤ 在这里,智慧固然不等于知识,但没有知识,智慧无从谈起,与知识相关的所有活动尤其是掌握和运用知识最能体现智慧,而这些活动正是使知识充满活力的关键所在,或者说,智慧具有激活知识的功能。在他看来,智慧是如同"酵素"或"生物酶"那样的激活物,"在本能以及理智的酵素发挥了作用之后,便产生了决定,这个决定定下了本能与理智结合的方式。我把这一因素名之为智慧。智慧的功能便是作为一种调节力量作用于理智的酵素,以

---

① 怀特海. 教育的目的 [M]. 徐汝舟,译. 北京:生活·读书·新知三联书店,2022:15-16.
② 怀特海. 教育的目的 [M]. 徐汝舟,译. 北京:生活·读书·新知三联书店,2022:52.
③ 怀特海. 教育的目的 [M]. 徐汝舟,译. 北京:生活·读书·新知三联书店,2022:89-90.
④ 怀特海. 教育的目的 [M]. 徐汝舟,译. 北京:生活·读书·新知三联书店,2022:52-53.
⑤ 怀特海. 教育的目的 [M]. 徐汝舟,译. 北京:生活·读书·新知三联书店,2022:43.

便在已知条件下产生自我决定的结果。"[1] 他认为"想象具有感染力"是"光明的火炬"[2] 即"火种"。从酵素看，想象力乃智慧的"具象"，一方面，知识因想象力而发生深刻的变化，"充满想象力的探索会产生令人兴奋的环境氛围，知识在这种环境氛围中会发生变化。"[3] 另一方面，智慧因想象力而展现本质的自由，"想象是这样发生作用的：它引导出适用于种种存在的事实的普遍原理，然后对符合这些普遍原理的各种供选择的可能性进行理智的思考，它能使人们面对新世界时建构起一幅知识的图景，并通过展示令人满意的效果而使人们保持探索生命的热情。"[4] 想象力是构建完整的知识图景的根本路径，其运作是从确定的事实中引出可能性，继而从各种可能性中推断出确定性，最后从确定性中发现普遍性。

三、教育的生命之路

如果我们把教育视为富有生命的有机体，就应该努力防范乃至制止戕害教育生命的事情和行为发生，就应该寻找激活教育生命活力的途径和方式。

（一）教给学生有价值的知识

生物有机体是通过吸收食物中的营养来维持其生命的，食品因其营养而有价值。同样，我们绝不能用对学生价值不高的知识去占有学生短暂而宝贵的成长阶段。在怀特海看来，"支离破碎的信息或知识与文化毫不相干"[5]，是毫无价值的。为学生规定大量的学习科目，教学生太多的细节知识，不仅毫无意义，还不可避免地导致教育上的机械灌输。

怀特海主张以"少而精"的原则来处理学科及学科知识问题，"在儿童教育中引进的主要思想概念要少而精，这些思想概念能形成各种可能的组合，儿童应该使这些思想概念变成自己的概念，应该理解如何将它们应用于现实生活中。"[6] 可见，只有相互联系、学生自己消化、能应用于现实生活的知识才是有价值的知识。

---

[1] 怀特海. 观念的冒险 [M]. 周邦宪，译. 贵州：贵州人民出版社，2000：42.
[2] 怀特海. 教育的目的 [M]. 徐汝舟，译. 北京：生活·读书·新知三联书店，2022：116.
[3] 怀特海. 教育的目的 [M]. 徐汝舟，译. 北京：生活·读书·新知三联书店，2022：110.
[4] 怀特海. 教育的目的 [M]. 徐汝舟，译. 北京：生活·读书·新知三联书店，2022：111.
[5] 怀特海. 教育的目的 [M]. 徐汝舟，译. 北京：生活·读书·新知三联书店，2022：1.
[6] 怀特海. 教育的目的 [M]. 徐汝舟，译. 北京：生活·读书·新知三联书店，2022：2.

一般说来，越有难度的知识越有智力的价值。怀特海有出这样的评论，具有真正教育价值的教科书"当然不容易教。倘若容易，就应该将它付之一炬，因为它不可能有教育的价值"①。他反对传统上"先易后难""必要优先"的课程组织原则，"有些最难学的东西必须先学，因为人的先天秉性规定如此，也因为这些本领对生活来说非常重要的。"②他还以婴儿成功的学会口语这个奇迹、孩子们通过聆听母亲讲述的故事了解荷马史诗等为例说明这个原则。这些例子不仅告诉我们高难度的知识学习的可能性，也警示我们反思习以为常的教学方式。

（二）"从树木看见森林"

怀特海非常重视一般概念或原理，认为"真正有价值的教育是使学生透彻地理解一些普遍的原理，这些原理适用于各种不同的具体事例"③。他曾经对代数课中以"图表法"取代其他所有方法的做法作出"仅仅是图表而已，根本没有思想或概念"的评论④，没有思想或概念支持就会陷入琐碎的知识细节之中，相对于具体的知识，一般观念和原理的掌握要难得多。但他也反对将它们灌输给学生，而是坚持用具体的事例来说明一般概念。

具体事例与一般概念的关系犹如树木和森林的关系，"教育需要解决的问题就是使学生通过树木看见森林。"⑤教学应该对具有明显重要性的概念进行举例说明，而不是沉醉于增加抽象的概念和原理，当然更不是堆砌与一般概念无关的事例。这里涉及"何为具体"的问题，他特别提醒，$2+2=4$尽管不如$x+y=y+x$更一般，但它还不是具体的命题，"两个苹果加上那些苹果，一共是四个苹果"才是具体的命题，因为具体的命题以"对苹果有直接感知或直觉的知识"为先决条件⑥，也就是说，具体事例是在现实生活中人人可见或经历过的事件。

怀特海认为不仅具体事例有助于理解一般概念，一般概念也有利于理解事件，而这正是"发现的乐趣"。在说明少而精原则的时候，他还说道："儿童从一开始接受教育起，就应该体验发现的乐趣。他必须发现，一般的概念能使他理解一生中遇到的、

---

① 怀特海. 教育的目的 [M]. 徐汝舟，译. 北京：生活·读书·新知三联书店，2022：6.
② 怀特海. 教育的目的 [M]. 徐汝舟，译. 北京：生活·读书·新知三联书店，2022：23.
③ 怀特海. 教育的目的 [M]. 徐汝舟，译. 北京：生活·读书·新知三联书店，2022：38.
④ 怀特海. 教育的目的 [M]. 徐汝舟，译. 北京：生活·读书·新知三联书店，2022：11.
⑤ 怀特海. 教育的目的 [M]. 徐汝舟，译. 北京：生活·读书·新知三联书店，2022：9.
⑥ 怀特海. 教育的目的 [M]. 徐汝舟，译. 北京：生活·读书·新知三联书店，2022：75.

构成他生活的种种事件。"① 人的心智就是在具体分析与一般理解及其交互中得到充分锻炼和发展的,"理解抽象的思维,分析具体的事实",使人的大脑具备"更抽象和更具体的思维能力"②,具备如此素质才是他所说"既有文化又掌握专门知识的人才"③,只有这样的人才是我们的教育应该致力培养的。

(三)"老师必须有活跃的思想"

在教育中有一个非常残酷的现实,那就是有生命的教师却往往将无活力的知识灌输给学生。其原因是多方面的,其中最关键的就是教师太喜欢秩序井然的课堂了,"如果一个班级的课堂纪律良好,那么就有可能向学生灌输一定量的死板的知识。"④ 活跃的智慧是与自由联系在一起的,如果教师受严格的制度限制又热心于维持纪律,教育必然是死水一潭、毫无生气可言。教师最大的问题就是纠缠于细节知识,"成功的教师有一个秘诀:他在自己的脑子里清楚地确定了学生必须以精确方式掌握的东西,因此,他不用勉强让学生为熟记许多次要的不相关的知识而烦恼。"⑤ 教师本来就是有生命的,他不仅有活跃的思想,也有充满活力的身体,这就是他独立的人格和独特的个性。这是一笔巨大的财富,值得最大限度地发挥其作用。"教师具有一种双重的作用:他以自己的人格和个性激起学生的热情,同时创造出具有更广泛的知识和更坚定的目的的环境。"⑥ 相对于其他的个性特点,怀特海特别重视探险精神,因为"教育是训练对于生活的探险"⑦,如果学生能跟富有智力探险经验的教师接触交往,他的学习生活就会趋于圆满。具有探险精神的教师往往提供给学生新颖的或具有创新性的知识,或者善于将知识进行创新性的运用。这样的教师绝不以无所不知自居,相反却更愿意以"无知者"的身份出现,在他看来,"大学教师的主要目的应该展示自己的真实的特质——即像一个无知的人那样思考,那样积极地利用他那一点有限的知识。"⑧

怀特海主张"以充满想象力的方式传授知识"⑨,按部就班的教学不仅与这种教学无缘,而且还会钝化人的想象力。他认为,研究和探索是想象力发展的必由之路,"你

---

① 怀特海. 教育的目的 [M]. 徐汝舟,译. 北京:生活·读书·新知三联书店,2022:2-3.
② 怀特海. 教育的目的 [M]. 徐汝舟,译. 北京:生活·读书·新知三联书店,2022:17.
③ 怀特海. 教育的目的 [M]. 徐汝舟,译. 北京:生活·读书·新知三联书店,2022:1.
④ 怀特海. 教育的目的 [M]. 徐汝舟,译. 北京:生活·读书·新知三联书店,2022:8.
⑤ 怀特海. 教育的目的 [M]. 徐汝舟,译. 北京:生活·读书·新知三联书店,2022:52.
⑥ 怀特海. 教育的目的 [M]. 徐汝舟,译. 北京:生活·读书·新知三联书店,2022:57.
⑦ 怀特海. 教育的目的 [M]. 徐汝舟,译. 北京:生活·读书·新知三联书店,2022:117.
⑧ 怀特海. 教育的目的 [M]. 徐汝舟,译. 北京:生活·读书·新知三联书店,2022:53.
⑨ 怀特海. 教育的目的 [M]. 徐汝舟,译. 北京:生活·读书·新知三联书店,2022:110.

想让你的老师们富有想象力吗？那就鼓励他们去从事研究工作。"① 他非常重视研究，主张教育要由研究、首创精神贯穿始终，"教育应该以研究开始，并以研究告终。"② "教育如果不以激发首创精神开始，不以促进这种精神而结束，那必然是错误的教育。"③

怀特海所创建的"有机哲学"使其教育思想带上了浓厚的生命色彩，使他准确地诊断出了教育的"致命问题"，生动地描述出了教育的机体面目，深刻地揭示了教育的生命之理。他的有机教育观不仅为开展新课改的理论研究开辟了新路径，也为新课改的实践创新赋予了动力和活力。让我们将他所提出的一般观念运用于课程改革的具体问题的解决之中，以不断生成和发展出活跃的教育智慧。

---

① 怀特海. 教育的目的 [M]. 徐汝舟，译. 北京：生活·读书·新知三联书店，2022：118.
② 怀特海. 教育的目的 [M]. 徐汝舟，译. 北京：生活·读书·新知三联书店，2022：52.
③ 怀特海. 教育的目的 [M]. 徐汝舟，译. 北京：生活·读书·新知三联书店，2022：53.

《义务教育历史课程标准（2022年版）》对高中历史教学的启示

——以核心素养课程目标为中心

张利娟　冯一下

[摘要] 课程目标是课标之魂，2022年版义教历史课标中的历史课程核心素养目标实现了从1.0版到2.0版的升级。从历时性与共时性视角对2022年版义教历史课标和普通高中历史课标进行纵横向比较后发现，2022年版义教课标对高中历史教学具有较强的现实指导意义。可以对照2022年版义教历史课标，完善高中历史课程核心素养目标，培养学生包括历史理解、历史主体观念在内的核心素养，引导学生树立正确的历史观、民族观、国家观和文化观，以核心素养为导向，运用大概念整合教学内容，进行教学设计。

[关键词]《义务教育历史课程标准（2022年版）》；课程目标；核心素养；历史教学

2022年4月，教育部颁布了《义务教育历史课程标准（2022年版）》（以下简称"2022年版义教历史课标"）。如果说每一个课程标准都是一个发光体的话，那么，决定其亮度的就是它的水平和特质。2022年版义教历史课标以其所达到的新的水平和鲜明的特质而光彩照人、亮点多多。其中，笔者认为最大的亮点在于确立了新的初中历史课程目标。

基金项目：本文系四川省教育厅2021年度重点课题"基于课程标准的中考历史考试标准研究"（SCJG21A013）、四川师范大学一流课程建设"中学历史教学设计"（20210173XKC）的阶段性研究成果。

作者简介：张利娟，四川师范大学历史文化与旅游学院教授，博士生导师，主要研究方向为历史课程与教学论；冯一下，成都大学副教授，主要研究方向为历史教育学。

中华人民共和国成立后，我国初中历史教育一直以传授历史知识和思想教育为目标。20世纪80—90年代，增加了能力目标。进入21世纪，义务教育历史课程标准制定和实施以后，初中历史课程目标改为知识与能力、过程与方法、情感态度与价值观的"三维目标"。在三维目标引领下，20年来我国义务教育历史课程有了明显的发展，但也显露出一些问题。2022年版义教历史课标以核心素养目标取代三维目标，标志着我国初中历史课程改革进入新的阶段。这种"取代"是飞跃，是转折。2022年版义教历史课标的光亮从本质上说是课程改革之光。

在我国，最早以历史学科核心素养目标取代三维目标的纲领性教学文件是《普通高中历史课程标准（2017年版）》。该课标首次"凝练"出历史学科核心素养目标，其开创之功已被中国历史教育发展史铭记。几年后，该课标修订为《普通高中历史课程标准》（2017年版2020年修订）并公布，但就课程目标而言，只修订了一处，故我们将这两个高中历史课标中的课程目标视为一个版本，以1.0版称之。而2022年版义教历史课标中的核心素养目标则以2.0版称之。

我们将2022年版义教历史课标放在一个长的时空，从历时性和共时性视角，与《义务教育历史课程标准（2011年版）》和现行的《普通高中历史课程标准》（含2017年版和2020年修订版，以下简称"普通高中历史课标"）进行纵横向的比较后，发现2022年版义教历史课标与普通高中历史课标都以核心素养为课程目标。但是，2022年版义教历史课标的核心素养目标已不是普通高中历史课标的核心素养目标1.0版，而是更科学、更准确、更充实、更完备的核心素养目标2.0版。因此，2022年版义教历史课标对高中历史教学不仅仅有启示价值，更有较强的现实指导意义。

一、完善高中历史课程核心素养目标

由于2022年版义教历史课标和普通高中历史课标都以核心素养作为课程目标，因此，我们将2.0版的初中历史课程核心素养目标与1.0版的高中历史课程核心素养目标做一个共时性比较，结果发现2022年版义教历史课标中的历史核心素养目标已做了很多修改。其修改内容可分为两类，一是字词句的订正，二是内容的补充。具体情况可参见下面两表所举的典型例子。

表 1　初高中历史课程目标比较表（一）

类别	2022年版义教历史课标	普通高中历史课标
基本框架	课程目标 （一）核心素养内涵 （二）目标要求	学科核心素养和课程目标 （一）学科核心素养 （二）课程目标
总的表述	历史课程要培养的核心素养，主要包括唯物史观、时空观念、史料实证、历史解释、家国情怀五个方面	历史学科核心素养包括唯物史观、时空观念、史料实证、历史解释、家国情怀五个方面
唯物史观	必须以科学的历史观和方法论为指导	科学的历史观和方法论是非常重要的
时空观念	任何事物都是在特定的、具体的时间和空间条件下存在的	任何历史事物都是在特定的、具体的时间和空间条件下发生的
史料实证	史料是认识历史的主要依据	历史过程是不可逆的，认识历史只能通过现存的史料
	必须重视史料的搜集和解读，并在学习和探究活动中加以运用	必须重视史料的搜集、整理和辨析，去伪存真
历史解释	历史解释是指以史料为依据，客观地认识和评判历史的态度和方法	历史解释是指以史料为依据，对历史事物进行理性分析和客观评判的态度、能力与方法
家国情怀	家国情怀是学习和探究历史应具有的人文追求与社会责任	家国情怀是学习和探究历史应具有的人文追求，体现了对国家富强、人们幸福的情感，以及对国家的高度认同感、归属感、责任感和使命感

在表1中，我们看到的是2022年版义教历史课标对历史核心素养目标1.0版中字、词、句的一些修改，虽是细微改动，但变化巨大。如在"唯物史观"表述上，将普通高中历史课标中的"科学的历史观和方法论是非常重要的"修改为"必须以科学的历史观和方法论为指导"，强调了"只有运用唯物史观的立场、观点和方法，才能对历史有全面、客观的认识"。如在"史料实证"一栏中，2022年版义教历史课标所做的"史料是认识历史的主要依据"这一论断，就纠正了高中历史课标中所说的"认识历史只能通过现存的史料"这一说法的绝对性和片面性。又如在"历史解释"一栏中，义教历史课标删除了普通高中历史课标中的"进行理性分析"几个字，实际上就认为历史解释不应局限于"理性分析"。历史解释既可以是理性解释，也可以是感性解释，还可以是感性解释和理性解释相结合的综合性解释[①]。

---

① 冯一下. 试论历史解释的界定：历史解释与历史教学专题研究之一 [J]. 中学历史教学参考，2017 (2)：6-9；冯一下，占心磊. 试论历史解释的基本方式：历史解释与历史教学专题研究之三 [J]. 中学历史教学参考，2017 (4)：16-24.

表 2 初高中历史课程目标比较表（二）

类别	2022 年版义教历史课标	普通高中历史课标
核心素养总论	上述五个方面是不可分割的有机整体。其中，唯物史观是历史学习的理论引领，是其他素养得以达成的理论保证；时空观念是历史学科本质的体现，是其他素养得以达成的基础条件；史料实证是历史学习的必备技能，是其他素养得以达成的必要途径；历史解释是对历史思维与表达能力培养的基本要求，是其他素养得以达成的集中体现；家国情怀体现了历史学习的价值追求，是其他素养得以达成的情感基础和理想目标	唯物史观是诸素养得以达成的理论保证，时空观念是诸素养中学科本质的体现，史料实证是诸素养得以达成的必要途径，历史解释是诸素养中对历史思维与表达能力的要求，家国情怀是诸素养中价值追求的目标。通过诸素养的培育，达到立德树人的要求
唯物史观的基本观点和方法	能够认识劳动在人类社会发展中的重要作用，知道物质生产是人类生存和人类社会发展的基础；知道人民群众是物质生产的主要承担者和历史的创造者；知道生产力发展的重要性，知道生产力和生产关系的矛盾运动、经济基础和上层建筑的矛盾运动是社会历史发展的根本动力；知道在阶级社会中存在着阶级矛盾和阶级斗争，阶级斗争是推动历史发展的直接动力；初步了解人类社会形态从低级到高级的发展趋势。能够将唯物史观运用于历史学习，结合史实进行阐述和说明	了解唯物史观的基本观点和方法，包括人类社会形态从低级到高级的发展、生产力和生产关系之间的辩证关系、经济基础和上层建筑之间的相互作用、人民群众在社会发展中的重要作用等，理解唯物史观是科学的历史观；能够正确认识人类历史发展的总趋势；能够将唯物史观运用于历史的学习与探究，并将唯物史观作为认识和解决现实问题的指导思想
家国情怀	学习和探究历史应充满人文情怀并关注现实问题，热爱家乡，热爱祖国，放眼世界，以服务于国家富强、中华民族伟大复兴和人类命运共同体的构建	学习和探究历史应具有价值关怀，要充满人文情怀并关注现实问题，以服务于国家强盛、民族自强和人类社会的进步为使命

2022 年版义教历史课标有关历史课程目标的表述不仅有细微的字词句订正，还有内容的补充。通过表 2 的对比可以看出，2022 版义教历史课标与普通高中历史课标相比，增加了以下内容：第一，在五大核心素养总论方面，强调"五个方面是不可分割的有机整体"，每个核心素养的作用都有增加。第二，在"唯物史观"的目标要求中，补充了关于劳动和物质生产的重要性、阶级和阶级斗争的观点。第三，在"家国情怀"内涵上，增加了"热爱家乡"的内容。

通过以上两表很容易看出，2022 年版义教历史课标中的核心素养目标比普通高中历史课标的核心素养目标更科学、更准确、更充实、更完备一些。我们认为，2022 年版义教历史课标修改、增加、删除的地方正是现行普通高中历史课程标准有待改进之处，也是高中历史教学必须高度重视的问题。

二、培养学生包括历史理解、历史主体观念在内的核心素养

2022 年版义教历史课标与普通高中历史课标都高度重视五大核心素养，但其表述有细微差别。这个差别就涉及核心素养的数量问题。2022 年版义教历史课标指出：

"历史课程要培养的核心素养,主要包括唯物史观、时空观念、史料实证、历史解释、家国情怀。"高中课标用的是"包括"而不是"主要包括"。这里的"主要"二字及其必然会衍生出的"主要方面"引起了我们的特别关注。与主要和主要方面相反相成的自然是次要和次要方面。既然历史课程核心素养有主要方面,那么是否可以说核心素养还有次要方面?那么,次要方面有几个?哪些是核心素养的次要方面?

除了唯物史观、时空观念、史料实证、历史解释、家国情怀五大核心素养,我们首先想到的是历史理解。在2016年颁布的《普通高中历史课程标准(征求意见稿)》中,历史理解居于五大核心素养之中。次年,正式稿颁布,历史理解被排除,但一些历史老师仍然坚持认为历史理解和历史解释一样都是核心素养,有的还认为前者比后者重要。国际上诸多学者也持这种观点。历史解释要"突出历史理解的基础地位"[1]。要解释什么,必先理解什么。历史解释要以历史理解为基础,"理解先于解释"[2]。历史理解犹如历史解释这一大厦的地基,需先有历史理解,尔后方能达成历史解释。相应地,对于不同"历史解释"的领会同样要求我们抱有"历史理解",也只有以这种态度面对历史,才有可能让"历史在事实与意义、理解与解释的交互运动中不断地涌动和浮现出来"[3]。"认识历史事物,既需要理解,也需要解释。一般说来,历史解释适合用于认识普遍的带规律性的反复出现的具象的物质性强的历史现象,而历史理解则适用于认识特殊的个性化强的偶然的与物质生产生活有一定或较大间隔的历史现象"[4]。鉴于此,我们认为,"历史理解"至少应该算是核心素养的一个次要方面。

其次,我们还想到了历史主体观念[5]。众所周知,人物、时间、地点是历史事物三个不可或缺的要素。有生命的从事着社会实践活动的人是历史的主体。没有历史主体,亦即没有现实的人进行实践活动,历史事件不会发生,历史现象不会出现,与人的活动相关联的历史时间和历史空间也就无从谈起。历史主体的"主体"二字,准确地说明了历史上从事实践活动的人的地位和作用。例如,如果没有林则徐公开销毁鸦片,也就没有虎门销烟的时间、空间(地点)问题。历史主体观念是在一定的历史时间和历史空间联系中对历史上从事实践活动的现实的人进行观察、分析的意识和思维

---

[1] 张利娟,周小粒. "历史解释"的远洋掠影:基于英国历史课程标准及教科书的分析与启示[J]. 课程·教材·教法,2021(9):141-142.
[2] 何平. 西方历史编纂学史[M]. 北京:商务印书馆,2010:383.
[3] 邓京力. 历史理解与历史解释辨析[J]. 历史教学,2016(11):8.
[4] 冯一下. 在理解和解释之间合理选择:试论《圣雄甘地》一课的教学主题[J]. 中学历史教学,2018(1):13.
[5] 冯一下. 对历史主体观念的思考[J]. 历史教学,2020(13):55-60.

的方式。没有历史主体观念，历史时间观念和历史空间观念就成了无源之水、无本之木。既然历史时间观念和历史空间观念已列入五大核心素养，那么历史主体观念也应成为核心素养中的一个次要方面。

我们还注意到，在放宽历史核心素养的数量限制的同时，2022年版义教历史课标还一再提到历史教学要注意培养学生的"共通性素养"，如勇于探索、合作交流、沟通表达、实践创新等，在主题学习活动参考示例中甚至提到提升学生的"金融素养"。这似乎表明，"扩容"已成为历史学科素养（首先是核心素养）培养的一种趋势。由此而来，某些一线历史教师在着力培养课标要求的五大核心素养之外，还下工夫去培养学生的历史理解的努力也应得到肯定。

学生素养是一个内容丰富、结构复杂的体系（见图1）。历史学科具有无所不包的特点，如何处理好重点和全面的关系，发挥其培养学生多方面素养的作用，还值得深入研究。综上，高中历史教学中除了培养学生唯物史观、时空观念、史料实证、历史解释、家国情怀五大核心素养外，还可以培养学生的历史理解、历史主体观念等其他素养。

图1 学生素养结构示意图

三 引导学生树立正确的历史观、民族观、国家观、文化观

普通高中历史课程标准有六处提到学生要"树立（形成）正确的世界观、人生观、价值观和历史观"[①]。2022年版义教历史课标有四处提到"使（引导）学生（初步、逐步）树立正确的历史观、民族观、国家观、文化观"[②]。2022年版义教历史课标为什么以历史观、民族观、国家观、文化观代替普通高中历史课程标准中的世界观、人生观、

---

① 中华人民共和国教育部. 普通高中历史课程标准（2017年版2020年修订）[M]. 北京：人民教育出版社，2020：1，2，6-7，43，44，72.

② 中华人民共和国教育部. 义务教育历史课程标准（2022年版）[M]. 北京：北京师范大学出版社，2022：2，6，55，70.

价值观和历史观？历史观、民族观、国家观、文化观各自的含义是什么？如何培养学生正确的历史观、民族观、国家观、文化观？

作为对世界的根本看法，世界观包括了对过去世界、现实世界和未来世界的根本看法。世界观已包括了历史观。培养正确的世界观、人生观和价值观是中学各科的共同目标（任务），并不是历史学科的特有目标（任务）。历史课程的内容及其特点等决定了其主要目标（主要任务）是培养学生正确的历史观。国家由不同民族组成，各民族都创造了辉煌灿烂的文化。历史观、民族观、国家观、文化观彼此联系、紧密相关。"历史观是基础，贯穿民族观、国家观、文化观形成发展始终。"[1]

历史课程目标首要的是培养学生正确的历史观。在社会主义国家，我们正确的历史观就是唯物史观。唯物史观的基本内容包括社会基本矛盾及其运动规律、社会历史发展的动力、人民群众在历史发展中的作用等。唯物史观指导下的历史教学，应注意把握以下内容，即社会存在与社会意识的辩证关系、社会基本矛盾及其运动规律、具体问题具体分析、联系和发展的观点、阶级分析方法等。

新时代国家观是在审视新时代中国自身发展、处理国际关系过程中表现出来的使命担当、国家自信、爱国奋斗精神及找准自身定位的世界眼光与国际胸怀[2]。国家统一和国家安全是正确国家观的核心，是中华民族根本利益所在。教科书是塑造国家观念最为重要的载体。高中历史教科书《中外历史纲要（上）》和选择性必修1《国家制度与社会治理》按照时间顺序详细讲述了中国古代至当代的政治制度、官员的选拔与管理、法律与教化、民族关系与国家关系等内容。教师可以充分利用教科书，以中国国家制度的演变为主线索，塑造学生的国家观。教学中，教师要引导学生通过历史课程的学习，在树立正确历史观的基础上，从历史的角度认清中国的国情，自觉维护国家安全与国家利益，依据正确的国家观对国际国内形势、国际的交往与合作、中国自身的建设和发展做出判断。

"一部中国史，就是一部各民族交融汇聚成多元一体中华民族的历史，就是各民族共同缔造、发展、巩固统一的伟大祖国的历史。"[3] 56个民族组成中华民族共同体，"在这个民族实体里所有归属的成分都已具有高一层次的民族认同意识，即共休戚、共

---

[1] 李洁. 论历史观、民族观、国家观、文化观的新时代意涵[J]. 高校马克思主义理论研究，2019（4）：96.

[2] 李洁. 论历史观、民族观、国家观、文化观的新时代意涵[J]. 高校马克思主义理论研究，2019（4）：96.

[3] 习近平. 在全国民族团结进步表彰大会上的讲话[N]. 人民日报，2019-09-28（02）.

存亡、共荣辱、共命运的感情和道义"①。《中外历史纲要（上）》贯穿着的一条主线就是中华民族统一多民族国家的建立、发展、巩固历史，即秦汉统一多民族封建国家的建立与巩固—三国两晋南北朝的民族交融—隋唐统一多民族封建国家的发展—辽宋夏金多民族政权的并立—中国历史上第一个由北方少数民族建立的统一王朝元朝—把中国疆域内的各民族纳入统一疆域范围，稳固了"大中国"的格局的明清—抗日民族统一战线下的中华民族全民族浴血抗击日本的侵略。高中历史选择性必修1中的中国古代的民族关系、当代中国的民族政策等内容都是帮助学生形成正确民族观最重要、最基本的素材。教师在历史教学中，要充分利用好这些素材，引导学生牢牢把握"中华民族各族人民之间虽然在历史上有冲突，但融合是主流，中华民族多元一体，共同缔造了伟大祖国"的史实，以正确的民族观为指导，认清民族问题，从而铸牢中华民族共同体意识，实现"中华民族一家亲，同心共筑中国梦"②。

新时代中国特色社会主义文化包括中华优秀传统文化、革命文化、社会主义先进文化。文化自信是新时代正确文化观的基本内涵。高中历史教材中蕴含着丰富的文化自信教育资源，可以说是文化自信教育天然的素材宝库。《中外历史纲要（上）》第一课首先从中国的史前文化讲起。仰韶文化等原始文化星罗棋布、多姿多彩。中华民族之所以能数千年屹立于世界，与中华文化的传统与多源性密不可分。《中外历史纲要（上）》第二课中的"百家争鸣"讲到的儒家、道家、法家、墨家等各派思想共同构成了中华民族传统文化的基本精神。中国以人为本、天人合一、道法自然、和而不同、天下为公、崇德尚贤的优秀传统文化为文化自信提供了深厚基础。中华民族在近代抵御外来侵略、打倒封建主义过程中孕育出的革命文化和以社会主义核心价值观为核心的社会主义先进文化为文化自信提供了坚强基石。在历史学习的过程中，学生通过学习中华文化和世界文化的历史与现状，总结出文化发展的客观规律，从而体会到中华文化的独特魅力。在教学中，文化自信是一条主线。教师要引导学生在理解文化的基础上对其产生内心的认同，坚定文化自信。引导学生认识到中华文化的包容性、连续性、多样性、创新性及强大生命力和影响力，增强学生的民族自尊心、自信心和自豪感，形成对中华文化的认同，涵养家国情怀。

---

① 费孝通. 简述我的民族研究经历和思考［J］. 北京大学学报（哲学社会科学版），1997（2）：10.
② 中共中央办公厅、国务院办公厅. 关于全面深入持久开展民族团结进步创建工作铸牢中华民族共同体意识的意见［N］. 人民日报，2019-10-24（1）.

四、以核心素养为导向，运用大概念整合教学内容，进行教学设计

自普通高中历史课标（2017 年版和 2020 年修订版）提出"重视以学科大概念为核心"之后，将大概念运用到历史教学中成为一线众多历史教师最重要的工作。在历史教学专业刊物中，几乎每期都刊登有这方面的文章，篇幅都很长。但是，普通高中历史课程标准未对大概念的含义及其运用做出说明，一线教师只能自己摸索。在摸索过程中，大家走了不少弯路，亟须得到权威性的指点和引导。2022 年版义教历史课标指出，历史课程改革要"注重对实际问题的有效回应"。2022 年版义教历史课标研制团队针对一线历史教师的需要，在"课程实施"之"教学建议"和"教学研究与教师培训"部分对"大概念"的定义、作用、类型、对培训者和教师的要求进行了详细说明。文字不长，但解决了广大一线教师的燃眉之急，让他们有了严冬得到薪炭、炎夏得到凉扇的感觉。在高中历史教学中，我们可以参照 2022 年版义教历史课标中对"大概念"的内涵及其运用所做的精辟说明，以核心素养为导向，运用大概念整合教学内容，进行教学设计。

2022 年版义教历史课标指出，历史教学中的大概念可以从三方面，即板块大概念、单元大概念、单课概念进行整合和提炼。实际上，我们认为，中学历史学科大概念包括六个层级。高中历史教师在教学中可以从这六个层级提炼和整合大概念，详见图 2。

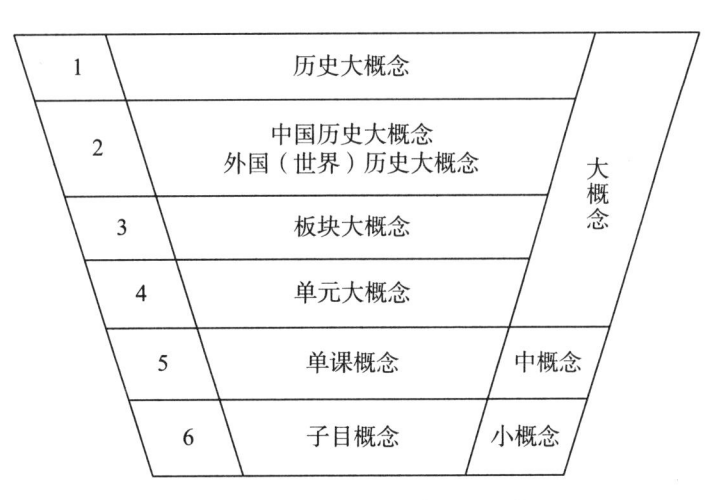

1	历史大概念	大概念
2	中国历史大概念 外国（世界）历史大概念	
3	板块大概念	
4	单元大概念	
5	单课概念	中概念
6	子目概念	小概念

图 2　高中历史学科大概念层级示意图

历史大概念亦即顶层大概念。这是从全部人类历史以及人与自然关系史中提炼出来的大概念。无论从理论上还是从事实上说，唯物史观和唯心史观的基本原理都可以成为顶层历史大概念。在社会主义中国，顶层历史大概念是唯物史观（马克思主义历

史哲学）的基本原理。换句话说，我国的历史大概念教学只能在唯物史观基本原理的指导下进行。中学历史学科大概念的第二层级为中国历史大概念和外国（世界）历史大概念。这是在唯物史观指导下，从中国历史和外国（世界）历史的全过程和全领域中提炼出来的大概念，如"中华民族的形成、发展与复兴的历程""中华 5000 年文明的演进历程及其特质""统一的多民族国家发展阶段与阶段特征""阶级斗争是推动历史发展的直接动力""从分散到整体的世界""文明的传播与交流"等等。从学术的角度看，中国历史大概念和外国（世界）历史大概念是中国和外国（世界）历史通论、中国和外国（世界）历史总论等课题研究的重点内容。中学历史教师要将史学界的这些研究成果运用到教学中。板块大概念是能够统领整个学习板块的大概念。单元大概念是能够成为单元主题学习重要抓手的大概念。单课概念是课时教学内容中的核心概念或重要观念，我们称之为中概念。子目概念位于中学历史学科大概念最底层，以史实概念为主，因此我们称之为小概念。

现以《中外历史纲要（上）》第一单元第 2 课《诸侯纷争与变法运动》为例，详细说明如何以核心素养为导向，运用大概念整合教学内容，进行教学设计。

《中外历史纲要（上）》第一单元目录如下：
第一单元　从中华文明起源到秦汉统一多民族封建国家的建立与巩固
第 1 课　中华文明的起源与早期国家
第 2 课　诸侯纷争与变法运动
第 3 课　秦统一多民族封建国家的建立
第 4 课　西汉与东汉——统一多民族封建国家的巩固

首先，分析教材，确定本课所在的单元大概念。第一单元第 1 课为中华文明的起源与早期国家的建立，第 3、4 课为秦汉统一多民族封建国家的建立和巩固，第 2 课诸侯纷争与变法运动单从标题文字上似乎看不出与第 1 单元有什么联系，实际上，第 2 课所讲的春秋战国时期上承中华文明的起源与夏商周早期国家的形成和发展，下接秦汉大一统多民族国家的建立与巩固。"此时交通的便利，列国内部的发达，小国的被夷灭，郡县的渐次设立，在政治上、经济上、文化上，本有趋于统一之势，而秦人特收其成功。"[①] 从天下共主的西周到完成大一统的秦朝，春秋战国为这两个王朝之间的过渡时期，为

---

① 吕思勉. 中国通史 [M]. 北京：北京联合出版公司，2020：405.

秦汉统一多民族封建国家奠定了基础。因此，第一单元的单元大概念可确立为"中华文明"和"统一多民族封建国家"。整个单元的教学要围绕着这两大概念展开。

其次，联系本课在单元中的地位确立单课概念。春秋战国时期，也是社会大变革、大动荡、大发展时期。此时社会经济有了重大发展，各国纷纷实行变法和改革，在思想领域也出现了"百家争鸣"的局面。在此时期，人民渴望统一，各国变法也在朝着统一迈进，因此春秋战国时期在纷争中孕育着统一的因素。另外，这一时期诸侯纷争、礼乐崩坏，各学派彼此辩驳，形成了"百家争鸣"局面，但各家在争鸣中，其学说的中心与归宿殊途同归，在"争鸣"中也有"共鸣"，即都是为了求得治国平天下之道。这种"争鸣中的共鸣"为中华文明发展在思想上提供了源源不断的活力，是之后两千余年中华文明生生不息的思想源泉。在列国纷争中，华夏认同观念逐渐形成，天下大一统与华夏一体成为必然趋势。因此，本课的单课概念可在"社会变革"的基础上概括为"纷争中的统一，争鸣中的共鸣"。

最后，以核心素养为导向，整合教学内容，建构系统化的子目概念体系。本课共四个子目，按先后顺序分别为"列国纷争与华夏认同""经济发展与变法运动""孔子与老子""百家争鸣"。单从课文题目"诸侯纷争与变法运动"与四个子目看，学生不一定能理解其中的逻辑关系。我们可以以核心素养为导向，运用唯物史观来分析教材。从中可以看到教材内容中蕴含着的一条逻辑线：经济发展，助推变革——列国纷争，礼崩乐坏——百家争鸣，思想融合——华夏认同，渐趋一统。变中有同，变革中孕育着统一大势。在实际教学中，教师可以合理整合教学内容，打乱教材子目本来的顺序，建构系统化的本课子目概念体系，包括经济发展、变法运动、商鞅变法、列国纷争、百家争鸣、华夏认同等。教师围绕着这些子目概念整合教学内容展开教学。在教学中，教师要帮助学生理清概念之间的逻辑关系，并在此过程中培养学生的核心素养。本课中涉及的唯物主义基本理论与方法的内容有：春秋战国时期生产力发展和政治变动、百家争鸣局面的形成，反映了"生产力与生产关系、经济基础与上层建筑的辩证关系"；墨家学派的思想主张反映了"人民群众在历史发展中的作用"；战国时期变法运动的必然性为唯物史观中的"事物的普遍联系和变化发展"内容；要正确评价春秋战国时期的争霸战争需要用到唯物史观中的"科学辩证法"；理解士阶层的出现及历史作用，理解新兴地主阶级开展变法运动的原因与作用需要用到唯物史观中的"阶级分析法"。另外，本课中的商鞅变法、百家争鸣、华夏认同等概念也是涵养学生家国情怀，帮助其形成正确历史观、民族观、国家观、文化观的极好素材，教师应充分利用，讲好这些概念。

在中学历史学科大概念层级示意图中的六个层次中，处于顶层的历史大概念、中国历史大概念和外国（世界）历史大概念是历史学家研究的内容。中学历史教师应该把重点放在单元大概念和单课概念的提炼和运用上，子目概念则以教师引导学生自主探索得出为主。中学历史学科大概念层级示意图中的相邻两个层次概念之间是上下位关系。因此上位概念是统摄下位概念的。从逻辑的角度讲，下位概念是上位概念演绎推理的产物，下位概念的含义隐含在上位概念中。从这个意义上说，历史大概念教学法以演绎逻辑为理论支撑。另外，教师并非将大概念理念用于概念教学，而是看重其在单元教学设计中的价值，要求教师在备课时能够从大概念的视角构建结构化的教学内容，进行深度理解的教学[1]。大概念指向内容结构，更指向核心素养。大概念立意投射到历史教学，当指以核心概念或观点统摄内容结构，以学史情境的创设揭示内容结构所蕴含的史学方法与价值观念，通过引导学生模仿、迁移运用史学思想方法，达成学科核心素养的培养目标[2]。

以上从四个方面分析了 2022 年版义教历史课标对高中历史教学的指导意义。全文围绕着历史课程核心素养目标这个中心进行讨论。课程目标是课标之魂，处于枢纽地位，牵一发而动全身，着力研究课程目标理所当然。在课程目标发生深刻转变之时，更应如此。不仅初中历史教师要认真研读 2022 年版义教历史课标，高中历史教师也应将之作为案头必备之物，并与初中历史教师经常交流，做好初高中历史教学的有效衔接。鉴于普通高中历史课标和义教历史课标中的课程目标已有"差距"，根据我们对我国中学课程标准演变轨迹的了解，可以预测在不久的将来，高中历史课程标准会进行修订。到那时，呈现在我们眼前的一定是更加亮眼的历史课程核心素养目标 3.0 版。

---

[1] 陈志刚，王继平. 大概念的理解与教师备课 [J]. 历史教学，2020（17）：39.
[2] 於以传. 大概念立意下《中外历史纲要》教学的若干思考 [J]. 上海课程教学研究，2021（11）：123.

课程干预改善未来体育教师对智障学生体育活动的态度研究

刘　萍　张韧仁

[摘要] 为探索课程干预能否及如何改善体育教育专业大学生对智障学生体育活动的态度，首先，使用"智障人士体育活动态度问卷"对200名体育教育专业大学生进行问卷调查，并基于"态度ABC理论"设计课程干预方案；其次，选择其中60名分为实验组和对照组，并对实验组进行三次课程干预和半结构化访谈；再次，先后于前测（P_0）、三次课程干预之后（P_1、P_2、P_3）共四个阶段采集数据，并对所获数据进行描述性统计、t检验和单因素方差分析。基于"态度ABC理论"设计的课程干预能显著改善未来体育教师对智障学生体育活动的态度，且各个干预阶段均成效显著。

[关键词] 智障学生；体育活动；态度；课程干预

2020年世界卫生组织的初步统计数据显示，我国残疾人总数约9000万人，占全国人口的6.5%左右，残疾青少年的教育问题也一直备受社会关注。融合教育自被提出即成为全国各地倡导的教育理念，落实融合教育是促进教育事业蓬勃发展、提高国民素质的必要手段。我国大力倡导融合教育，其主要形式就是让有特殊需求的学生进入普通学校跟

基金项目：四川省第二批省级教育体制机制改革试点项目（G8-02）、四川省教师教育研究中心课题（TER2021-019）研究成果。

作者简介：刘萍，湖北宜昌人，硕士，四川师范大学体育学院助教，主要研究方向为锻炼心理学；张韧仁，安徽南陵人，博士，四川师范大学体育学院、体育教育研究中心教授，博士生导师，主要研究方向为运动及锻炼心理学理论与应用（本文通讯作者）。

着普通学生一起随班就读,即与普通学生享受同等教育、共用一样的教育设施,通过教育手段促进特殊儿童健康成长。2019年发布的全国教育事业发展统计公报统计数据[①]显示,全国范围内特殊教育学校招收不同障碍的特殊教育在校生共79.46万人,另在普通学校随班就读在校生共39.05万人,其中智力障碍(以下简称"智障")学生为数不少。有关研究表明,参与体育活动能够促进智障患者身心发展,对其健康有着重要作用[②];但相关数据显示我国智障学生实际参与体育锻炼时间较短,身体活动水平较低,多数未能达到世界卫生组织推荐的每天不少于60分钟的中高强度身体活动量的标准。

体育教育属于基础教育的重要组成部分,随着融合教育的发展,融合体育教育势必也将提上议事日程。智障学生作为全民体育重要组成部分,其参与体育活动的重要性亦不言而喻。作为融合体育教育的实施主体和关键因素,体育教师的认知、技能和态度等因素直接决定了融合体育教育实施的效果[③]。依据各师范院校或体育院校教育计划培养目标要求,体育教育专业学生可视为未来体育教师群体,其基本教学能力和态度形成的关键期是大学专业学习阶段,这一阶段的学习将直接影响其在毕业后的教学工作中面对融合体育教育的态度与能力,甚至可以说体育教育专业人才培养模式很大程度上决定了未来学校体育教育的质量。如若在其大学阶段即提前进行适宜的课程干预等特殊教育,以预先改善其对智障学生等特殊人群体育活动的态度,帮助其树立正确的残障人士体育活动观念,也许可以更为有效地促进和优化智障学生的体育教育质量和体育活动水平。

"态度ABC理论"作为一种心理学理论,旨在解释人们形成和改变态度的过程。该理论认为态度主要由情感(Affective,A)、行为(Behavioral,B)和认知(Cognitive,C)三个部分组成。其中,情感成分涉及个体对特定人或事物的情感或感觉,包括喜怒哀乐等。这一成分通常源于个体的直觉和感性反应,是态度形成的重要因素。行为成分指的是个体对特定人或事物的行为表现,包括言语、身体动作等。这一成分反映了态度与行为之间的密切联系,人们往往会根据他们的态度表现出相应的行为。认知成分涉及个体对特定人或事物的认知和理解,包括信念、观点和知识等。这一成

---

① 中华人民共和国教育部. 2019年全国教育事业发展统计公报 [J] 中国地质教育,2020 (4):120-124.

② 刘萍,张韧仁,文静,苏余,陈宏. 体育锻炼促进智障学生体质健康及心智发展 [J]. 湖北体育科技,2020,39 (1):73-76.

③ 王永顺,刘鎏. 融合教育视域下体育教育与适应体育专业学生自我效能比较研究 [J]. 北京体育大学学报,2017,40 (7):76-81.

分反映了思维对态度的影响，人们往往会根据他们的认知形成特定的态度。

在心理学研究中，态度ABC理论重要的价值在于其对个体态度形成的深入解释。该理论认为，个体对特定人或事物的态度受到其情感、行为和认知三个成分的影响，而这三个成分之间存在相互影响和相互作用的关系。这种观点不仅提供了一种分析框架，用于研究个体态度的形成和改变，也为心理干预提供了一种有效的工具，用于帮助个体改变对特定人或事物的态度，进而改善其情感和行为。

智障学生由于身体抵抗力和各种其他劣势因素，其体质健康水平远滞后于健全儿童，但是他们同样享有开展体育活动和健康发展的权利。响应国家的号召，促进和改善智障学生的体质健康水平，推动智障学生体育活动的参与刻不容缓。相关研究已经证明智障群体参与体育活动可以提升其身体素质、心智发育水平以及社会适应力等各方面综合能力，国内外有关智障学生体育活动方面的研究主要集中在探讨智障学生身心素质现状、体育活动益处与困难、特殊学校体育活动开展状况等方面。国外有关他人（志愿者、大学生、教师、家长等）对残障人士体育活动的态度的相关研究为数较少，主要考察一次性学习残疾专业知识的课程[1]或一次性观看与残疾人有关的电影[2]或一次性参与残运会志愿服务[3]等单一的、单次的干预手段能否改变他人对残障人士体育活动的态度，且其中的实验设计也有待完善；至于国内有关此方面的研究，暂未见报。

鉴于上述背景和问题，本研究尝试基于"态度ABC理论"设计课程干预方案，旨在探索上述课程干预能否和如何改善体育教育专业学生对智障学生体育活动的态度，以期一方面为体育教育专业学生的职业生涯奠定融合教育的基础，另一方面为全民体育时代中小学校体育教育师资的培养方案体系构建提供借鉴和参考。

---

[1] Yuleinys Larson. Attitudes towards people with disabilities: a systematic review of intervention effectiveness[J]. COUNS-EDU: The International Journal of Counseling and Education, 2020, 5(2): 40-57.

[2] Wieczorek M, Sadziak A, Matczak D. Attitudes towards persons with intellectual disabilities in adolescents[J]. Journal of Education, Health and Sport, 2019, 9(1): 106-123.

[3] LI Chunxiao, Wu Yandan. Improving Special Olympics volunteers' self-esteem and attitudes towards individuals with intellectual disability[J]. Journal of Intellectual & Developmental Disability, 2019, 44(1): 35-41.

一、对象与方法

（一）对象

本研究以体育教育专业大学生对智障学生体育活动的态度为研究主题，以四川师范大学 200 名体育教育专业本科二年级学生为研究对象，选取其中 60 名大学生作为实验对象。

实验对象的纳入标准为：①师范类体育教育专业大学生；②为了方便对实验进行有效管控，态度得分留有提升空间，通过课程干预可以提高态度得分；③合理组建实验小组，选取 60 名态度得分最低的大学生，实验组和对照组受试者各 30 名；④基于特征均匀性原则，根据体育教育专业不同性别招生比例，每组男生控制在 18~20 人，女生 10~12 人。

（二）方法

1. 测评工具

本研究采用的测量工具为土耳其学者伊尔汗（Ilhan）等人研制的"智障人士体育活动态度问卷"（2016）者[1]。问卷由 28 个题目组成，总分为 28~140，分为"积极"和"消极"两个子维度。积极维度题目共 21 个，满分 105；消极维度题目共 7 个，满分 35。在计分方式上，采用李克特五点计分法，每题均有 5 个选项，分别为"非常同意""同意""不确定""不同意"和"非常不同意"，分值为 5 分、4 分、3 分、2 分和 1 分，消极维度的题目均反向计分。整个问卷得分采取被调查者每个题的回答分数累加的方式，总分即为被调查者对于智障人士体育活动的态度，问卷填写最终所得分数越高，代表对智障人士体育活动的态度越正向，反之亦然。

问卷的翻译参照了刘洋等研究方法的标准回翻法（2012）[2]。首先，采用互译法，由两名同时精通中文与土耳其语的专业翻译将问卷翻译成中文，这种翻译并不是逐字逐句

---

[1] Ilhan E L, Esentürk O K, Yarımkaya E. Attitude scale of individuals having mental disabilities towards sports activities (zebseytö): validity and reliability study Zihinsel engelli bireylerin sportif etkinliklerine yönelik tutum ölçeği (zebseytö): Geçerlik ve güvenirlik çalışması[J]. Journal of Human Sciences, 2016, 13(1): 1141-1160.

[2] Ilhan E L, Esentürk O K, Yarımkaya E. Attitude scale of individuals having mental disabilities towards sports activities (zebseytö): validity and reliability study; ihinsel engelli bireylerin sportif etkinliklerine yönelik tutum ölçeği (zebseytö): Geçerlik ve güvenirlik çalışması[J]. Journal of Human Sciences, 2016, 13(1): 1141-1160.

地进行，而是根据国内文化背景互相讨论翻译合理性并形成中文版问卷，交给另外一名译员，对不确定的地方进行讨论及初步修改；其次，将中文版问卷翻译成土耳其语，并再次对其进行讨论与修改，确保问卷忠实于原始问卷；再次，咨询体育心理学博士及数名体育心理学方向研究生意见，和他们相互交流，一起讨论翻译后的问卷是否可用，紧接着将翻译后的问卷发放给数名研究生填写并询问其对该问卷是否持有疑问或者意见；最后，综合多方讨论结果，对问卷进行修改与完善，确认翻译问卷可作为此研究的测量工具。

(1) 信度分析

学者伊尔汗等[1]使用克朗巴赫系数和重测系数以检验智障人士体育活动态度问卷的可靠性，即对问卷进行一致性检验与重测检验，结果如表1所示，克朗巴赫系数为0.960，重测系数为0.890，均大于0.8。同时积极维度与消极维度所得系数与总分接近，同样证明问卷具有良好的信度。

表1 智障人士体育活动态度问卷的克朗巴赫系数和重测系数检验结果

问卷的总体和次维度	克朗巴赫系数	重测系数
总分	0.960	0.890
对体育活动的积极态度	0.971	0.930
对体育活动的消极态度	0.822	0.910

(2) 效度分析

学者Ilhan等[2]使用探索性因子分析来检验测量工具的结构效度。分析结果显示，KMO值为0.964，球形检验得出卡方值为7153.227，对应的P值小于0.001，说明此问卷非常适合进行因子分析；使用验证性因素分析来评估问卷整体与两个子维度结构的有效性，结果显示各项拟合指标分别为：$\chi^2/df=2.68$，GFI=0.91，AGFI=0.85，CFI=0.91，NFI=0.92，IFI=0.91，RMSEA=0.73，PNFI=0.79和PGFI=0.69，证明此问卷整体效度水平良好，可供使用。

2. 施测方法

使用"智障人士体育活动态度问卷"对体育教育专业大二年级学生现场进行态度

---

[1] Ilhan E L, Esentürk O K, Yarımkaya E. Attitude scale of individuals having mental disabilities towards sports activities (zebseytö): validity and reliability study Zihinsel engelli bireylerin sportif etkinliklerine yönelik tutum ölçe?值 i (zebseytö): Geçerlik ve güvenirlik çalışması[J]. Journal of Human Sciences, 2016, 13(1): 1141-1160.

[2] 刘洋，王家宏，陶玉流，等. 融合与策略：未来体育教师对"融合体育教育"意愿态度的研究[J]. 北京体育大学学报，2012，35 (8)：88-94.

测量,有不理解的当场解答并在现场回收问卷,一一检查。共发放问卷 200 份,将作答不完整以及选项无差别的无效问卷剔除,实际回收 188 份,回收率为 94.4%。对所得数据归类整理,并妥善保管。

根据分组需要选取体育教育专业本科二年级学生 60 人,所有受试者均没有学习过残疾人体育相关教育课程,也未曾与智障人士有过亲密接触经历,男 38 人,女 22 人,平均年龄为 19.48 岁。将 60 名大学生分为两组,实验组和对照组大学生各 30 人。为了避免样本差异,将实验组与对照组大学生的智障学生体育活动态度得分前测数据进行独立样本 t 检验,确定两组大学生态度得分无显著差异,方可进行分组实验。

每次课程结束后对实验组 30 名体育教育专业大学生进行简易半结构化访谈,并让其将答案与内心感想写在日记本上,问题均围绕"对于此次课程你有什么感想""你对智障学生参与体育活动所持态度是什么样的""你认为智障学生参与体育活动有哪些困难,你觉得有哪些解决办法,并提出你的建议",让其认真反思并写下答案以探究不同课程结束后大学生内心对智障人士看法的变化趋势。通过日志与反思,记录每堂课的教学过程执行情况,也进一步确保数据的可靠性和精确性,实验结束后对实验组大学生日记本上答案进行核实,有疑问的地方及时找被试者核对,根据研究主要内容对资料进行整理分析。以上全部操作,均在受试者同意情况下进行。相关内容见表 2 和表 3。

表 2　实验组与对照组大学生基本信息一览表

性别	组别		
	实验组人数	对照组人数	平均年龄（岁）
男	18	20	19.50
女	12	10	19.45
总计	30	30	19.48

表 3　实验组与对照组大学生前测态度得分均值一览表

实验分组	得分		
	积极维度	消极维度	总分
实验组	73.80	23.50	97.30
对照组	73.13	24.23	97.36
|t|	0.524	0.691	0.052
P 值	0.602	0.493	0.959

（二）课程干预实施程序

对实验组大学生进行认知、情感、行为层面三次课程干预,每周 1 次,每次 1.5~2

小时。三次课程干预内容及选择理由为:"态度 ABC 理论"之中认知、情感和行为三个维度相互渗透并相互影响。认知作为态度构成最基本的元素之一,不但决定我们感受事情的方式,也对我们的日常行为产生重要影响。认知可以激励我们去做那些与目标一致的事情,对事物良好的认知有助于产生有益的行为。情感对人的态度可起到"积极的增力作用",积极的情感让人从内心产生共鸣,能明显地提高人对事物的积极态度,产生"增力"的作用,进而驱使人做出有益的行动。态度决定行为,行为也会反过来对态度产生影响,个体扮演的社会角色、说的话、参与的社会运动,都会对个体的态度造成影响。若想改变人们的态度,需从认知、情感以及行为倾向三方面入手。

本研究基于前人的研究成果,为了避免单一实验的局限性,综合不同干预方式的优缺点,最终以"态度 ABC 理论"为基础,选择三种类型的课程依次干预一次(课程干预实施方法见图 1),旨在通过实施上述课程干预改善未来体育教师对智障学生体育活动的态度。

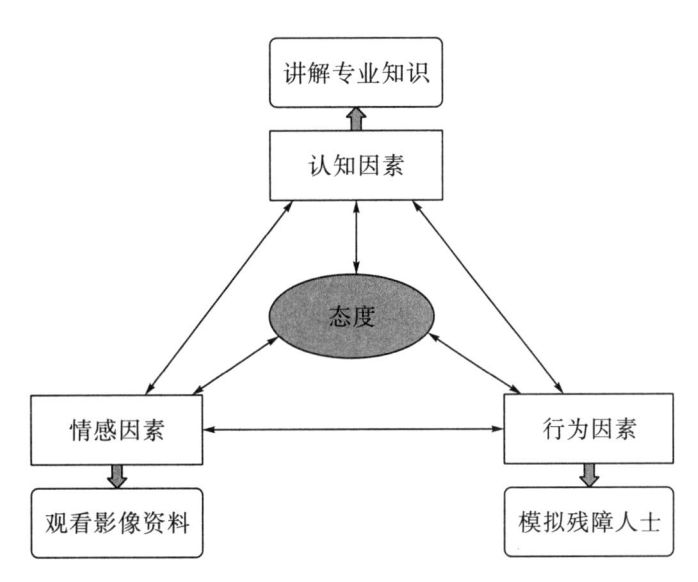

图 1 课程干预实施方法

第一次课程,开展有关智障人士的专业知识讲解。首先,针对不同种类残疾人相关基础知识,从智障患者的定义、病因、分类以及日常表现等方面入手,向受试者讲解了相关的知识。这些基础知识的学习,有助于受试者从认知的角度更好地了解智障人群的情况。随后,介绍了专门针对智障人士开展的国际性运动训练和比赛,如特殊奥林匹克运动会。通过这次课程的学习,受试者能够更加全面地认识智障群体,拓宽知识面,并看到智障群体的价值,进而从内心接受这一特殊群体。

第二次课程,选择观看电影《篮球冠军》。这部电影讲述了一名国家级篮球教练与一支由智障人士组成的篮球队从相遇到相知并一起成长和共同拼搏的故事。该电影通过不同的场景和细节展示了这支特殊球队中每个队员不同的经历。教练最初内心充满抗拒，甚至有些歧视队员们，但随着与队员们日夜相处，他逐渐看到了他们的闪光点，并在他们的帮助下找回了自己。特别是最后分别时的难舍难离，让观众感受到了深深的情感共鸣。通过观看这部电影，受试者能够更深入地理解智障群体的体育精神，尤其是他们在比赛中所展现出的全力以赴以及与冠军失之交臂时的豁达与团结。这部电影不仅让受试者对智障群体有了更全面的认识，还有助于激发他们对于特殊体育教育的热情和关注。

第三次课程，借助拐杖、眼罩等工具让受试者模拟不同种类的残疾人，在有限的空间内进行一系列简单行为的模拟，通过角色互换，让受试者切身体会残疾人的真实生活状态。该课程分为单人模拟和多人模拟两个环节。首先，让受试者佩戴眼罩、使用拐杖等工具，模拟视障、肢残人士，并要求他们独立完成行走和简单的运动动作。这一环节旨在让受试者亲身体验残疾人在日常生活和体育活动中所面临的困难和挑战。随后，以 2~3 人为一个小组，相互配合进行第二个环节，即多人模拟。在这个环节中，一人模拟体育教师，其余的一个或两个大学生模拟不同类型障碍的学生。小组内进行体育课教学模拟，让受试者进入角色，体验残疾人士在体育活动中所面临的困难。模拟体育教师的受试者需要根据不同类型残疾学生的需求及时调整授课方式方法，尽可能让残疾学生参与到体育活动中（图2）。

图 2 部分残障模拟

（三）统计处理

对测量所得数据采用 Excel 和 SPSS 22.0 软件进行基本处理与统计分析。首先，运用 Excel 对大学生问卷调查所得数据基本信息资料进行录入统计，对问卷积极维度、消极维度与总分进行逐一汇总，一人计分一人核查，输入文档反复核对。其次，将录入的基础数据导入软件 SPSS 22.0，对整理好的数据进行统计与分析。具体统计分析方法如下：①对所有受试者大学生态度得分计算均值、标准差、最大/小值以便于获得基线值，筛选受试者；②对不同组别大学生态度后测得分进行独立样本 t 检验，用于检验课程干预效果；③对实验组大学生不同授课阶段态度得分进行单因素方差分析，以检验实验组大学生不同授课阶段态度得分的阶段性差异。非常显著性水平定为 $P<0.01$，显著性水平定为 $0.01 \leqslant P<0.05$。

二、结果

（一）课程干预成效显著

经过课程干预，可以发现体育教育专业大学生对智障学生体育活动的态度得到了有效改善，干预效果通过如下两个方面体现：

1. 组内比较

由图 3 可知，实验组大学生对智障学生体育活动态度得分在未经过任何课程干预前即前测阶段得分均值为 97.30，积极维度得分均值为 73.80，消极维度得分均值为 23.50。经过三次课程干预，大学生对智障学生体育活动的态度得分呈逐步上升趋势。总分由最初的 97.30 提升至 133.77，提高了 36.47 分；其中积极维度从最初的 73.80 提升至 99.90，得分提高了 26.10 分；消极维度从最初的 23.50 提升至 33.87，得分提高了 10.37 分。可以证明经过三次课程干预的累积效应，大学生对智障学生体育活动的态度得分得到大幅度提升。

将全程实验即前测与三次课程干预过程分为 4 个阶段（Phase）进行统计与分析，其中，前测即未接受任何干预为 0 阶段（P_0），第一次课程即专业知识讲解后为 1 阶段（P_1），第二次课程即影像资料观看后为 2 阶段（P_2），第三次课程即残障人士模拟后为 3 阶段（P_3）。实验组大学生对智障学生体育活动态度得分经过三次课程干预后在前一次基础上总分得分均不断提升。经过第一次课程干预后，总分从 P_0 阶段的 97.30 提升至 108.00，其中积极维度从 73.80 提升至 79.77，消极维度从 23.50 提升至 28.23；经过第二次课程干预后，总分从 P_1 阶段的 108.00 提升至 129.60，其中积极维度从 79.77 提升至 96.00，消极维度从 28.23 提升至 33.60；经过第三次课程干预后，总分从 P_2 阶段的 129.60 提升至 133.77，其中积极维度从 96.00 提升至 99.90，消极维度从 33.60 提升至 33.87。

从表 4 可知，实验组不同性别大学生对智障学生体育活动态度得分经过三次课程干预后稳步提升。经过第一次课程干预后，男大学生从 P_0 阶段的 97.67 提升至 108.94，女大学生从 P_0 阶段的 98.42 提升至 106.58；经过第二次课程干预后，男大学生从 P_1 阶段的 108.94 提升至 132.06，女大学生从 P_1 阶段的 106.58 提升至 125.92；经过第三次课程干预后，男大学生从 P_2 阶段的 132.06 提升至 134.28，女大学生从 P_2 阶段的 125.92 提升至 133.00。

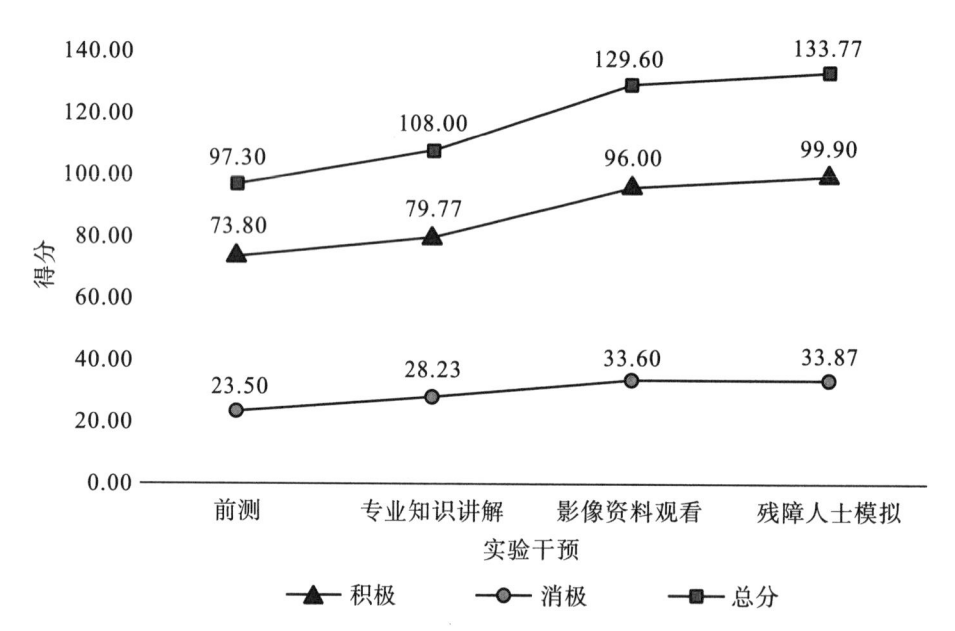

图 3　课程干预后实验组大学生对智障学生体育活动态度得分变化幅度图

表 4　不同阶段实验组不同性别大学生对智障学生体育活动态度得分情况一览表

阶段	P_0	P_1	P_2	P_3
总分	97.30±4.843	108.00±4.556	129.60±9.644	133.77±8.253
男	97.67±4.433	108.94±4.399	132.06±8.419	134.2±8.050
女	98.42±5.807	106.58±4.602	125.92±10.535	133.00±8.852

2. 组间比较

为了对比不同组别大学生在课程干预前后态度得分变化情况，将两组大学生前测和后测态度得分数据分别进行配对样本 t 检验，结果见表 5。经过课程干预，实验组大学生对智障学生体育活动的态度得分从前测的 97.30 分提升至 133.77 分。与前测态度得分相比，后测态度得分大幅度提升，并具有非常显著性差异（$P<0.001$）。与此同时，对照组大学生前测态度得分为 97.37 分，在不进行任何干预的情况下后测得分为 98.50 分，相比之下对照组态度得分几乎没有变化，也未达到显著性差异（$P>0.1$）。

将两组大学生后测态度得分数据分别进行独立样本 t 检验（表 6），结果表明课程干预后实验组大学生态度得分（133.77）显著高于对照组大学生得分（98.50），差值为 35.27 分，并且具有非常显著性差异（$P<0.001$）。为了进行多维度比较，将积极维度和消极维度得分进行一一对比，发现其中实验组大学生积极维度得分为 99.90 分，对照组为 73.40 分，差值为 26.50 分，实验组大学生消极维度得分为 33.87 分，对照组为 25.10 分，差值为 8.77 分，不同组别在两个维度均达到非常显著性差异（$P<0.001$）。

表 5　课程干预前后不同组别大学生对智障学生体育活动态度得分比较

组别	干预前	干预后	P
实验组（$n=30$）	97.30±4.843	133.77±8.25	0.000
对照组（$n=30$）	97.37±5.123	98.50±6.54	0.194

表 6　课程干预后不同组别大学生对智障学生体育活动态度得分的多维度对比

组别	积极维度	消极维度	总分
实验组（$n=30$）	99.90±6.69	33.87±2.03	133.77±8.25
对照组（$n=30$）	73.40±5.21	25.10±4.27	98.50±6.54
差值	26.5	8.77	35.27
P	0.000	0.000	0.000

（二）课程干预各个阶段均见明显成效

为了解实验组大学生对智障学生体育活动态度在课程干预中不同阶段的得分情况是否存在差异，对 P_0、P_1、P_2、P_3 四个阶段态度得分进行单因素方差分析（见表 7）。

由表 7 可知，实验组大学生对智障学生参与体育活动态度得分在不同阶段存在非常显著性差异（$P<0.001$）。为进一步探求差异，对不同阶段大学生对智障学生体育活动态度得分进行多重比较分析。

将实验组大学生在不同阶段态度得分进行两两对比（表 8），将 P_0 阶段与 P_1 阶段、P_2 阶段、P_3 阶段得分进行多重对比，其中，P_0 阶段得分低于 P_1 阶段、P_2 阶段、P_3

阶段得分（差值分别为 9.333、30.933、35.100），态度得分均达到非常显著性差异（$P<0.001$）；将 P_1 阶段与 P_2 和 P_3 阶段得分进行多重对比，P_1 阶段得分低于 P_2 阶段和 P_3 阶段得分（差值分别为 21.600 和 25.767），态度得分均达到非常显著性差异（$P<0.001$）；将 P_2 阶段与 P_3 阶段得分进行多重对比，P_2 阶段得分低于 P3 阶段得分（差值为 4.167），态度得分达到显著性差异（$P<0.05$）。

根据上述结果可知，经过课程干预，实验组大学生对智障学生体育活动态度得分不断上升，各阶段得分存在显著性差异，也就是说通过课程干预可以显著改善大学生对智障学生体育活动的态度。从研究结果可知，课程干预是一个逐步改善态度的过程，同时结果也证明了综合课程干预比单一课程干预效果更加明显，三次综合课程干预可以显著改善大学生对智障学生体育活动的态度。

表7 实验组大学生态度在课程干预中不同阶段的得分数据处理结果

	差异来源	均离差平方和（SS）	均方（MS）	F	P
态度得分	组间变异	27779.025	9259.675	161.290	0.000
	组内变异	6659.567	57.410		

表8 不同阶段大学生对智障学生体育活动态度得分多重比较分析结果

不同阶段得分	两两对比	平均数差值（P_0-P_3）	P
P_0	P_1	−9.333*	0.000
	P_2	−30.933*	0.000
	P_3	−35.100*	0.000
P_1	P_2	−21.600*	0.000
	P_3	−25.767*	0.000
P_2	P_3	−4.167*	0.035

三、分析与讨论

以实验前后、期间采集的数据资料为主线，并结合实验对象的日志与反思以及相关研究文献，得出研究结果如下：

（一）课程干预显著改善体育教育专业大学生对智障学生体育活动的态度

智障儿童青少年参与运动水平较低的原因是他们自身的特殊性以及外部环境因素

限制，运动素质发展水平与基本运动技能发展水平较普通儿童青少年低，身体素质差、无法控制情绪、无法与同伴进行正常交流和外界消极态度等因素共同作用，使他们的体育活动参与处于边缘化状态，这些因素严重阻碍了智障学生参与体育活动。以往研究表明，体育教育专业大学生对智力障碍学生的接纳态度较为消极，作为未来体育教师对促进残疾人参与体育活动的意愿较低，在残健融合教育方面，未来体育教师总体态度得分较低，他们往往不愿意残疾学生进入一般体育课堂。从某种程度上来说，师德教育就是要从刚入职或者即将入职的未来教师开始，对教师职业道德和教育事业的态度进行全面了解与改变[1]。另外有学者对 410 名体育教师进行了相关研究[2]，结果显示体育教师对残疾儿童及特殊教育的积极态度是融合体育课程成功的基本要素。体育院校及体育政策制定部门应该予以重视，让体育教师接受残疾儿童体育教育课程培训，使其对特殊体育拥有积极的态度并在教师职前培训期间掌握特殊教育理论知识与教学技能，以更好地促进残疾儿童体育教育质量。

因此，研究设计中选取相同专业、相同班级、选择相同课程的学生为受试者，最大程度上控制了课程干预过程中无关变量可能产生的影响；选择体育教育专业大学生可以帮助其在受教育期间树立正确的价值观，为其职业生涯奠定一定基础，设计课程干预方案分别对应态度三维度即认知、情感和行为，理论联系实际情况，对体育教育专业大学生进行了有针对性且有效的干预，通过课程干预潜移默化地改善大学生对智障学生体育活动的态度，进而影响其今后的学习与工作各个方面，提高智障学生体育活动质量。综上所述，研究对实验组体育教育专业大学生进行课程干预，并在课程干预后将其与对照组进行对比的研究设计是可行的。

实验结果表明，干预结束后实验组大学生态度得分显著高于前测得分以及对照组得分，说明课程干预能够显著改善体育教育专业大学生对智障学生体育活动的态度。其原因可以从两个方面来解释。①不论是男大学生还是女大学生，经过课程干预，他们对智障学生体育活动的态度都得到显著改善。根据本研究的结果可知，不同性别大学生在课程干预期间态度得分一直处于不断变化之中且均呈大幅度上升趋势。究其原因可能是第一次课程干预改变了不同性别大学生对于智障学生体育活动相关方面的认知，特殊奥林匹克运动会的介绍让其明白智障群体也有其特有的运动方式，也可以通

---

[1] 李春玲. 态度改变理论与师德教育创新[J]. 外国中小学教育，2012（9）：43-48.
[2] Doulkeridou A, Evaggelinou C, Mouratidou K, et al. Attitudes of greek physical education teachers towards inclusion of students with disabilities in physical education classes[J]. International Journal of Special Education, 2011, 26(1)：1-11.

过体育运动展现自身魅力；第二次课程观看的电影《篮球冠军》的主题是篮球，这刚好是实验组男大学生普遍喜欢的体育运动项目，同时电影中很多剧情催人泪下，女生比较感性，在观看电影的同时在情感上产生了共鸣，情不自禁流下了眼泪；在模拟残障人士过程中，女大学生具有同情心和包容心，遇到有困难的人群，总是情不自禁想要为其提供帮助，男大学生在此过程中遇到困难也会及时想到办法解决所面临的问题，不断产生的成就感也可能使得他们更加愿意继续参与智障学生的体育活动。综上所述，实验组不同性别大学生对智障学生体育活动的态度经过三次课程干预逐步发生改善。至于是否存在具体的性别差异，有待今后进一步扩大样本量进行深入研究。目前各学校体育教师均呈现男性教师多、女性教师少的状况，结合本次研究结果，建议各普通学校与特殊学校根据实际情况，适当多安排女性体育教师去教授智障学生体育活动和其他残疾学生的特殊课程，同时加强对不同性别教师对于残疾学生参与体育活动的态度引导与有效干预，这样将能达到更好的教育效果。②三次课程干预均能对实验组大学生对智障学生体育活动的态度产生显著影响，并且干预效果存在累积效应，共同促进了实验组大学生态度的稳步改善。本研究结果佐证了现有研究成果（Grandisson，2012[①]；Hurtuna，2021[②]；Wieczorek，2019[③]），并证明了实验组大学生在接受课程干预过程中对智障学生的相关知识不断增加，对智障学生体育活动的相关知识有了更深层次的了解，并且掌握了一定的紧急情况应对方法与特殊体育教学技能。三次课程干预具有累积效应，学生不断接受新的知识，态度得分也在不断提升。但是本次课程干预对于体育教育专业大学生在今后职业生涯中需要掌握的能力来说是远远不够的，实验组大学生也意识到了这个问题。通过反思日记可以看出他们对于智障学生体育活动困难解决办法以及自己需要接受专业培训方面有了自己的想法及诉求。大学生们希望学校帮助他们树立正确观念，制定更加合理的课程，开设特殊教育相关课程，鼓励体育教育专业大学生与残疾学生进行实际接触，在入职前对体育教师进行特殊体育教育培训与指导。

---

① Grandisson M, Tétreault S, Freeman A R. Enabling integration in sports for adolescents with intellectual disabilities[J]. Journal of Applied Research in Intellectual Disabilities, 2012, 25(3): 217-230.

② Roca-Hurtuna M, Martinez-Rico G, Sanz R, et al. Attitudes and work expectations of university students towards disability: implementation of a training programme[J]. International Journal of Instruction, 2021, 14(2): 1-10.

③ LI Chunxiao, WU Yandan. Improving Spedial Olympics volunteers' self-esteem and attitudes towards individuals with intellectual disability[J]. Journal of Intellectual & Developmental Disability, 2019, 44(1): 35-41.

要想充分发挥好学校体育的作用，提高在校学生的运动能力及身心健康水平，就必须加强对体育教育专业大学生的专业素质培养，构建高水平的体育师资队伍。研究结果表明，三次课程干预类型不同，产生的影响也各不相同，但均显著改善了实验组大学生对智障学生的态度。未来，应该继续深入研究不同干预方法的创新性与时效性，争取达到最优效果，在改善大学生态度的同时促使其掌握更多的授课技能。

（二）课程干预各个阶段均能改善体育教育专业大学生对智障学生体育活动的态度

经过课程干预，实验组大学生对智障学生体育活动的态度得分呈上升趋势，课程干预效果良好，不同阶段的态度得分均处于不断变化之中且存在显著性差异。

第一次课程让大学生开始了解到智障学生体育活动相关基础知识，是对其认知层面的教育。经过认知层面的干预，大学生改善了对智障学生体育活动的态度。此研究结果与 Hayward 等（2021）[1] 的研究结果一致，认为提高居民对残疾人的认知是改善对残疾人态度的有效策略。第二次课程主要利用体育教育专业大学生的专业优势以及对残疾人体育的积极情感，通过观看影像资料，把他们的积极情感迁移到对智障学生体育活动的态度上。此研究也佐证了国外研究结果[2]即媒体（特别是体育相关媒体）能够明显影响人们对智障人群的态度，今后的干预应该善于利用情感这一有利因素，有效改善人们对残疾人体育活动的态度。第三次课程采用残障模拟，让体育教育专业大学生一人模拟残疾学生，一人模拟体育教师对其授课，利用大学生的好奇、所学知识与成就感等因素，吸引学生融入模拟情境，通过一系列的残障模拟与教学行为促使大学生投入其中并同时保证大学生感到这些参与和行为是值得的，最终促使大学生对智障学生体育活动形成积极态度或改变学生的消极态度。此结果与 Falanga 等（2020）[3] 的研究结果保持一致，即让大学生模拟残疾人以体验残疾人的生活状态并与残疾人进行虚拟接触，可以增强他们对残疾人的积极态度。

---

[1] Hayward L, Fragala-Pinkham M, Schneider J, et al. Examination of the short-term impact of a disability awareness training on attitudes toward people with disabilities: a community-based participatory evaluation approach[J]. Physiotherapy theory and practice, 2021, 37(2): 257-270.

[2] Ferrara K, Burns J, Mills H. Public attitudes toward people with intellectual disabilities after viewing Olympic or Paralympic performance[J]. Adapted Physical Activity Quarterly, 2015, 32(1): 19-33.

[3] Falanga R, De Caroli M E, Sagone E. Is it possible to enhance positive attitudes towards people with disability? A training with Italian university students[J]. New Trends and Issues Proceedings on Humanities and Social Sciences, 2020, 7(3): 27-33.

此研究结果中，实验组大学生的态度随着课程干预的进行不断改善，在不同阶段存在显著性差异，干预结束后态度与前测相比得到了有效改善。此实验证明了三次课程干预之间存在"叠加效应"，进而佐证了"态度 ABC 理论"，即认知、情感与行为三因素相互联系、相互渗透，共同对态度的形成产生影响。在日常生活中，人们处理和解决问题的过程往往会涉及态度改变理论的应用，这是由于个人社会行为在很大程度上受到自身态度的影响。本课程的干预模式是一个系统性的方案，三个阶段的课程设计，使大学生逐步深入地了解、观察、接触智障群体，以此来培养他们对智障群体的关心，充分激发他们的学习动机，引导他们在模拟实践中获得成功体验。通过这种方式，可以分阶段地探究大学生的态度变化，并针对他们不同阶段的态度变化情况进行更深入的探究，从而找到有效改善态度的策略方法。这将有助于更好地理解态度改变的内在机制，并为促进教育和谐与包容提供心理学依据。

四、结论

本研究基于"态度 ABC 理论"设计课程干预方案，采用"智障人士体育活动态度问卷"，探索课程干预能否影响体育教育专业大学生对智障学生体育活动的态度，得出如下结论：

（1）基于"态度 ABC 理论"设计的课程干预，可以有效改善体育教育专业大学生对智障学生体育活动的态度，提示可以将课程干预纳入未来体育教师的培养方案体系。

（2）基于"态度 ABC 理论"设计的课程干预各个阶段，均可显著改善体育教育专业大学生对智障学生体育活动的态度，提示应该建设未来体育教师提前适应融合体育教育的课程体系。

基于 CIPP 评价模型的"学前儿童科学教育"课程评价指标体系构建

余 祥

[摘要]"学前儿童科学教育"是职前幼儿教师的一门核心专业课程，构建科学合理的课程评价体系是保障和提升本门课程教学质量的重要手段。研究基于 CIPP 评价模型"背景—输入—过程—结果"框架，运用德尔菲专家咨询法、问卷法等方法建构了具有 4 个一级维度、12 个二级维度以及 40 个观测点的"学前儿童科学教育"课程评价指标体系，以期为有效开展"学前儿童科学教育"课程评价提供有益启示。

[关键词]CIPP 评价模型；科学教育；课程评价；指标体系

一、问题的提出

"科学"是幼儿园教育的五大领域之一。《幼儿园教育指导纲要（试行）》明确指出教师要能够密切联系幼儿的实际生活，创设问题情境，引导幼儿运用多种方法在主动探究的过程中培养探究意识和探究能力。《3—6 岁儿童学习与发展指南》也提出在幼

基金项目：四川省教育厅人文社会科学重点研究基地——四川乡村教育发展研究中心 2021 年度课题（SCXCJY2021D07）和乐山师范学院 2021 年校级教育教学改革研究项目（JG2021—YB—31）的研究成果之一。

作者简介：余祥，乐山师范学院学前教育系讲师，硕士，研究方向为幼儿教师专业发展和农村学前教育。

儿的科学学习中，成人要"善于发现和保护幼儿的好奇心"，"帮助幼儿不断积累经验，并运用于新的学习活动，形成受益终身的学习态度和能力"等。从以上文件可以看出国家对于幼儿园科学教育的重视，对幼儿教师科学领域教育素养提出了更高要求。

"学前儿童科学教育"作为职前幼儿教师学习的一门核心专业课程，为提升课程质量，已有学者探索了本门课程的教学改革。改革主要集中于阐释当前课程教学的现状和提出改进教学质量的策略两大方面，在阐释教学现状时主要从教师和学生两个层面分析，发现教师层面存在教学组织形式、教学方法和教学评价单一的问题[1]，学生层面存在学生科学素养水平普遍不高、教学效能感较低、主体地位被忽视的问题[2]。改进教学质量的策略主要为转变教学观念、增强学生的课堂参与[3]、突出实践教学体系的比重[4]等，对于课程教学改革效果的系统性评价普遍缺乏。同时，已有的研究指出，目前相关的教改成果整体质量不高，多是基于经验论证的方法得出，教学改革的结果缺乏可信度和推广性[5]。这一定程度上表明课程教学改革的监管机制不完善，缺乏对于改革评价的顶层设计。具体而言，"学前儿童科学教育"课程评价指标体系还未真正建立，缺乏可参考的理论和指导框架。评价指标体系构建是课程评价的关键环节，能够为系统诊断课程实施现状、问题提供明确的考察点，为课程评价与督导提供参考。

美国学者斯塔弗尔比姆（Daniel L. Stufflebeam）提出的CIPP评价模型在学前教育领域具有广泛适用性，已应用于中国学前教育质量评价指标体系构建[6]、学前专业实践教学评价指标体系建构[7]、幼儿园园本课程建设评估[8]等方面，其倡导的评价的全程性、过程性和反馈性能够满足本门课程的评价需求。基于此，本研究以CIPP评价模型为指导理论，尝试构建一套适用于"学前儿童科学教育"课程的评价指标体系，

---

[1] 陈美荣. 幼儿教师职前科学教育活动能力培养初探：《学前儿童科学教育》课堂教学改革思考 [J]. 职教论坛，2016（26）：76-79.

[2] 崔淑婧. 高师学前儿童科学教育课程 PBL 教学改革：基于提升学生科学素养和科学教学效能感的视角 [J]. 重庆文理学院学报（社会科学版），2018，37（4）：92-98.

[3] 尹洪洁. "互联网＋"时代的学前教育专业核心课程教学改革初探：以学前儿童科学教育课程为例 [J]. 教育观察，2020，9（32）：91-93.

[4] 李槐青. 基于科学素养培养的师范院校幼儿科学教育课程改革 [J]. 湖南科技学院学报，2011，32（06）：145-147.

[5] 李艳苹. 基于文献计量分析学前儿童科学教育课程教学改革研究综述 [J]. 湖北师范大学学报（哲学社会科学版），2020，40（3）：127-129.

[6] 霍力岩，孙蔷蔷，胡恒波. 中国学前教育指标体系的理论构想与适用性考察 [J]. 教育研究，2019，40（2）：50-61.

[7] 窦全能. 基于CIPP评价模型学前教育专业实践教学评价指标体系研究 [J]. 陕西学前师范学院学报，2021，37（11）：23-29.

[8] 杨琼，许倩倩. 基于CIPP评价模式的幼儿园园本课程建设评估 [J]. 早期教育，2022（12）：39-43.

以提升课程实施及改革的科学性，促进课程教学的高质量发展，更好地实现新时代背景下课程的育人价值。

二、基于CIPP模型的"学前儿童科学教育"课程评价框架

CIPP评价模型由斯塔弗尔比姆在20世纪60年代提出，由背景评价（Context evaluation）、输入评价（Input evaluation）、过程评价（Process evaluation）与结果评价（Product evaluation）4部分构成。其中背景评价是为计划决策提供信息的评价。计划决策可能涉及教育评价目的的选择、学生需要的评定等，是目标确定和判定结果意义的前提。输入评价是指为组织决策提供信息的评价，是指对备择方案设计的相对优点加以识别和评定的过程。过程评价是为实施决策提供信息的评价，是对执行过程的评价，关注方案设计实施的程度以及为何、怎样对其进行修改[1]。结果评价是为再循环决策提供信息的过程，是对教育方案实施结果的评价，其目的是确保教育活动未偏离正轨及确定活动有效性[2]。

本研究以CIPP模型为指导，将"学前儿童科学教育"课程评价指标分化为课程计划、课程投入、课程实施、课程效果4个一级评价指标维度，分别对应CIPP评价模型的背景、输入、过程和结果评价维度，从而建构起"学前儿童科学教育"课程的评价框架，如图1所示。该框架各要素之间的关系为：以基于背景评价的课程计划为前提，对学生的课程学习需求的特点进行评判，同时对课程目标和教学计划的适切性、科学性、可操作性等方面进行诊断性评价；以基于输入评价的课程投入为保障，对支撑课程教学计划的师资水平、课程结构、课程内容等方面进行可行性评价；以基于过程评价的课程实施为核心，主要对运行过程中的教学组织、教师教学和学生学习情况等进行形成性评价；以基于结果评价的课程效果为关键，主要是对学生的学习效果、教师教学效果、教学管理效果等方面进行终结性评价。

基于CIPP模型的"学前儿童科学教育"课程评价贯穿整个教学的全过程，将诊断性评价、可行性评价、形成性评价与终结性评价自然融合，此4个维度共同构成了本门课程教学的循环改进系统。

---

[1] 鄢超云. 学前教育评价[M]. 北京：高等教育出版社，2010：32.
[2] Stufflebeam D L, Madaus G F, Kellaghan T. Evaluation models: viewpoints on educational and human services evaluation[M]. Berlin: Springer Netherlands, 2000: 279.

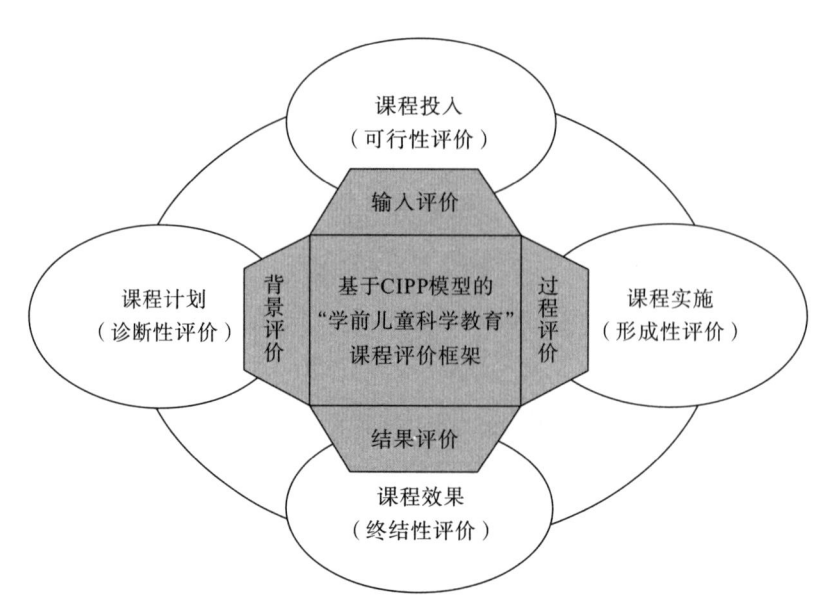

图1 基于CIPP模型的"学前儿童科学教育"课程评价框架

三、CIPP模型的"学前儿童科学教育"课程评价指标体系构建

根据前文提出的CIPP模型的课程评价框架，结合"学前儿童科学教育"课程教学实际，研究围绕课程计划、课程投入、课程实施、课程效果4个维度的评价要点设计了访谈提纲。选择了8名学前教育专业专任教师、4名高校教学管理人员、2名幼儿园园长、3名幼儿园教师和15名学前教育专业学生进行一对一深度访谈，对访谈结果进行编码分析，归类提炼出各二级维度及对应的测评要点。在综合参考相关文献成果和访谈结果的基础上，初步拟定了具有4个一级维度、18个二级维度和45个观测点的评价指标体系，如表1所示（观测点略）。

表1 基于CIPP模型的"学前儿童科学教育"课程评价指标体系初拟

指标分类	一级维度	二级维度
背景	课程计划	学生需求、教学计划、课程目标、行业需求、课程基础
输入	课程投入	课程内容、课程结构、课程资源、设施设备、经费预算、师资水平
过程	课程实施	教学组织、教师教学、学生学习
结果	课程效果	学生体验与收获、教学效果、行业反响、教学管理效果

在此基础上，本研究编制了《学前儿童科学教育课程评价指标体系专家征询问卷》，问卷包含客观题和主观题。客观题采用李克特量表形式，用1—5分分别对应评

定等级从"完全不合理"到"完全合理",对各一级维度、二级维度和对应观测点的合理程度进行调查。主观题主要征询专家对指标增减、更正方面的意见及建议。本次调研共选择了18名学前教育领域专家进行了三轮意见征询,其中包括6名学前教育专任教师、5名高校教学管理人员、2名幼儿园园长、5名幼儿园教师。

表2 "学前儿童科学教育"课程评价指标体系征询专家人员构成情况

类别	基本情况	人数	占比
职业	学前教育专任教师	6	33%
	高校教学管理人员	5	28%
	幼儿园园长	2	11%
	幼儿园教师	5	28%
职称	正高级	5	28%
	副高级	4	22%
	中级	9	50%

根据专家意见,合并、增减、修改了相关指标,如将二级维度"行业需求"合并入"课程目标",在课程目标中考察对于行业需求的观照程度。删除了"课程基础"维度,将"设施设备"和"经费预算"以及"师资水平"合并入"课程资源"维度,将"学生体验与收获"调整为"学习效果"等。

在专家咨询意见基础上,最终形成了包含4个一级维度、12个二级维度以及40个观测点的"学前儿童科学教育"课程评价指标体系。关于评价指标权重的分配,约75%的指导专家认为CIPP评价模型注重的是问题诊断而不是结果评价,不建议直接分配指标权重。因此,本研究以专家的观点为基础,秉承CIPP评价理念,暂不分配具体指标权重。根据指标的特点,采用层次评价集来描述各环节的评价标准,具体分为从A到E对应"优秀""良好""中等""合格""不合格"五个层次。各环节评价指标分布如下。

(一)"学前儿童科学教育"课程的背景评价指标

背景评价对应的是课程计划评价环节,首先涉及运用观察、访谈等方法对学生的学习需求和意愿进行了解和评判,这是教师进行学情分析、优化后续课程实施方案的前提和基础。其次,需要对课程的目标进行研判,课程目标既是课程内容选择和组织的依据,也是课程实施效果评价的依据。因此对课程目标的科学性、适宜性、全面性、可操性的评价就显得至关重要。其中科学性主要指评价目标是否符合国家学前教育政策与法规中关于幼儿科学教育的要求,是否能够支撑专业人才培养方案中对应的毕业要求;适宜性主要是指判断目标是否紧贴行业需求,满足行业的用人期待;全面性是指目标是否包含培养学生科学教育知识、技能、价值观的多元统一；可操作性主要看目标的表述是否规范具体，是否有清晰的指向性。最后是对课程教学计划的评价，教学计划是对课程实施的总体规划，对课程实施过程起着重要的引领作用，在背景评价中主要基于学生的学习特点和专业人才培养方案的要求对教学计划的进度安排、学时安排的科学性和合理性进行综合研判。"学前儿童科学教育"课程的背景评价指标包含了3个二级维度和8个观测点，如表3所示。

表3　基于CIPP模型的"学前儿童科学教育"课程背景评价指标

指标分类	一级维度	二级维度	观测点	评价等级 A	B	C	D	E
背景评价	课程计划	学生需求	学生具有提升科学素养的愿望					
			学生愿意参加幼儿科学教育相关活动					
		课程目标	课程目标符合学前教育政策法规关于幼儿科学教育的要求，能够有效支撑专业人才培养方案中对应的毕业要求					
			课程目标紧贴行业需求，满足行业用人期待					
			目标表述清晰具体，具有可操作性					
			目标全面，将学生科学知识的掌握与科学领域教学能力的培养、幼儿科学教育观的树立相统一					
		教学计划	教学进度安排科学合理，符合学生学习特点和学校的管理要求					
			各类课时安排合理，符合专业人才培养方案要求					

（二）"学前儿童科学教育"课程的输入评价指标

课程投入作为本门课程的输入评价环节，主要对支撑课程方案有效实施的手段、媒介以及预算的合理性和可行性进行评估，其主要目的是为课程的实施做好准备和提供保障。因此课程投入评价主要包含课程内容、课程结构、课程资源3个二级维度。其中课程内容主要评价其与课程目标的适切性以及是否符合幼儿园科学教育的特点，是否贴近幼儿的生活经验，同时考量内容是否覆盖幼儿园科学教育的相关领域等。课程结构主要评价学习内容的编排是否符合学生的认知发展特点，是否从易到难，呈梯度递进，同时考察课程理论模块与实践模块所占比重的合理性。课程资源主要评价课程实施可供利用的校内外条件、经费以及任课教师团队情况，具体包含：评价校内是否有配套的实训场地，设施设备是否满足学生日常实践需要；是否有可利用的幼儿园实践基地，便于学生在实践周开展现场观摩学习；学校是否有开展科学教育课程的经费，能够提供充足的学生学习与操作的资料与耗材；任课教师团队是否具有较好的专业素质与能力，熟悉幼儿园科学教育的特点。"学前儿童科学教育"课程的输入评价指标包含了3个二级维度和10个观测点，如表4所示。

表4 基于CIPP模型的"学前儿童科学教育"课程输入评价指标

指标分类	一级维度	二级维度	观测点	评价等级 A	B	C	D	E
输入评价	课程投入	课程内容	与课程目标相适切					
			贴近幼儿的生活经验，体现幼儿园科学教育活动的实施特点					
			内容全面，涉及幼儿园科学教育的生命科学领域、物质科学领域、地球与空间领域等					
		课程结构	教学内容由易到难，呈梯度递进					
			符合学生的能力发展特点，观照学生已有的知识结构					
			理论学习与实践操作内容所占比例恰当					
		课程资源	校内有配套的实训场地，设施设备满足学生日常实践需要					
			有可利用的幼儿园实践基地，便于学生在实践周开展现场观摩学习					
			任课教师团队具有较好的专业素质与能力，熟悉幼儿园科学教育的特点					
			学校有开展科学教育课程的经费，能够提供充足的学习与操作的资料与耗材					

（三）"学前儿童科学教育"课程的过程评价指标

过程评价是对于课程实施过程的评价，通过描述真实过程，持续地了解教师和学生，观察其活动，了解和掌握课程实施过程中的潜在问题，提出针对性的调整或改进策略来提升课程实施效果。过程评价通常采用的方法有发放问卷、实地听课、跟踪观察、焦点访谈、内容分析等。靳玉乐等学者认为"课程实施是一个诠释和创造的过程，是一个交往和对话的过程"[①]。学生与教师作为参与课程实施的直接体验者和推进者，

[①] 靳玉乐，于泽元. 后现代主义课程理论［M］. 北京：人民教育出版社，2005：202.

是课程实施中交往对话的主体,因此在课程实施评价环节,本研究在专家的指导下,主要围绕教师教学过程、教学组织过程以及学生学习过程进行评价指标设计。其中教师教学主要评价教师的教学准备情况与信息化手段运用情况,教师对于教学内容重难点的把握情况以及对应教学环节的开展情况,教师教学方法的合理性情况,教师对学生幼儿科学教育价值观的引导情况,以及教师对学生学习表现的评价情况。教学组织评价主要包括对教师课程教学的常规和氛围、教学形式、课程内容与"三习"① 的融合度,以及课程实施的学校与幼儿园的合作平台搭建情况。学生学习方面主要对学生的学习情感与态度、学习任务完成情况以及合作交流情况等进行评判。"学前儿童科学教育"课程的过程评价指标包含了3个二级维度和12个观测点,如表5所示。

表5 基于CIPP模型的"学前儿童科学教育"课程过程评价指标

指标分类	一级维度	二级维度	观测点	A	B	C	D	E
过程评价	课程实施	教学组织	教学常规好,教学氛围和谐、民主					
			根据教学内容特点采取灵活多样的教学形式					
			"三习"与课程教学的融合度高					
			积极搭建学校与幼儿园的幼儿科学教育合作平台					
		教师教学	教学准备充分,注重教学信息化手段的运用					
			熟悉学前儿童科学教育内容的重难点,教学活动环节创新多样,注重学生参与					
			使用多种教学方法,有效指导学生开展各类幼儿科学教育活动					
			注重学生幼儿科学教育价值观引导和幼儿科学教育意识的培养					
			积极关注学生的幼儿科学教育表现并及时给予适当的评价和反馈					
		学生学习	具有较高的学习热情,积极参与课程活动					
			积极思考,完成课程学习任务,并能开展有质量的自评和互评					
			能够与教师、同伴有效交流与合作,共同解决实施幼儿科学教育过程中遇到的问题					

（四）"学前儿童科学教育" 课程的结果评价指标

结果评价对应的是课程实施效果的评价,通过搜集对课程实施结果的描述与判断,

---

① "三习"指教育见习、教育研习和教育实习。

评估结果与预期目标之间的关系，量化课程目标的达成度，把它们与目标以及背景、输入和过程信息联系起来，为课程再循环决策提供改进建议。本门课程运行的参与者包含学生、教师和实践基地指导教师等，因此课程目标是否达成、课程方案是否科学适宜、课程运行的监督评价机制是否完善等问题最终需要在对学生的收获、教师的反思、教学的管理、行业的反馈等各种相关信息搜集的基础上来判断并得出结论。综上，课程效果评价主要围绕学习效果、教学效果以及教学管理效果三方面展开。

学习效果主要关注学生通过课程学习是否获得开展幼儿园科学教育活动的信心，是否真正具备了设计和实施活动的能力，是否树立起了适宜的学前儿童科学教育观。指标既关注学生知识技能的掌握，也关注学生幼儿科学教育情感与态度的转变。教学效果主要侧重于了解学生对于课程实施的满意度情况，评估课程教学目标的达成度，判定课程教学路径与模式的推广价值以及了解行业反响。教学管理评价主要涉及对课程大纲与教学计划的执行情况、实践活动的安排以及课程监督评价机制的运行情况进行评估。"学前儿童科学教育"课程的结果评价指标包含了3个二级维度和10个观测点，如表6所示。

表6 基于CIPP模型的"学前儿童科学教育"课程结果评价指标

指标分类	一级维度	二级维度	观测点	评价等级 A	B	C	D	E
结果评价	课程效果	学习效果	学生对未来开展幼儿园科学教育活动充满信心					
			学生掌握科学领域教学知识，具备幼儿科学活动的设计与实施能力					
			学生理解了不同年龄段幼儿科学学习的特点，树立起适宜的学前儿童科学教育观					
		教学效果	课程教学活动的目标达成度比较高					
			学生对教师开展的学前儿童科学教育活动的满意度较高，有较强的获得感					
			课程的教学路径和模式相对成熟，具有借鉴意义和推广价值					
			学生参与幼儿园科学教育活动的意识和能力受到行业指导教师好评					
		教学管理效果	按照课程大纲和教学计划完成教学任务					
			课程实践活动安排合理，特点鲜明					
			课程管理监控体系完善，多元评价机制运行良好					

四、CIPP模型的"学前儿童科学教育"课程评价体系实施建议

（一）注重各环节评价主体的多元组合

基于利益相关者理论，课程教学质量评价过程中涉及的利益相关者较多，包括教师、学生、教学管理人员、教学督导等。为保证课程教学质量评价结果的客观公正，通常会选择多主体参与。但是实际运行课程的评价指标体系后发现，由于各主体自身立场以及所具备的知识经验不同，在具体评价的过程中会显现出各自的优势与弊端，因此有必要由教学管理人员牵头，成立课程评价共同体，科学安排各环节的核心评价主体，充分发挥不同主体的评价优势。具体而言：

1."学前儿童科学教育"课程的背景评价环节

此环节是对课程计划的评价，主要涉及的内容有课程目标、教学计划等方面，是从较为宏观和整体的视角对课程实施的准备工作进行综合评估。要求评价主体对于课程的定位、课程实施的基础、学校的办学要求以及行业需求等有深入的认识和理解，因此本环节的评价应以教师评价、教学管理人员评价和教学督导评价为主，由于学生知识水平和认知方式还存在一定的局限，在此环节可以加入学生需求部分的评估，但学生暂不作为评价的核心主体。

2."学前儿童科学教育"课程的输入评价环节

此环节是对课程投入的评价，主要关注的方面是课程的内容、结构和可利用的资源等，是对课程实施运行的保障系统的全面评估，需要评价者对学校的办学条件、校内外资源、师资团队水平以及课程现阶段的建设情况进行系统了解。因此本环节的评价主体也应该以教师、教学管理人员和教学督导为主。

3."学前儿童科学教育"课程的过程评价环节

此环节是对课程实施的评价，主要的评价主体应有教师、学生和教学督导。首先，教师是教学实施的组织者，对自身的教学行为最为了解，因此让教师进行课程教学评价，可以全面地了解教学实施的真实面貌，掌握教学进度，判断教学效果。同时在评价的过程中有利于引发教师对教学行为的反思，积极思考改进策略，优化实施方案。其次，学生作为课程教学的目标群体，参与了课程实施的全过程，学生的评价可以让教师、教学管理人员等看到学生眼中的课程教学效果，帮助教师更好地发现教学中存在的问题，不断调整教学的方式、方法，从而提升课程质量。教学督导是高校进行课

堂教学质量监督、保证课程目标达成的有效主体，教学督导主要通过深入课堂切实评估教师的教学表现、师生互动、学生反响等情况来诊断课程实施中的问题，并为教师教学提出可行性建议。

4. "学前儿童科学教育"课程的结果评价环节

此环节是对课程实施效果的终结性评价，主要可以依靠教师、学生和教学督导、实践基地指导教师进行评价。具体而言，通过多元主体对课程实施的学生学习效果、教师教学效果、教学管理效果进行相关的评价，可以较为全面、真实地反映课程的实施质量，从而评估课程目标的达成度，为课程的再循环提供决策依据。

（二）理性应对课程评价结果

基于CIPP模型开展学前儿童科学教育课程评价的目的是改进，而非证明。不管是在常态化的课程教学还是在教师推行的某种新式教学改革过程中，只要分析评价数据提示教师、学生、教学管理方面出现了问题，都应理性对待，而不是忽视逃避。应积极与校内外专家沟通交流，采取相应的改进策略，及时记录调整后的数据信息并进行再评价，形成课程评价的良性循环，从而也使"学前儿童科学教育"课程评价真正能避免以往主要注重终结性评价、教师疲于应付评价结果的弊端。

（三）坚持动态管理，持续改进

首先，本研究虽然通过参照CIPP模型初步构建起了"学前儿童科学教育课程"评价指标体系，有助于在课程教学的全过程中及时发现问题、解决问题，但在实践运用时也应意识到该指标体系的实测效果未能达到绝对的理想状态，形成的指标仍有进一步精练与细化的可能。该指标体系的构建主要是为学前儿童科学教育课程的评价提供思路和方法，使用者可以根据课程环境的不同进行调整和完善。其次，为了保证评价的时效性，应积极关注学前教育领域相关政策法规、行业需求、课程教改要求等方面内外影响因素的变化，及时组织专家团队研讨，调整、补充现有的评价指标，体现对指标体系的动态管理。

五、结语

基于CIPP评价模型建构起的课程评价指标体系对于实现本门课程教学的高质量发展起着积极作用，有助于识别课程实施与改革过程中存在的问题，改变了传统只注重课程实施结果的单一评价方式,关注课程的前期投入、执行方案的制定及具体实施的过程情况,形成了课程教学的循环改进系统。在指标体系具体的运行过程中,应注重评价主体的多元化,理性看待评价结果,及时优化和更新指标体系,促进课程教学质量的持续提升。

基于课程思政视域的非英语专业师范生跨文化能力双向培养策略研究

谢 爽

[摘要] 非英语专业师范生是教育领域的储备力量，肩负着为新时代各行各业培养具有家国情怀和专业素养人才的伟大历史使命。本文从跨文化能力的双向性特点入手，基于对316名非英语专业师范生两年的跟踪调查和教学实践探索，分析了课程思政对于非英语专业师范生跨文化能力双向培养的可行性及意义，验证了以"文化自信"为时代语境、以"四有"好老师标准为导向、以课程思政为依托、以"与时俱进"的中华优秀文化为突破口、以中西文化对比为切入点的跨文化能力双向培养模式的有效性，进而提出显性与隐性、内容与技术、课内和课外相融合的培养策略。

[关键词] 课程思政；师范生培养；跨文化能力；双向策略

一、引言

"课程思政"是新时代高校将思想政治教育融入整个人才培养体系，坚持显性思政与隐性思政教育统一，挖掘不同课程和教学方式中蕴含的思想政治教育资源，实现全

基金项目：四川省教师教育研究中心资助科研项目"基于课程思政的混合式教学中师范生跨文化能力培养双向策略研究"（TER2020—017）。

作者简介：谢爽，成都大学外国语学院副教授，研究方向为跨文化交际、英语语言与文化。

员全方位育人，全面提高人才素养的主要渠道。作为中国教育的特色，课程思政的相关研究已成为国内热点，如何在外语教学中引入思政元素，也成了外语教学界近年来研究的重点。

人类进入 21 世纪的第二个十年，世界也迈入了多元文化交融互通的时代，经济全球化、文化多元化使得跨文化能力成为对 21 世纪高素质人才的新诉求[①]。信息时代的到来，使得跨文化交际的空间从线下延伸到线上，从微博到微信，从 B 站到抖音，从大众传播到全媒体传播，跨文化交际的渠道和形式无限拓展，大学生深度参与其中。大学生的跨文化能力培养问题势必成为外语教学的突出问题。但是由于种种原因，国内的大学生跨文化能力培养教育长期处于单一的西方文化输入模式，中华优秀文化的教育缺席使得跨文化的双向性特点无法凸显，也导致大学生的跨文化能力培养无法达到预期效果。

非英语专业师范生作为大学生中一个重要且特殊的群体，是教育领域的接班人，是推动教育体系发展的重要资源，是各学科领域培养祖国下一代的引路人。从一定程度上讲，非英语专业师范生的能力和素养将直接或间接影响祖国下一代的成长，同时由于他们也广泛参与新时代的跨文化交际，其跨文化能力的高低直接体现其综合能力和素养。

本文在课程思政的视域下，利用跨文化的双向性特点，探讨非英语专业师范生跨文化能力的培养，以期实现价值引领和能力提升的有效统一，从而助力师范生教育中"四有"好老师标准的落实。

二、跨文化能力概述

（一）跨文化能力的定义、维度及相关研究

国外的跨文化能力研究始于 20 世纪 50 年代，对于跨文化能力的定义也因其英文称谓的不同出现了三种不同的类型：Cross-Cultural Communication（简称 CCC）、Transcultural Communication Competence（简称 TCC）和 Intercultural Communication Competence（简称 ICC）。其中，CCC 多指本族语言使用者与非本族语言使用者之间的交际能力，强调文化交往；ICC 和 TCC 则指不同国家、民族和地区间的跨文化

---

① 陈雨露. 跨文化沟通能力：培养拔尖创新人才的新诉求 [J]. 中国高等教育，2012 (7)：4.

能力，强调文化比较[1]。拜拉姆（Byram）对跨文化能力的定义在学界认可度最高，他认为对于个体在特定的跨文化环境中与来自不同文化环境的人进行有效得体的交流和互动起着关键作用的能力维度包括：他国文化知识，本国文化知识，跨文化交流技能，语言交际技能，认知和互动技能，重视并尊重不同文化的价值观、信仰和行为，批判性文化意识和自我意识等[2]。拜拉姆由此提出了ICC跨文化能力模式，将跨文化能力分为知识、技能、态度和意识四个能力维度，将发现、对比、分析作为外语教学跨文化培养的主要方面，其中：知识维度包括本国文化知识和他国文化知识；态度维度包括尊重、开放性、好奇心、乐观接受和包容等；意识维度包括批判性文化意识、自我意识和社会语言学意识等；技能维度方面，拜拉姆将其分为两大类，第一类是跨文化交流技能，即解释、理解、关联、观察、分析和评价文化差异或冲突并对其进行有效协调和解决的能力，第二类是跨文化认知技能，即借助语言或非语言交流和互动学会新的文化知识、态度和意识的能力[3]。这对外语学科跨文化能力培养具有深刻的启发。

我国的跨文化研究从起步之初就与外语教育息息相关，密切关注了学习者的跨文化能力培养问题。孔德亮和栾述文对21世纪第一个十年间的大学英语跨文化能力研究进行了梳理，提出构建有效的跨文化教学模式[4]；葛艳和朱建华在理清了外语教学与跨文化能力的内在关系后，认为跨文化的外语教学能够帮助学习者进一步产生对本国的文化认同，以及将更加理解和包容多元文化[5]；孙有中说明了跨文化教学的基本原则，并进一步探究了跨文化能力培养的有效途径[6]。国内学者对于跨文化能力维度有着普遍共识，都认为知识、技能、态度和意识等能力在跨文化能力培养中是必不可少的[7]。

结合2018年出版的《普通高等学校本科专业类教学质量国家标准（上）》对我国高校大学生跨文化能力的定义，文秋芳老师给出了更为符合中国特色的定义：能尊重

---

[1] 葛春萍，王守仁. 跨文化交际能力培养与大学英语教学 [J]. 外语与外语教学，2016（2）：80.
[2] Byram M. Teaching and assessing intercultural communicative competence [M]. Clevedon: Multilignual Matters, 1997.
[3] Byram M. Twenty-five years on: from cultural studies to intercultural citizenship[J]. Language, Culture and Curriculum, 2014(3).
[4] 孔德亮，栾述文. 大学英语跨文化教学的模式构建：研究现状与理论思考 [J]. 外语界，2012（2）：17-26.
[5] 葛艳，朱建华. 大学德语教学中跨文化能力的培养 [J]. 上海理工大学学报（社会科学版）. 2011（2）：148-153.
[6] 孙有中. 外语教育与跨文化能力培养 [J]. 中国外语，2016（3）：1，17-22.
[7] 张卫东，杨莉. 跨文化交际能力体系的构建：基于外语教育视角和实证研究方法 [J]. 外语界，2012（2）：8-16.

世界文化多样性，坚持文明互鉴交流理念；能通过对比，理解、阐释和评价不同文化现象、文本、制度等的异同，加深对中华文化的理解和认同，拓宽国际视野，汲取外来文化精华，服务中华民族的伟大复兴和人类命运共同体建设；能批判性地学习西方跨文化研究理论的基础知识和基本研究方法，立足中国跨文化交际实践开展初步研究；能灵活、有效且有原则地开展跨文化沟通，积极参与公共外交，发出中国声音，讲好中国故事，展现中国形象；能通过口译或笔译为不同背景者提供跨文化沟通服务，能在有跨文化沟通困难者之间进行协调和斡旋[①]。此定义更突出了中国特色，着重强调了新的历史时期培养大学生跨文化能力的政治性和意识形态性。本文采用文秋芳老师对中国大学生跨文化能力的定义。

（二）跨文化能力的双向性

在我国学界，学者对跨文化能力和跨文化交际能力是否为同一种能力有不同的看法，但是大部分相关学术文献都对此两种能力不予区分，以胡文仲为代表的学者倾向于将两者视为同一种能力[②]。将两者等同有利于在跨文化能力培养过程中同时注重语言交际能力和跨文化意识、思维能力、非语言交际及交际策略等方面的培养[③]。本文也将两者视为同一种概念。由于跨文化交际本身就非单向的输入，由此衍生的跨文化能力也就具有了天然的双向性。

学者丹尼丝·卢西埃（Denise Lussier）在其提出的跨文化能力框架中指出，"存在能力"包含了三个域，即文化意识（cultural awareness）、批判性挪用（critical appropriation）和超文化能力（trans-cultural competence）[④]。其中文化意识不仅包括理解本土文化的能力，还包括理解外来文化的能力；批判性挪用是指相对于外来文化，能够接受并阐释本土文化和自我身份的能力；而超文化能力作为三者中最高级别的能力，则是在同一或不同社群中产生的不同文化族群在与每种文化身份接触并共生时形成的全新价值观。由此可知，跨文化能力的最高状态就是本土文化与外来文化的双向奔赴，是本土文化与外来文化共生且双向融合的产物。由此可见，跨文化能力具有双

---

① 文秋芳. 对"跨文化能力"和"跨文化交际"课程的思考：课程思政视角[J]. 外语电化教学，2022（2）：12.
② 胡文仲. 跨文化交际能力在外语教学中如何定位[J]. 外语界，2013（6）：2-8.
③ 杨盈，庄恩平. 构建外语教学跨文化交际能力框架[J]. 外语界，2007（4）：13-21.
④ Lussier D. Theoretical bases of a conceptual framework with reference to intercultural communicative competence[J]. Journal of Applied Linguistics，2007（3）：322.

向性，所以对非英语专业师范生跨文化能力的培养也应该遵循双向的原则。

三、 课程思政与非英语专业师范生的跨文化能力双向培养

（一） 课程思政与跨文化能力培养的关系

2020 年 6 月教育部颁布的《高等学校课程思政建设指导纲要》强调，要将立德树人的根本任务贯彻到课堂教学全员、全过程、全方位之中，使各门学科做到与思政课程同向同行，形成协同效应。这就要求在人才培养的过程中不仅要重视知识传授和能力培养，还要进行价值引导，帮助学生树立正确的"三观"。

王守仁在对《大学英语教学指南》中提出的跨文化交际能力进行解读时也指出，不仅要培养学生的语言技能，更要深入地培养学生内在的心理、观念、思想等人文素质，使学生客观地看待世界多元文化的异同，加深对祖国文化的认识，坚定文化自信，逐步提升跨文化沟通能力、思辨能力和学习能力，以满足新时代国家发展的战略需求和个人发展的切实需要[①]。同时，对跨文化交际能力溯源可以看出，跨文化能力不是一个价值中立的培养目标，而有着很强的政治性和意识形态性[②]。新时代中国大学生跨文化能力培养与课程思政理念不谋而合，同向同行。在大学英语教育的跨文化能力培养过程中，中西方文化对比和碰撞必不可少，对学生的思想冲击也会比较大，在课程思政视域下进行跨文化能力培养能够很好地解决这个问题，引导学生批判性地辩证地看待中西方文化异同，全面客观地看待中西方文化，加深对中华文化的理解和认同，树立文化自信。

（二） 非英语专业师范生培养和课程思政下的跨文化能力培养的关系

党的二十大报告将高素质教师队伍建设摆在突出位置。当代师范生是教师队伍的预备军，是推动教育体系发展的重要资源，因此加强师范生培养是教育高质量发展的重要任务。习近平总书记提出的"四有"好老师标准为师范生培养指明了方向，该标准要求师范生充分发挥推动教育高质量发展的中枢作用，在学习和生活中做到有理想

---

① 王守仁. 大学英语教学指南要点解读 [J]. 外语界，2016 (3)：2-10.
② 文秋芳. 对"跨文化能力"和"跨文化交际"课程的思考：课程思政视角 [J]. 外语电化教学，2022 (2)：11.

信念、有道德情操、有扎实学识、有仁爱之心[①]。"四有"好老师不仅是对教师提出的要求,更是师范生培养的高级目标。

综上所述不难发现,无论是课程思政、跨文化能力培养还是师范生培养,都有一个共同点,即用价值引领和品德塑造为国育才。这也为在课程思政指导下进行师范生跨文化能力的培养提供了教学目标制定依据。大学英语教育覆盖了在师范生中占比最大的非英语专业师范生,他们今后的工作岗位将遍布教育领域的多个环节,将更广泛地影响下一代的成长,对他们的能力培养应受到更多关注。同时在高等教育阶段,他们的跨文化能力培养基本在大学英语学习期间完成,其跨文化能力的培养达成度越高,越能助力课程思政和"四有"好老师标准的落实,也越能实现对师范生培养的知识传授、能力培养和价值引领的三重目标,更能帮助他们将正确的价值观和文化观内化于心,并在不久的将来用正确的方式外化于行地引领下一代接班人。

四、课程思政视域下非英语专业师范生跨文化能力双向培养研究调查与实践

(一)研究问题

在"文化自信"的时代语境下,为了落实非英语专业师范生的"四有"好老师标准,实现其终极培养目标,在课程思政的视域下进行跨文化能力的培养必然需要在西方语言文化培养的基础上,增加中华文化的内容,提高中华文化素养,以增强我国大学生的文化对外自我表述能力和在跨文化交际中的文化差异认知和调适能力。这种跨文化能力的双向培养,是由国家发展战略态势所决定的,是底蕴相当的异质文明间冲突和调适的历史逻辑的必然[②]。因此,本研究力求回答以下问题:

①非英语专业师范生在新生入校时的跨文化能力如何?是否存在问题?
②针对存在的问题,如何进行解决?
③解决问题的策略是否有效?

(二)研究对象和研究方法

本文采用定量和定性结合的研究方法,以问卷调查为主,质性访谈为辅。研究对

---

① 习近平. 做党和人民满意的好老师:同北京师范大学师生代表座谈时的讲话(2014年9月9日)[M]. 北京:人民出版社,2014.

② 赵海燕. 论我国英语教育跨文化意识的双向成长[J]. 中国教育学刊,2013(11):69.

象是笔者所在的一所西部综合性大学的 316 名非英语专业师范专业普通本科学生，专业涵盖小学教育、学前教育和特殊教育三个专业，上述三个专业学生在大三才会分具体学科专业方向，且都不涉及英语专业，故将其统称为非英语专业师范生。调查问卷通过 SPSS26.0 进行数据整理和分析；质性访谈主要用于协助了解和分析问卷数据，以期获得更加全面的跨文化能力情况，以提高研究结果的准确性和可信性。

（三）问卷设计

研究问卷的设计参考了钟华等的中国大学生跨文化交际能力自测量表[①]和吴卫平等创建的中国大学生跨文化能力量表（ICCAS）[②]，因为两者都是以拜拉姆的跨文化模型为理论依据，都包括了知识、技能、态度、意识四个跨文化能力维度，且都在学界得到了认可，具有较高的效度和信度。本文将两者相结合，根据学情，设计出了此次问卷。

问卷由以下两个部分组成：第一部分为被调查者的基本信息，包括姓名、性别、年龄、专业、跨文化交际经历等信息；第二部分为跨文化能力调查，包括四个主要维度，即知识维度（是否了解中西方文化知识和价值取向）、态度维度（是否愿意宽容和理解不同的文化价值观、饮食习惯和禁忌等，是否愿意进行跨文化交际）、技能维度（是否能够运用言语或非言语行为实现有效沟通，是否具有跨文化交际敏感性，是否具有从多元文化角度看待问题的能力）、意识维度（是否能够进行本土文化身份认同和批判辩证地看待不同文化异同），共计 36 题。调查采用 Linkert 5 级评分法，问卷从"非常不同意"到"非常同意"，分别给 1—5 分，分数越高说明跨文化双向能力越强。问卷分别在新生入校第一节大学英语课和大学英语课程结束后发放，共进行课前和课后两次问卷调查。

对问卷量表的信度进行分析（表1）可知，Cronbach 的 α 系数介于 0.752 和 0.908 之间，其中知识维度中国文化部分和技能维度认知技能部分的 α 系数分别为 0.752 和 0.784，可以视为比较可信，其他部分都为可信，且总体量表的 α 系数为 0.893，说明问卷量表具有较强的内在一致性，信度较高。

---

① 钟华，白谦慧，樊葳葳. 中国大学生跨文化交际能力自测量表构建的先导研究 [J]. 外语界，2013 (3)：47-56.
② 吴卫平，樊葳葳，彭仁忠. 中国大学生跨文化能力维度及评价量表分析 [J]. 外语教学与研究，2013 (4)：581-592.

表 1 跨文化能力调查问卷量表信度分析

量表	α 系数	项数
跨文化能力调查总表	0.893	36
知识维度中国文化部分	0.752	7
知识维度西方文化部分	0.908	7
态度维度部分	0.863	5
技能维度交流技能部分	0.871	2
技能维度认知技能部分	0.784	3
意识维度部分	0.865	12

对从问卷的效度进行分析（表 2、3），可知课前调查问卷和课后调查问卷的 KMO 值都达到了 0.9 以上，P 值均为 0.000，球形检测结果显著，说明问卷有较高的效度。

表 2 跨文化能力调查问卷（课前调查）效度分析

项目		数值
KMO		0.902
Bartlett 球形检定	Chi-Square	2886.7
	df	153
	P	0.000

表 3 跨文化能力调查问卷（课后调查）效度分析

项目		数值
KMO		0.901
Bartlett 球形检定	Chi-Square	5802.46
	df	2503
	P	0.000

（四）研究的实施

本研究分为三个阶段：第一个阶段是课前调查，采用以问卷调查为主、访谈为辅的方式，了解学生当前阶段的跨文化能力情况；第二个阶段是实践阶段，根据课前调查的结果确定教学培养方式和教学内容；第三个阶段是课后调查，同样采用以问卷调查为主、访谈为辅的方式，以验证培养策略的有效性。整体框架如图 1 所示。

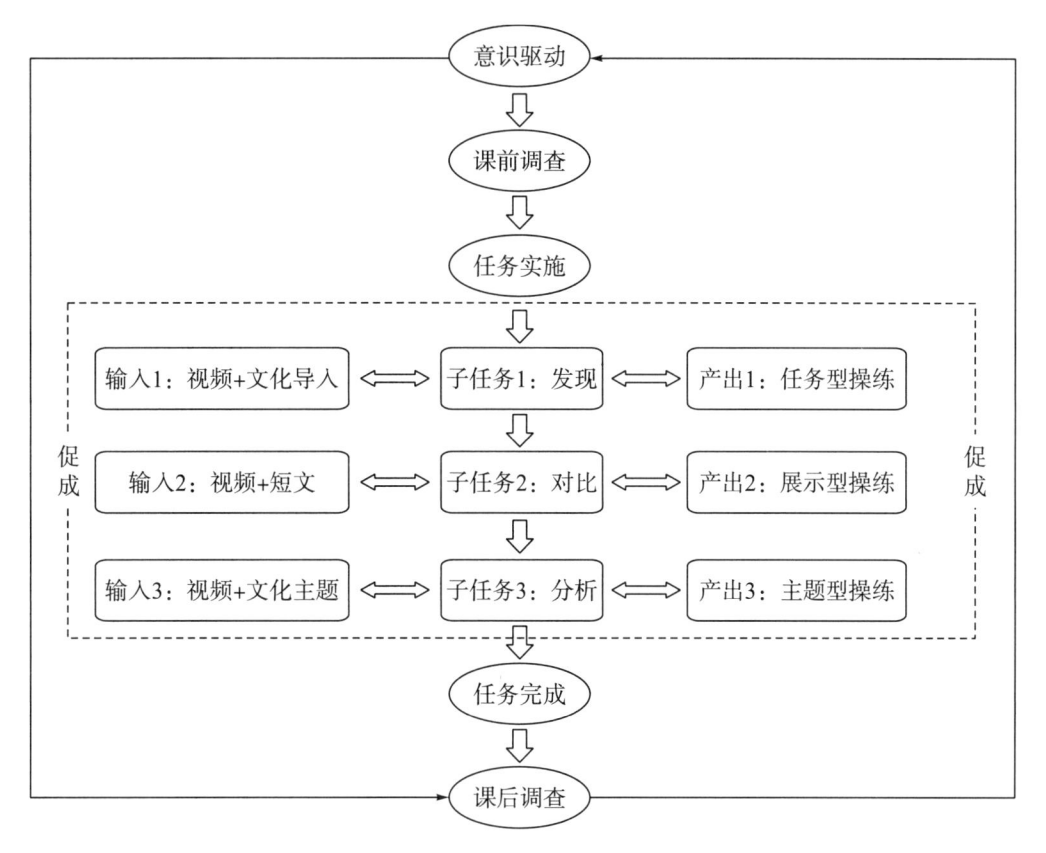

图 1 非英语专业师范生跨文化能力双向培养框架

1. 课前问卷调查

笔者在非英语专业师范生刚入学还未开始大学英语系统课程学习前，对他们进行了问卷调查，发出问卷 316 份，回收有效问卷 316 份（100%），结果如表 4 所示。

表 4 态度维度部分（课前问卷）

问卷项目	总人数	最小值	最大值	平均值
态度维度	316	1.08	5.00	3.7925

从态度维度的总体数值结果来看，被调查者态度维度指数参差不齐。在"愿意与来自不同文化的人进行交流"描述中，选择"非常同意"的比例达到 65.72%，选择"基本同意"的比例达到了 29.18%，说明被调查者对跨文化交际有浓厚好奇心和一定的开放性，这就为针对他们的跨文化能力培养提供了可能。但是在"愿意尽量去宽容西方不同的价值观、饮食习惯、禁忌等"的描述中，被调查者的选择较为分散，选择"非常同意"的有 13.8%，选择"同意"的有 43.4%，选择"中立""不同意"和"非常不同意"的比例达到了 42.8%。在访谈的辅助下，笔者发现选择"中立""不同意"

和"非常不同意"的被调查者可以分为以下三类情况：第一类，持唯西方价值论，认为中华文化在一定程度上已经落伍了，或者不够"洋气"，在年轻人中无法产生较大共鸣，需要在西方视角下对中华文化进行修正或改善，以适应当代发展，所以这一类被调查者认为对于西方的价值观应该学习和接纳，而不是仅仅"宽容"，这是典型的长期接受单向西方文化输入的结果；第二类，认为中华文化博大精深，具有西方文化所没有的厚重的历史沉淀，所以他们对于西方的价值观宽容度不高；第三类，能够接受西方有不同于我国的价值观这个事实，但是不理解为何不同以及如何去宽容这种不同。第二类和第三类的原因都是对中华文化知识的掌握还浮于表面，没有触及内涵，只知其一不知其二。虽然前两类人所占比例较小，但在毕业后进入教育领域各个环节的非英语专业师范生身上出现这种苗头是不容忽视的，这会严重影响他们的价值观塑造，也会导致他们在今后的育人工作中无法很好地履行进行正确思想引领的职责。

对知识维度、意识维度和技能维度等方面的调查结果如表 5 所示。

表 5　知识维度、意识维度和技能维度部分（课前问卷）

问卷项目	总人数	最小值	最大值	平均值
知识维度西方文化部分	316	2.06	4.19	3.5421
知识维度中华文化部分	316	1.98	4.37	3.2659
意识维度	316	2.36	4.25	3.6935
技能维度交流技能部分	316	1.88	4.09	3.3341
技能维度认知技能部分	316	1.67	3.97	3.1974

综合数据显示，在知识维度方面，非英语专业师范生刚入学时对于中华文化的知识储备略低于对西方文化的知识储备。通过访谈，笔者了解到大部分被调查者对于西方文化的知识储备还停留在"知晓"而非"了解"的层面，对于中华文化的知识储备较低，则是因为知道自身对中华文化价值内涵了解不够。这也印证了态度维度中被调查者对部分描述的选择分散度较高的原因。

在意识维度方面，87.9%的被调查者对于自己拥有外来文化传播者身份和本土文化传播者身份的双重身份还是比较认同的，但是在批判性文化意识方面还不够，尤其体现在访谈中，69.78%的被调查者对"意识到与西方人交流时彼此存在文化相似性和差异性"的描述无法或仅仅能给出一个例子。

在技能维度方面，整体数据的指数不高。大部分被调查者具有基本的交流技能，能够在与西方人交流中避免偏见和成见，尽量不冒犯他人。面对"如其他国家发生政治、经济、宗教等方面的事件时你将如何从不同文化和角度看待"的描述，选择"不同意"和"非常不同意"的有45.63%，对于"出现跨文化交流误解时与对方协商、解释本国文化从而达到让双方满意"的选项，选择"不同意"和"非常不同意"的高达68.04%，说明被调查者解释、理解、观察、分析和评价等交流技能比较缺乏，通过访谈发现相关被调查者因为对中华文化内涵的知识储备不足，对于自己能否从不同文化和角度看问题不自信，怯于进行解释；面对"具备运用各种方法、技巧与策略帮助学习外国语言和文化"的描述，选择"非常同意"和"同意"的有54.92%。但在访谈中发现，被调查者认为学习外国语言和文化的方法、技巧和策略仅仅局限于用各种线上线下课程资源、电影电视等方式来学习外语语言本身，没有涉及用内化的知识和价值观来进行新的文化知识学习。而这种获得新知识的能力对师范生尤其有用，能帮助师范生学会如何学习，使之能在今后的育人工作中不断充实自己、提升自我。

通过数据分析和访谈，可知非英语专业师范生跨文化能力不足的原因主要有以下两个方面：

(1) 对中华优秀文化认知理解不足

经过小学和中学的文化常识输入，非英语专业师范生对西方文化知识有一定的储备，部分学生能做到用英语侃侃而谈。对于中华文化知识，大部分被调查者都能够用中文来表述，极个别的学生能够用英语进行简单描述，但对于其文化内涵和价值导向知之甚少。他们大多对中华优秀文化认知和理解不足。实际上中华优秀文化应该是与时俱进的，而"与时俱进"的中华文化既包括中国传统文化的精髓，蕴含着中华民族的文明特质，又汲取了西方文明的优秀成果，体现着世界文明体系的共同规范和普遍价值，如自由、平等、民主、公正、法治等[1]。弘扬"与时俱进"的中华优秀文化并非全面摈弃西方文化，而是兼容并蓄，实现中华优秀文化和西方优秀文化的双向奔赴。

(2) 文化自信和价值引导不够

从调查中发现，被调查者能够对不同的文化表示尊重，有一定的共情能力，但是比较缺乏全球化视野和国际理解情怀。这是由于被调查者在多年的英语学习中具备了一部分跨文化能力，但是这些能力的培养更多来自单向的文化输入，其价值观受到了很大的冲击，也缺乏对中西文化差异的正确认识，从而削弱了对中华文化的归属感和认同感，导致文化自信意识薄弱，更无法将中西文化融会贯通，跨文化能力培养始终遇到阻力。而粗浅的碎片式文化内容输入也无法深入到文化所蕴含的精神和价值层面，

---

[1] 刘冠东."一带一路"背景下中华优秀传统文化国际传播能力培养研究：以外语教育为考察中心[J]. 人文杂志，2023 (6)：45-53.

更无法达到价值引领的效果。所以，对于非英语专业的师范生跨文化能力培养需要以"四有"好老师标准为导向，以"与时俱进"的中华优秀文化为突破口，以中西文化异同为切入点，结合课程思政，用中华文化"和而不同"的理念看待中西文化的差异性，尊重世界文化的多样性，从中华优秀文化中寻找底气和骨气，树立文化自信，以海纳百川的胸怀去看待西方文化，融合百家文化的精髓，同时以"文化自信"为时代语境，以社会主义核心价值观为依托塑造自我。

2. 课程实践探索

基于课前的调查，笔者从中梳理出非英语专业师范生跨文化能力双向培养的阻力点和敏感区，找到形成原因和突破口，再结合课程思政的要求和外语教学实际，参考张红玲老师的中国学生跨文化发展一体化模型（IMCSICD）[①]，制定出其跨文化能力双向培养的"文化认知—情感价值—行为技能"三位一体的教学模型，在随后的两年大学英语教学中施行，以求做到有的放矢。

（1）文化认知

文化认知包括对世界优秀文化、中华优秀文化以及新时代精神的认识和理解。本文尤其指对"与时俱进"的中华优秀文化的认识和理解。从教材中挖掘文化元素，不仅要挖掘世界优秀文化，还要结合课程思政进行中华优秀文化元素的挖掘，尤其是要将本土文化元素融入课程教学，并利用现代技术的优势进行数字赋能，将文化认知学习由线下延伸到线上，以弥补课程次数和时长的不足。

（2）情感价值

情感价值引导包括对师范生进行情感价值的正面引导，利用时事结合中西文化的差异，启发学生进行比较，并引导他们去寻找内在的原因，深化学生的家国情怀和人文素养，提升其全球视野和国际理解力，在社会主义核心价值观的引领下完善自我认知，实现知识传授和价值引领相融合，提高综合文化素养，树立正确的价值观和思辨意识。但是对情感价值的引导需要在课程思政的原则下潜移默化地进行，做到融盐于水。

（3）行为技能

行为技能不仅包括聆听、观察、描述和比较等初级技能，还包括学习反思、沟通交流和化解冲突等较高级别的输出（产出）技能。在实践阶段，笔者在课堂互动的同时，要求师范生每学期进行1~2次项目式小组作业。此作业要求所有师范生在完成分

---

① 张红玲，姚春雨. 建构中国学生跨文化能力发展一体化模型[J]. 外语界，2020（4）：38-39.

组的基础上，根据指定的主题查找资料、讨论写作，并结合课堂所学形成作业。作业的形式可以由师范生在组内讨论产生，可以是课堂展示，也可以是视频拍摄，还可以是话剧表演。教师通过作业主题、语言表达、逻辑推理、团队协作和临场发挥等要素进行给分和评价。此过程都由团队合作完成，教师只进行辅助，用这样的方式帮助师范生在巩固观察、倾听、描述和比较等行为技能的同时，提升学习反思、沟通交流和冲突化解的能力。

总体来讲，三者有机结合，相辅相成。在深化文化认知基础上，进行情感价值引导，进一步巩固文化认知，实现自我认知的完善。如果说文化认知和情感价值引导更偏重于文化和价值的输入，那么行为技能则是在师范生充分消化文化认知和情感价值后的输出与产出，应在丰富和升华文化认知和情感价值的同时提升行为技能，三者缺一不可。

3. 课后调查及反馈

（1）课后调查及结果

在两年的大学英语课程结束后，笔者再次对这些非英语专业师范生进行问卷调查和面谈，以寻求和论证培养路径的可行性，帮助研究者找到跨文化能力双向培养的平衡点，寻求更能让师生都接受的教学方式和有效培养策略。

在课后调查中，笔者发出问卷303份（有13人在本文研究期间转至非师范专业），回收有效问卷298份（回收率98.02%），结果如表6所示。

表6 课前与课后调查平均值对比

问卷项目	课前调查平均值	课后调查平均值
态度维度	3.7925	3.9405
知识维度（西方文化部分）	3.5421	4.0714
知识维度（中华文化部分）	3.2659	3.9894
意识维度	3.6935	4.1358
技能维度交流技能部分	3.3341	3.9623
技能维度认知技能部分	3.1974	3.8007

与前期的课前调查平均值做比较，笔者欣喜地发现经过两年的跨文化双向能力培养路径探索，被调查的非英语专业师范生在知识、态度、意识和技能四个维度的平均值均有所增加，这说明其跨文化能力有所提升，也说明笔者对于其跨文化能力双向培养路径的探索是有效的。

4. 其他反馈结果

（1）从课堂互动来看

通过与学生的交谈和回溯课堂视频，笔者发现文化认知输入到一定量后，经过教师的情感价值引导，他们能够主动融入课堂的互动。比如在讲到朋友之间一生的友谊的文章时，引导他们举出中国历史上的好朋友，他们能通过查找资料的方式，用英语讲述伯牙子期、管鲍之交和桃园三结义等故事，自觉进行文化认知内化，并且能在教师的引导下对产生友谊的基础即中华文化中的"友善"与英语文化中的"kindness"进行比较。绝大部分学生能够马上联想到中华文化中的"仁"，愿意主动阐述自己的理解，能够在老师的引导下比较"仁"与"human touch"的异同，并上升到人类命运共同体的高度。在课堂视频和课后面谈中，85%以上的师范生主动提及他们逐渐形成了双重文化身份认同感，树立了全球公民意识。

（2）从项目式小组作业来看

被调查者能够在教师指导和自己找资料的基础上消化和吸收世界优秀文化和中华优秀文化精髓，也能够在教师的引导下找到两者的差异及其原因，甚至部分师范生还能够用拓展思维和思辨意识去深化学习到的"与时俱进"的中华优秀文化。比如在讲解了英语发展历史的课文以后，根据教学大纲的难点与重点，笔者要求师范生以项目式小组作业的方式，依据文章的写作手法完成一篇关于中文的发展历史研究论文，并进行课堂展示。师范生们能够利用查找到的资料和自己的民族或地理优势，从汉语、藏语、彝语等中文的不同语言形式的发展历史，普通话和各地方言等中文不同语音形式的发展历史，以及象形文字、甲骨文、隶书、楷书等中文的不同书写形式的发展历史等多角度进行分析，并在课堂展示阶段声情并茂地进行展示，从中进一步发现中国之美、中华文化之美。再比如讲解了从外国人角度看到的中国发展的文章以后，笔者要求被调查者从中国人自己的角度向外国人介绍中国发展的某一个方面，并用英语视频解说的方式进行展示。在视频中，师范生们从衣食住行的各个方面介绍了中国的发展，部分学生还从自己的亲身经历讲述了乡村经济的发展，还有一些学生用自己专业实践的亲身经历讲述了中国基础教育和学前教育的发展。在课后访谈中，87.6%的被调查者也提到了在完成项目式小组作业的过程中，他们被中华优秀文化所感动，被中国精神所折服，民族自信心和自豪感油然而生。在课后反馈中，一名同学写道："在完成（项目式小组）作业的过程中，当了解到中国基础教育一路走来是那么艰辛和不易时，作为未来的教育工作者，我深感使命重大，需要用一颗温暖而坚毅的心去回馈每一颗小种子。"

（3）从持续发展来看

被调查者积极参与各级各类比赛，仅 2023 年他们主持或参与的大学生创新创业训练项目就获得校级立项 49 项、省级立项 16 项，表明他们能够充分理解和实践共同体的意义和作用，初步掌握团队协作的知识与技能，具备沟通精神和化解冲突的能力，有一定的反思意识和自信精神。立项项目中有多项涉及"非遗"文化、中华传统文化和乡村新文化建设，这表明师范生的文化认知得到了提升，民族自信心和自豪感得以增强，同时自我认知也得到了升华。

五、非英语专业师范生跨文化能力双向培养的有效策略

《新时代基础教育强师计划》提出，要"加快构建教师思想政治建设、师德师风建设、业务能力建设相互促进的教师队伍建设新格局，为构建高质量教育体系奠定坚实的师资基础"[1]。这充分说明了国家对教师队伍思想政治和师德师风的重视程度。师范生中人数占比最多的非英语专业师范生是实现中华民族伟大复兴的中坚力量；作为"筑梦人"，他们担负着为党和国家培养时代新人的育人使命，是教育事业的生力军和后备力量。而在课程思政的协同下，以"与时俱进"的中华优秀文化为依托，对其进行跨文化能力双向培养，能够为未来教育者提供师德养成教育的精神引领与价值导向，从而达成其内化于心、外化于行的素养教育目标。但是这是一个长期而系统的工程，需要多方位、多途径、多手段实施。在笔者的研究实践中，发现要实现基于课程思政视域的非英语专业师范生跨文化能力双向培养，以下几个"融合"策略是有效的。

（一）进行显性与隐性的融合

这是指实现显性的语言文化能力培养和隐性的思政素养培养的融合。非英语专业师范生的跨文化能力培养基于大学英语跨文化教学，大学英语跨文化教学又属于大学英语语言教学的范畴，而语言教学的核心就是培养学习者运用语言进行交际的能力[2]。所以在母语为中文的我国进行大学英语跨文化能力培养就是在语言基础教学这种显性

---

[1] 教育部. 教育部等八部门关于印发《新时代基础教育强师计划》的通知［A/OL］.（2022-04-11）［2022-07-04］. http://www.moe.gov.cn/srcsite/A10/s7034/202204/t20220413_616644.html?from=timeline&isappinstalled=0.

[2] Council of Europe. Common european framework of reference for languages: learning, teaching, assessment［M］. Cambridge: Cambridge University Press, 2001.

教育中嵌入社会文化因素等隐性教育，用英语表达和传播中华优秀文化，用西方人可以接受的方式有效表达中华文明的独特性以及与世界文明的共通性，寻找和发现母语和英语文化之间的共同点，帮助学生克服交际心理障碍、民族中心主义、文化定式与偏见[①]。同时英语作为一种集语言、思想和文化为一体的学科，天然就拥有了在培养跨文化能力的同时进行思想引导的职能。且如前文所述，跨文化能力的培养本身就具有双向性，所以对于新时代的师范生来讲，这种跨文化教育就不仅仅是目的语的语言文化单向传授，还应该包括对本土文化的理解与传播，从而实现双向融合，并且在融合的过程中需要进行必要的思想引导，进而帮助他们践行社会主义核心价值观。

首先，完善教学大纲，明确教学目标。在教学大纲中明确语言、文化和思想的三维教学目标，开展课程思政的顶层设计，把立德树人和育人铸魂摆在中心位置，把课程思政融合进跨文化能力培养的各个环节，拓展"外国语＋中国心"培养的深度和广度。

其次，挖掘思政元素，做好课程开发。尽量采用最新版的优秀教材，深挖其思政元素，并在日常学习工作生活中用心搜集和整理世界文化、中华文化和新时代精神的案例素材，巧妙利用结合点融入跨文化教学，并及时做好课程反思和教学调整，让素材常换常新。

（二）进行内容与技术的融合

此即对培养内容进行数字赋能，让培养内容帮助实现数字创新。非英语专业师范生的年龄偏小，具备独特的心理模式，而且他们今后面临的受众又是更加年幼的基础阶段的学生，对他们的培养方式应该遵循他们能接受的原则。

第一，线上线下相互配合，促进能力培养无缝连接。互联网时代，信息技术已经走进了千家万户。传统的教学已经不能完全抓住学生的眼球了，教师需要充分利用数字信息的特点和优势，吸引他们的注意力，将容易引发讨论和反思的数字内容放在线上，给予他们足够的时间和空间去思考和查找资料，以配合线下的分析和阐述，形成教学闭环。

第二，利用各种科技平台，保证能力培养持续进行。智能手机的普及对教师是挑战也是机遇，教师可以合理利用低年级师范生偏内向且爱玩游戏的特点，先在课堂上利用超星学习通、雨课堂等教学平台设置与培养内容相关的答题闯关、积分排位游戏，让师范生即使不愿意开口也能完成文化认知输入，再逐步引导，鼓励师范生进行抢答赢积分等游戏，帮助他们养成开口说的习惯；在课后，鼓励师范生通过观察、聆听、比较，在对本土文化进行深入认识的基础上，在自己喜欢的视频平台上传用英语讲述

---

① 葛春萍，王守仁. 跨文化交际能力培养与大学英语教学 [J]. 外语与外语教学，2016 (2): 83.

的中国故事,这同时也可以作为今后师范生自己的教学素材。这种用学生喜闻乐见的方式保留下来的视频资料,不仅是对师范生自己跨文化能力双向培养的延伸和持续,也能为他们对下一代进行价值引导提供传承物。

(三) 进行课内与课外的融合

此即坚守第一课堂主阵地,发挥第二课堂和第三课堂的辅助延伸作用。受限于时间和空间,第一课堂内容的延伸与发展需要第二课堂和第三课堂的配合来实现。在第二课堂中,可以利用主题团日活动、社团活动等开展阅读分享、影视欣赏等生动有趣的活动,就第一课堂中需要进一步延伸的主题进行讨论和辩论,引导师范生进行思辨和加深思想认识。第三课堂是传统第二课堂的分支,是指各类各级的比赛,如演讲比赛、写作比赛、创新创业大赛等。学校可以整合资源,建立写作中心、口语中心、竞赛中心和创新创业中心等,帮助包括师范生在内的所有学生全方位地有效学习,集全校之力,从思想政治、文化素养和知识技能等各方面对学生进行打造,以赛促学,让学生在参赛中培养家国情怀和拓宽全球视野,树立正确的理想信念,全面提升能力和综合素养。

六、结语

在经济全球化和教育国际化的今天,非英语专业师范生作为一个特殊群体,其跨文化思想和能力直接决定了两代人的培养质量。如何培养他们的跨文化能力?文秋芳为外语教育工作者指明了方向——外语教学要"在文明互鉴交流的理念指导下,充分挖掘思政内容,提升学生跨文化交际能力,为党育人,为国育才"[①]。为了更好地实现师范专业人才培养目标和落实"四有"好老师标准,非英语专业师范生的跨文化能力双向培养需要从体系到技术再到外延,做到显性与隐性、内容与技术、课内和课外的融合,进行全方位改革和完善。

---

① 文秋芳. 对"跨文化能力"和"跨文化交际"课程的思考:课程思政视角[J]. 外语电化教学,2022(2):14.

教师教育

Research on Basic Education and Teacher's Development

义务教育"共享教师"的生成动因、构想诠释与行动策略

邹 维

[摘要]"共享教师"是为实现社会主义发展的必然要求、教师流动困境的积极突围、多方利益诉求的综合化解、教师流动政策的优化升级而提出的新时代教师流动创新设想。该设想具有多功能现实组织、数字化虚拟平台、真正的"系统人"身份、多学校平行任教、留有相对稳定教师、工作安排灵活弹性、主体关系契约化、区域教育优质均衡、强调内外监督等显性特征。落实"共享教师"设想,需以平台治理推进系统化教师队伍建设,以制度设计消除利益相关主体隐忧,以丰富手段确保"共享教师"顺利运行,以教师"共治"形成"共智",实现"共育"。"共享教师"建设将从高度、温度、深度和广度等维度,建构区域义务教育教师队伍战略共同体、人才共同体、工作共同体和学习共同体。

[关键词] 义务教育;共享教师;教师流动;教师管理

共享是社会主义的本质要求[①]。让全体人民共享优质均衡的义务教育,是教育奋斗目标,其核心是优质均衡的教师资源共享。基于当前的教师人事管理政策,设法让

基金项目:四川省哲学社会科学重点研究基地"四川省教师教育研究中心"一般项目(TER2023—013)。
作者简介:邹维,湖南株洲人,四川师范大学教育科学学院讲师,教育学博士。
①中共中央关于制定国民经济和社会发展第十三个五年规划的建议[A/OL].(2015-11-03)[2022-08-10]. http://www.gov.cn/xinwen/2015-11/03/content_5004093.htm.

教师[1]流动起来，教育管理部门制定了为实现优质均衡的教师资源共享目标的短期举措，形成了送教下乡、专递课堂、支教扶贫等创新策略，但依然被认为存在教师共享"难""假""空"[2]等不足。本研究在综合反思当前教师流动的理论与实践的基础上，提出了"共享教师"设想。下面将从生成动因、构想诠释、行动策略三个维度解构该设想，以期为我国义务教育教师队伍建设添砖加瓦。

一、义务教育"共享教师"的生成动因

"共享教师"是一种链接教师专业能力与学校教育需求的区域教师流动配置，指区域教育部门为提高社会效益，以规范的社会网络促进教师集体流动，区域内学校对教师共同具有劳动使用权但不具有劳动所有权的人力资源管理策略。"共"指代教师劳动所有权为全民所有，由教育行政部门代管，"享"指代教师劳动使用权为全民所有，由义务教育学校代为行使。"共享教师"形成动因主要有四个方面：

（一）社会主义发展的必然要求

"共享"是五大新发展理念的重要组成部分，是坚持以人民为中心的教育发展思想的必然要求。首先，"共享"是全民共享，义务教育教师作为国家公职人员，不是某个学校的教师，也不是某部分学生的教师，具有共享的社会属性。公正公平的义务教育，理应"一盘棋"考虑师资建设，使得所有公民都有机会、有途径共享师资力量。其次，"共享"是全面共享，不仅仅是经济共享，也包括文化教育共享，要保障人民享有优质均衡的师资力量的合法权益。再次，"共享"是共建共享，共建是过程，共享是目的，"共享教师"既包括教师队伍建设，也包括教师队伍配置，是人力资源管理视域下教师队伍"选、用、育、留"的全方面、全过程的共建共享。最后，"共享"是渐进共享，是综合思考多年教师流动经验提出的阶段性可行策略，是立足国情、考虑实际促进教师队伍优质均衡发展的行动规划。

（二）教师流动困境的积极突围

"共享教师"也是一种教师流动配置，是对当前教师流动实践困境的突围设想。当

---

[1] 本研究的论域为义务教育公办教师。
[2] 蒋龙艳，赵茜. 破解干部教师"难流动""假流动""无效流动"的机制创新［J］. 人民教育，2022（8）：25-27.

前教师流动困境主要表现为：其一，难以流动。教师被视为"单位人"，教师招聘、考核、奖惩、评聘等都由单位负责，教师难以在单位之间灵活流转。其二，不想流动。即便教师从一个单位流动到了另一个单位，依然要被固化为另一个单位的"单位人"，流动便失去了意义，与其"折腾"，不如"求稳"。其三，短暂流动，即采用"借调""帮扶"等形式，以月、学期、学年为周期的短期流动。短暂流动后，教师最终仍要回到原单位。其四，单向流动。优质学校师资流向薄弱学校的"帮扶"，薄弱学校师资流向优质学校的"学习"，教师被分为不同等级身份，实际上都是"优者居上"的单向流动。其五，表层流动。流动教师属于"过客"，常出于职业良心，以"帮一把"的心态参与学校建设，其主要精力和发展重心依然放在原单位，是人在心不在的表层流动。其六，副科流动。音体美等学科是最常见的流动学科，由于这些学科与升学、评优等关联性相对较弱，常作为教师流动的首选学科，教师流动的全面性受限。

（三）多方利益诉求的综合化解

教师共享涉及政府、学校、教师、学生四类主要利益相关方，"共享教师"能够增进四方利益。第一，政府方面，"共享教师"能够使得区域教师队伍实现一体化建设，可最大限度地盘活教师资源，节约教育成本，解决"结构性缺编""总量性缺编"问题[①]，实现教师优质均衡发展。第二，学校方面，学校可以按需择人、灵活择人，可以不断优化教师结构，激发教师队伍活力，并能够减少教师管理的诸多琐碎工作。第三，教师方面，可以自由选择任教，可以多劳多得，流动教学还可以增加工作新鲜度，减少职业倦怠，也能广结善缘，促进专业发展。第四，学生方面，能接触到多类风格和水平教师，可增加见识、开拓思维。当前，此处需要强调，"共享教师"并不意味着高频率流动、短时间流动，依然要确保学校教师队伍的相对稳定性。

（四）教师流动政策的优化升级

"县管校聘""区域教师轮岗""教师走教"等区域性教师流动政策与实践是"共享教师"设想的现实基础，从中主要可汲取三个宝贵经验：一是区域内教师流动具有可行性，教师并不是"固定资源"，而是"流动资源"；二是教师是"系统人"，是区县教育系统的职工，具有公共属性，虽委托受聘学校管理，产生了"单位人"假象，但教

---

① 庞丽娟，金志峰，王红蕾，等. 创新与完善当前我国中小学教师编制与人事制度的政策思考 [J]. 教师教育研究，2022（4）：32-38.

师依然具有"系统人"身份，使得流动成为可能；三是当前教师流动出现的种种困局，是没有设置好供需主体的流动规则，存在政策文本与现实场域脱域现象[1]，是制度设计不完善的结果。我国各级教研员和教科研研究员是较为典型的"共享教师"，他们隶属于区域教师教育学院和教育科学研究院，但被多所学校共享，承担多所学校的教学、科研等指导工作，可见，"共享教师"在我国有深厚的实践基础。教师流动是必然趋势，"共享教师"是新时代教师流动实践的进一步探索，发挥政府的主导作用，整体性部署教师资源，在尊重教师发展需求基础上，"共享教师"可进一步凸显教育的公共属性、协同治理[2]等价值。

二、义务教育"共享教师"的构想诠释

"共享教师"设想需满足三个目的：政府层面，教师队伍建设的系统顶层设计、教师管理的一体化设计、教师发展的优质均衡化设计、教师队伍建设的边际成本递减设计；教师层面，工作稳定、灵活弹性、专心教育、收入提升、专业发展；学校层面，学有所教、结构平衡、灵活调配、城乡一体。基于以上目的，为更清晰简洁地阐述观点，本研究形成了图1所示的义务教育"共享教师"构想示意图，以打造区域义务教育教师队伍建设的战略共同体、人才共同体、工作共同体和学习共同体。其主要特征如下：

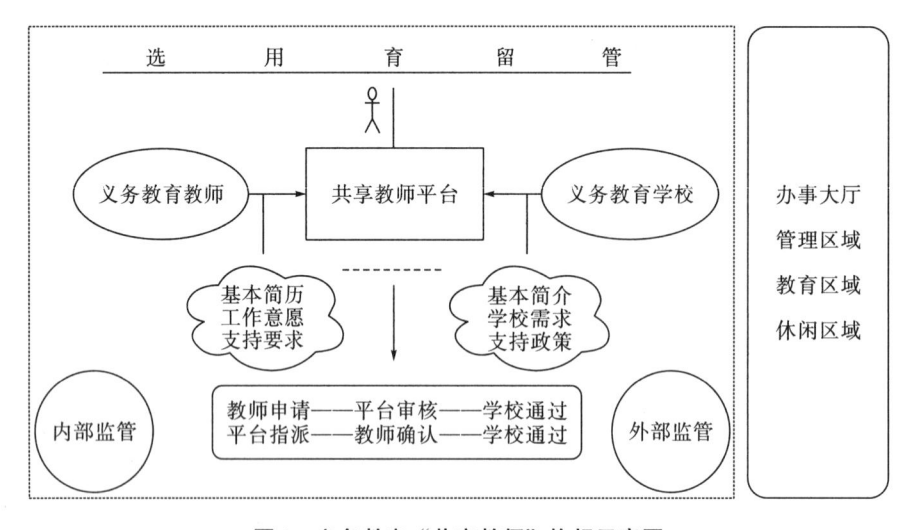

图1 义务教育"共享教师"构想示意图

---

[1] 李梦琢，刘善槐，房婷婷. 县域教师交流政策的场域脱嵌与优化路径：基于全国13省50县的政策文本计量分析[J]. 教师教育研究，2021（3）：50-56.

[2] 操太圣，卢乃桂. "县管校聘"模式下的轮岗教师管理审思[J]. 教育研究，2018（2）：58-63.

（一）多功能现实组织

"共享教师"的现实组织被安置于"教师大楼""教师大厦"等地，具有四个功能分区，分别为办事大厅、管理区域、教育区域和休闲区域。办事大厅负责政策咨询、报考招录、派遣调配、员工服务、意见反馈等工作，集基本咨询、日常管理、纠纷处理等功能于一体，让群众享受便捷的教育服务。管理区域负责教师管理、平台管理等功能，是管理部门所在之处。教育区域具有学科共享办公区、会议区、多功能教学区、研讨区等功能区域，是教师教育、教学、科学研究之处。休闲区域主要具有健身活动、心理咨询、餐饮服务、交流会客等多种功能，以保证教师身心健康。现实组织将围绕智能化、功能化、舒适化、便捷化等方向建设，走组织数字化建设之路。

（二）数字化虚拟平台

"共享教师平台"是数字化虚拟平台，教师和学校可以在平台上完成对接工作。"共享教师平台"是"共享教师"的人力资源管理平台，负责教师选聘、调配、培育、留用、管理等全方位工作。平台将汇聚合格教师的信息，包括基本简历（学科、学历、经历）、工作意愿（学段、时间、区域）、支持要求（需要学校提供的条件）等，以及学校的信息，包括学校简介、学校需求（学科、学段、时间）、支持政策（教学支持、福利支持）等。平台根据教师和学校双方的供需情况，设置相应程序匹配供需，供需关系由"点对点"的相互满足关系变为"多对多"的平台配置关系。通常程序为：学校发布需求—教师申请—平台审核—学校通过或学校发布需求—平台审核（指派或调配）—教师确认—学校通过。如果只有一位教师申请，并且符合学校基本需求，平台直接审核通过；如果有多位教师申请，平台将在符合学校基本需求的多位教师中随机指派一位教师；如果没有教师申请，平台将根据学校需求和教师意愿随机指派一位教师。教师和学校如无正当理由，应无条件接受调配。

（三）真正的"系统人"身份

义务教育教师是国家公职人员，承担为党、为国、为民育才的重要使命。国家公职人员是"系统人"，非"单位人"，义务教育教师属于教育系统的公共人才，而非某学校的教师。"县管校聘"政策旨在实现教师的"系统人"身份，但做得并不彻底。究其原因，在"县管校聘"政策中，教师的人事关系虽然在县一级，但仍只被一所学校聘用，教师过程管理依然为某一所学校掌管，教师是名义上的"系统人"和实质上的

"单位人"。只有把"共享教师"的人事关系放在"共享教师平台"（共享教师管理中心），劳动所有权归区县一级教育管理部门所有，教师受聘于多所学校，多所学校共享教师的劳动使用权，学校对教师具有一定程度的监督作用，但并不实际负责教师的招聘、培育与考核等工作，教师才可以在真正意义上成为"系统人"而非"单位人"。

（四） 多学校平行任教

通常义务教师流动的主要形式为两种：一种是教师从 A 校流动到 B 校，只在 B 校任教；另一种情况是教师在 A 校任教，根据上级政府安排、学校需要，短期前往 B 校支教或挂职，或兼任 B 校教师但只承担某学科少量的教学任务。而"共享教师"则需要在多所学校任教。平台会根据教师家庭住址合理划定教师多所学校任教范围，教师在任教范围内接受平台调配，承担相应的教学任务。平台会规定不同职称教师的学年课时量，教师在满足学年课时量的基础上，可以多接课时任务，享受按劳分配。教师同一学期需要在城乡之间、学区之间的多所学校授课，可避免学校垄断好教师。由于一些教师也面临着丧葬嫁娶孕病等临时情况，教师还需要服从组织安排接受临时教学任务，以稳定区域教学秩序。

（五） 留有相对稳定的教师

本研究指称的教师是广义正式教师，包括专任教师，也包括管理人员，他们都可以是"共享教师"。流动性是"共享教师"的重要特性，但依然要保有相对稳定的一面。相对稳定性主要表现为：其一，党支部书记、校长、副校长、学生工作负责人员等，属于平台直接配置，且流动时间跨度拉长，以 3 年或 5 年为一个流转周期，流动周期内仅为一所学校使用，确保学校组织管理架构的稳定、有效；其二，会计、后勤等管理人员，可以多校共享和多校流动；其三，语文、数学、英语学科教师也参与共享，但任教的学校数量需减少（课时任务大），且最好根据小学与初中的 6 年和 3 年的周期进行流转共享；其四，其他学科教师根据学校需求、平台调配、个人意愿全面充分参与教师共享。

（六） 工作安排灵活弹性

"共享教师"不需要坐班，但需要保质保量完成教育教学任务。除前往各学校进行教学外，各学科应每周错峰安排一天或半天的集体研讨时间，要求区域内学科教师前往教师大厦或教师大楼进行集中学习，共同备课、磨课与研课，并形成标准化教学课件、教学设计、作业设计等，允许教师在标准化教学资源的基础上自主创造，形成达标之上的创新。

此外，教师需要承担两类辅导任务，形成育人合力。一是所教学生的辅导任务，采用线下与线上辅导形式，疏解学生的学习与生活困难；二是公益辅导任务，按规定每周公益辅导若干时间，回答区域内学生的临时问题。"共享教师"的工作时间包括看得见的上课时间、教研时间、辅导时间，教师可根据任务导向自由安排；还包括看不见的个人备课时间、额外辅导时间。由于"共享教师"不隶属于学校，只承担平台委派的教育教学任务，非教育教学任务时间将极大程度减少，教师可将"释放"出来的时间用于发展自我、享受生活，工作时认认真真、休息时轻轻松松，这有利于教师成长，创造更加美好的教育生活。

（七）主体关系契约化

"共享教师"包括三类主体：教师主体、学校主体和平台主体。平台主体代表的是政府，可由共享教师管理或发展中心负责运行，是教师、学校的上位管理机构，全过程和全方位负责教师个体管理和学校教师管理。教师与平台是契约关系，与平台签订聘用合同，按照编制接受管理，遵照录用时的先前同意和派遣时的中途同意服从平台调配，无正当理由应无条件服从平台调配（包括任教学校地点与数量）。学校与平台是业务管理关系，平台作为主管部门的专门业务负责机构，对学校教师管理具有人事配置权，学校如无正当理由应服从平台调配。教师与平台、学校与平台分别建立直接契约关系，教师与学校建立间接契约关系，学校对教师仅具有契约规定的劳动使用权，平台代表政府购买教师的劳动服务，学校免费享用平台提供的教师劳动服务，此举也符合我国公有学校特征与运行规则。

（八）区域教育优质均衡

"共享教师"使得优秀教师无法被某所学校"独占"，以"名师""名校长"为标准划定的"优质学校"将难以存在。在学校硬件差距不断缩小的当代，以师资力量建设为抓手的区域优质均衡教育发展意义重大。"共享教师"会使得群众对教育优质与否的评判层级从学校上移至区域，考虑区域教育是否优质而非区域内某学校是否优质。此时教育行政部门的责任将更大，它们的视野要从局部视野变为整体视野，从追求个体优秀变为追求整体优秀，围绕教师队伍建设的公平、质量、活力[①]要素做文章。"共享教师"将化解区域内教师结构性失衡困境，消解城乡教师水平差异现象，扭转群众择校择师风气，更符合当前教育发展理念，即把优质的教师资源"蛋糕"做大并分好。

（九）盘活教师资源

"共享教师"能够盘活四类教师资源：一是教有余力的教师资源，符合能者多劳的劳动观念；二是教有所长的教师资源，根据教师的专业特长和发展规划，使专业的人专心做专业的事；三是制度隐匿的教师资源，使教师摆脱师生比、师班比以及学校人事制度的约束，可在全区域内就业与择业，贡献教育力量；四是"临时受命"的教师资源，教师作为人，不可避免会受自我或家庭的临时事件影响工作，而学校寻找"临时受命"的教师信息不足，"共享教师"将有效解决这一困难，根据学校需求，平台可短时间内在区域内寻找到"顶岗"的合格教师，既实现对有突发事件教师的人文关怀，也确保教育教学工作的稳妥开展，一举两得。

（十）强调内外监督

对于"共享教师"的参与各方履职是否到位，可通过内外监督予以保障。内部监督包括：其一，平台监督。平台主要负责监督"共享教师"的工作量达成情况、意见反馈有无异样（学生对教师的学期表现评价、学校对教师的学期表现评价、学校与学生的实时反馈意见）。其二，学校监督。学校主要负责监督"共享教师"的到岗与离岗情况，并不定期收集学生意见反馈至平台，对教师进行过程表现评价。其三，专项监督。平台、教师、学校都需要不定期接受教育行政部门的专项监督，确保平台运作良好，学校支持到位，教师工作负责。其四，教师监督。教师监督平台的规范化、科学化、法理化运作，以及学校的支持、配合情况，不断优化平台与学校的管理工作。外部监督包括：以学生为单位的家庭、教育事业热心群众、大众媒体，根据学校组织情况、教师教书育人情况，依据定期与及时相结合原则，在平台相应板块反馈，提出表扬或改进意见。

[①] 邹维. 优质而均衡的义务教育治理：取向、模式与展望［J］. 四川师范大学学报（社会科学版），2021（5）：176-182.

三、义务教育"共享教师"的行动策略

构想须付诸实践,行动策略是否可行决定了"共享教师"能否从应然层面成为实然层面。研究认为与之配套的行动策略有:

(一)以平台治理推进系统化教师队伍建设

教师队伍建设的痛点与难点之一在于块块管理。教师招聘、教师任用、教师日常管理等分属于不同部门,教育各部门之间未形成教师队伍建设合力。平台化是数字治理的前沿趋势,平台既是一种技术实现,也是一种组织结构和治理模式[1],建设并运用好"共享教师平台",将实现义务教育教师治理的系统化顶层设计和操作实施。"共享教师平台"建设需要考虑以下几点:

一是建设使用友好的平台。要方便后台管理者、共享教师、学校工作人员使用,尽量做到界面简洁流畅,尽可能一张表与一张网在线办事,非隐私数据共享共用,隐私数据申请使用,最大限度便利使用者。

二是建设综合教师管理平台。平台要从人力资源管理视角搜集信息、预测供求、制订规划、监督反馈,对教师的体力、脑力、情绪进行科学、合理的挖掘、组织和使用,实现人力支持、人事运作、人力增值[2],为教师工作和生活高质量发展提供全过程、多角度、人性化的发展服务。

三是建设协同治理的教师发展平台。利用虚拟数字化组织,集中教育行政部门、学校、教师、家庭、社会等多方力量,使各类主体有组织、成体系地各司其职,形成教师队伍建设治理的情感"共情"、道理"共通"、结果"共享",以协同治理实现教师治理的"善治"。

(二)以制度设计消除利益相关主体隐忧

明文制度具有严肃性、规范性和强制性等特点,制度化管理"共享教师"可以树立规范,打消顾虑。此处的制度实际上是平台的制度规范,平台具有行政属性,其形成的平台制度规范也具有行政权威。平台制度规范应围绕不同主体设置规定。

---

[1] 张建锋. 数字治理:数字时代的治理现代化 [M]. 北京:电子工业出版社,2021:34-35.
[2] 肖宗六. 学校管理学 [M]. 5 版. 北京:人民教育出版社,2018:207-208.

其一，针对政府主体，一是梳理政府权责清单，并明确政府委托平台承担的权责，平台按权责清单规范运行；二是建立预算与决算的拨款制度，并预留临时拨款、专项拨款空间，为"共享教师"项目的运作提供必要充足资金；三是承担行政管理与监督职能，及时发现相关部门及其平台的"越位""缺位"与"错位"现象并纠偏。

其二，针对教师主体，一是明确"共享教师"是国家公职人员，是编制内教师，是"系统人"，保证教师工作的稳定性，确保教师的相关工资福利待遇；二是设定教师调配契约和程序，合理合法调配教师，使教师实现真正"共享"；三是细化教师发展规定，如对教师的学期考核、学年考核、奖惩考核、专业发展要求、晋升要求等做出详细规定，使教师办事有据可依，可以心中有数地规划专业发展节奏与方向。

其三，针对学校主体，一是根据学生人数和班级人数按学期划定学校共享教师员额；二是学校可提供教师需求清单，但须无条件接受平台根据需求清单的随机调配结果，有正当理由情况除外；三是学校需要根据实际情况为共享教师开展教育教学工作提供可能的便利和积极支持。

其四，针对社会群众主体，设定意见反馈方式、反馈渠道和答复机制，细心吸取多方意见，并设置教师点赞平台，允许群众对教师提出实名或匿名表扬，丰富教师荣誉制度实施方式，将相关结果记录在案，同等条件下优先考虑。

（三）以丰富手段确保"共享教师"顺利运行

需要综合运用经济手段、政治手段、法律手段、人文手段、技术手段以确保"共享教师"项目顺利运行。

第一，经济手段要发挥激励作用，除日常经费运转外，要设立奖励津贴制度，根据教师常住地址与任课学校距离设置津贴，根据教师最低工作量要求与教师实际工作量设置奖励，确保教师舒心工作。

第二，政治手段要强调公共意识，从招聘信息、职前职后培训、聘用合同、规章制度、宣传报道等多方面，明晰义务教育教师是国家公职人员，是"系统人"而非"单位人"，教师和学校须无条件支持教师共享。

第三，法律手段要依法治理，制度设计可以突破常规，但要遵守教师法、义务教育法、未成年人保护法等规定，制度细节也要有法可依、有法必依、执行必严、违规必究，减少人情因素干扰，让所有人有事做，做事时认真做，认真做事有回报。

第四，人文手段要加强归属感建设，区别于以往的学校组织归属感建设，要从教育职业归属感、教育系统归属感方面加强"共享教师"归属感建设，引导教师对区域教育负责、对共享身份认同、对教育系统付出,从而认真负责地承担好学校的教书育人任务。

第五,技术手段要实现技术赋能教师管理,技术时代使得教师共享成为可能,可以数字化平台统筹多方工作,并整合线上线下行政管理工作、教书育人工作和专业发展工作等。共享教师平台也应随着技术发展不断精进,并及早谋划元宇宙、5G 等未来共享教师平台建设工作,实现教师资源供给和学校教师需求最优匹配。

(四)以教师"共治"形成"共智",实现"共育"

区域内教师依托虚拟数字化平台和现实教师组织(教师大厦/教师大楼),以学科为单位形成学科教育发展共同体,实现教师与教育事业的融合发展,应围绕三个方面发力:

首先,创造教师的"共治"局面。打破以往以教师个人为单位和以学校学科或年级为单位的孤立教育状态,形成区域内学科教师集聚状态,形成学科总体研讨、学科分年级研讨、学科分小组研讨等多样化教育、教学、科研研讨方式,形成区域内学科教师"共治"力量,从孤兵奋战到集体作战,凝聚学科发展"合力"。

其次,形成教师的"共智"状态。区域学科教师在一起以总体、年级、小组等丰富方式,共同备课、磨课、研课,共商教书育人的好策略、好点子、好办法,汇集集体智慧,形成具有学科特点、区域特色的标准化、精品化课件、教案、习题、试卷、案例,使得区域内学科教学起点水平较高且有抓手。

最后,实现教师的"共育"境界。区域内学科教师的教书育人活动,是汇集集体智慧的高标准育人活动,个体教师将站在区域内学科教师的"肩膀"上有法而不囿于法地教书育人。日常教育教学活动依然以个体教师为单位开展,但集聚了学科教师的集体智慧和力量,既有利于教师快速成长和优秀发展,也有利于学生共享优质教育资源。

专家型园长何以成为可能

——对一位专家型园长成长故事的分析

周险峰　杨启国

> [摘要]　幼儿园园长是幼儿园工作的核心人物，幼儿园园长的"专业化"程度决定了幼儿园教育质量水平。笔者针对一名从事幼儿园工作三十余年的园长进行研究，对她的成长历程进行了质性分析，发现个人经验、个人品质、民主的园所管理、和谐的组织氛围以及高质量的培训活动有利于其职业发展，而个人不明朗的职业规划与园所不合理的师资构成不利于其职业发展。通过对其成长故事的宏观把控，发现该园长成长是以内修为主，从而提出专家型园长成长相关建议。
>
> [关键词]　专家型园长；专业成长；内驱力

《中共中央关于制定国民经济和社会发展第十四个五年规划和二〇三五年远景目标的建议》中明确提到要建设高质量教育体系。建设高质量教育体系，必然离不开高质量学前教育体系的建设，高质量的学前教育体系是高质量教育体系中重要的子系统。幼儿园园长是幼儿园工作的核心人物，在很大程度上，幼儿园园长的专业化水平决定了该所幼儿园的教育质量。为建设高质量的学前教育体系，必须以推动园长专业化发展为抓手。

作者简介：周险峰，湖南科技大学教育科学研究院常务副院长，教授，主要研究方向为教育学原理；杨启国，湖南科技大学教育学院教育学原理方向硕士研究生。

一、问题提出

如何进行高质量学前教育体体系建设？幼儿园园长是幼儿园发展的规划者和办园方向的引导者、幼儿园保育教育的领导者和优质资源的汇集者、教师发展的引领者和促进者，还是儿童权益的保护者和儿童发展的促进者[1]，因此在很大程度上，幼儿园园长的专业化水平决定了幼儿园的教育质量。为了促进幼儿园园长专业化水平的提升，各省各地开设了园长培训班。对幼儿园园长的研究主要包括两个方面：其一是对园长专业成长提出具体建议；其二是对园长人格特征进行描述。但以往的研究很少关注园长成长的完整路线，将园长生活与教师生活隔离开来。正是由于这种隔离，对园长的描述也略显空洞。

园长成长的内容包括专业精神、专业知识、专业能力、专业伦理、自我专业意识[2]。一般而言，专家型园长的成长包括内部条件主导与外部条件主导两个类别。由外部条件主导的专家型园长成长途径，以园长培训课程为主要手段，如：王小英立足于美国幼儿园园长培训经验，认为应突出提升幼儿园园长的领导力[3]，又提出以后现代主义及诺尔斯成人教育学为理论核心，构建幼儿园园长培训课程[4]；马慕青通过比较中美幼儿园园长培训方式，得出"伙伴式"的共同体、"主题式"的内容以及"衔接式"的研修形式[5]；柳海民以《幼儿园园长职业标准》为政策依托，结合园长成长意向，强调构建幼儿园园长培训课程[6]；吕晓等从园长专业化知识结构出发，提出构建园长专业化培训体系[7]；冯国芳则以园长专业化发展为基石，除了倡导设置一般的培训体系外，还强调建立园长专业化的保障机制，如制度保障与经费保障[8]；缴润凯基于十

---

[1] 刘占兰. 专业的园长是保障幼儿园质量的关键：谈《幼儿园园长专业标准》与园长角色的转变 [J]. 幼儿教育，2015（10）：6-8.
[2] 褚宏启，杨海燕. 校长专业化及其制度保障 [J]. 教育理论与实践，2002（11）：20-26.
[3] 王小英，朱慧慧. 美国幼儿园园长培训的策略及其启示：以新泽西州 PreK-3rd 领导力系列培训为例 [J]. 比较教育研究，2015，37（10）：79-84.
[4] 王小英，刘思源. 幼儿园园长培训课程建构的理论基础与核心观念 [J]. 东北师大学报（哲学社会科学版），2019（4）：153-158.
[5] 马慕青. 中美幼儿园园长在职培训的比较与思考：以中美两国典型培训项目为例 [J]. 教育探索，2017（2）：118-122.
[6] 王澍，柳海民. 从"知识人"到"能力人"：基于《园长专业标准》的培训需求分析及其培训建议 [J]. 东北师大学报（哲学社会科学版），2016（3）：199-203.
[7] 吕晓，杨晓萍. 园长专业化知识基础的构成与发展途径 [J]. 学前教育研究，2011（12）：24-27.
[8] 冯国芳，施俊. 园长专业化发展及其管理对策的思考 [J]. 上海教育科研，2007（5）：91-92.

年"国培"经验，肯定"国培"对园长专业发展的推动作用[1]。此外，外部条件主导的专家型成长途径还包括成立名师工作坊[2]、基于园本研修促进幼儿园教师群体的共同成长[3]，以及培训准幼儿园园长来促进园长的专业化成长[4]等方式。

由内部条件为主导的专家型成长途径，以个体能力的增长为主要目的。如洪秀敏认为园长胜任感提升有利于促进其专业发展[5]，李晖认为幼儿园园长的管理自我效能感可以对幼儿园发展与教育教学起到直接作用[6]，颜荆京认为幼儿园园长信息领导力的成长是幼儿园园长本人专业化成长的一个内在要求[7]，郭荔宁则认为幼儿园园长的自我反思能力是幼儿园园长专业化的必备条件[8]。

关于幼儿园园长专业素养的构成研究，主要以访谈法或者问卷法展开，前期主要关注园长自身的个人风格，如刘振民在对河南省首批省级示范园园长进行调查研究后，发现优秀园长普遍具有鲜明的个性特征，包括强烈的进取心、坚韧不拔的毅力和乐观豁达的性格三个方面。这些品格既是她们取得成功的关键，也是她们人格魅力的核心[9]。

这一研究在二十余年后的研究中再次被证实。2020 年索长清在对 16 名卓越园长进行访谈后发现，卓越园长都具备以下五个特点：在求学期间是择优选拔的优质生，在工作中积累了大量经验，在领导岗位上寻求创新，具有勤奋坚韧的个性品质，能实现个体与集体良性互动[10]。

以往研究聚焦教师的专业化成长，较少关注园长的专业化成长。在对园长的描述中，也常常忽视了园长成长的内在故事，即对园长如何从一位新手教师逐步走向一位专家型园长，缺少关于园长生活史的研究。这是本研究开展的原因。

---

[1] 缴润凯. "国培"十年园长培训的举措、成就与反思［J］. 中国教育学刊，2020（9）：15-19.
[2] 王丽君，董永. 名师工作坊助推教师专业成长［J］. 教学与管理，2016（17）：23-25.
[3] 靳瑞敏. 利用园本研修促进教师专业发展的路径［J］. 学前教育研究，2015（5）：64-66.
[4] 何世红. 幼儿园准园长的专业化培养［J］. 学前教育研究，2019（8）：85-88.
[5] 洪秀敏，朱文婷. 聚焦园长行为胜任力的提升：新加坡 Principal Matters 园长培训项目的探索与启示［J］. 外国中小学教育，2018，（12）：50-57.
[6] 李晖，陈姝娟. 粤西民办幼儿园园长管理自我效能感研究［J］. 教育评论，2010（3）：109-111.
[7] 颜荆京，汪基德. 幼儿园园长信息化领导力的内涵及理论模型［J］. 现代教育技术，2017，27（04）：52-58.
[8] 郭荔宁. 幼儿园园长培训有效性的分析与思考［J］. 中国成人教育，2016（14）：143-147.
[9] 刘振民，叶平枝. 优秀园长的个性特征［J］. 学前教育研究，1999（10）：19-21.
[10] 索长清，李爱秋. 卓越幼儿园园长的典型特征分析：基于 16 名园长的访谈研究［J］. 江苏第二师范学院学报，2020，36（3）：95-101.

二、研究设计

为了提炼西安市知名园长——W 园长成长故事的经验，本研究利用 Nvivo 12 pro 对 W 园长成长故事进行分析，微观探究影响 W 园长专业成长的积极因素与消极因素，寻求 W 园长在成长过程中的关键事件与重要人物；在宏观层面上归纳出 W 园长专业成长的路径。

（一）专家型园长术语的厘定

"专家型"这一术语源自围棋比赛，而后被引用到教育学中[1]。本研究沿用这一概念。所谓"专家型教师"，国外主要指具有教学专长的教师，即能运用广泛的、结构良好的知识和经验有效地、创造性地解决各种教学问题的教师[2]，刘道玉指出"校长专家"与"专家校长"的核心区别是"治学"与"治校"的区别[3]，褚宏启则指出"校长专业化"是"教育者、领导者和管理者"的专业化[4]。

专家型园长是教育家，是优秀的幼儿园园长，是具备发展敏感性、有较高的职业道德、在教育教学与领导管理方面有所专长的幼儿园园长[5]。

（二）研究对象

本研究采用目的性抽样（purposive sampling），即基于研究目的选择可能为研究问题提供最大信息量的样本的抽样方法。本研究选取西安市知名园长——W 园长为研究对象。W 园长自 1986 年从事幼儿园一线教学，已有 35 年工作经历，作为教育部幼儿园园长培训中心兼职教授、实践导师，担任陕西省学前教育研究会常务副会长以及西安市人民政府督学，荣获陕西省"三八"红旗手、陕西学前教育名师、全国百佳园长等称号，获第十一届宋庆龄幼儿教育奖。主持 4 项国家级项目、9 项陕西省省级项目。本研究通过深度访谈，深入了解其成长经历。

---

[1] 连榕，孟迎芳. 专家：新手型教师研究述评 [J]. 福建省社会主义学院学报，2001（4）：66-68.
[2] 斯腾伯格，霍瓦斯，高民，等. 专家型教师教学的原型观 [J]. 华东师范大学学报（教育科学版），1997（1）：27-37.
[3] 刘道玉. 中国应当怎样遴选大学校长 [J]. 高教探索，2005（2）：4-7.
[4] 褚宏启. 走向校长专业化 [J]. 教育研究，2007（1）：80-85.
[5] 陈桂生. "专家型教师"辨析 [J]. 江西教育科研，2003（4）：6-7.

（三）研究工具

1. 访谈提纲

对 W 园长的访谈围绕 W 园长职业生活这一关键命题开展，核心是 W 园长在其成为园长之后成长为专家型园长这一段经历。具体的访谈提纲如下：请您讲述您走上领导岗位的故事；请您讲述您作为园长和担任教师感受的不同；请您讲述您在成为园长之后遇到的困难、委屈，以及克服方法；请您讲述您目前的教育理念与刚成为园长时教育理念的异同。

2. 研究流程

基于结构型访谈，研究者与访谈对象 W 园长约定固定时间，利用腾讯会议进行线上访谈（两次，每次约两个小时），并进行了一次时长约两小时的线下访谈，实现资料的收集。为保证研究的客观性，研究结合了 W 园长所发文章及其讲座，并对 W 园长所在的 X 幼儿园的其他教师进行访谈作为互证。对 W 园长进行的访谈共计时长约 6 小时，在访谈的过程中，经过访谈对象的同意，对全程进行录音。而后转录文字约 10 万字，将文字稿导入 Nvivo 12 pro 进行编码分析。

3. 三级编码

三级编码是扎根理论的具体操作流程，包括一级编码（开放式登录）、二级编码（关联式登录）以及三级编码（核心式登录），在编码的过程中，在"悬置"个人"偏见"与已有研究的"界定"的基础上，得出关于原始文本的相关理论。具体操作如下：

新建项目。将 W 园长的口述资料转录为文本后导入到软件。为了保证资料的"原始性"，也补充了 W 园长口述过程中的一些非语言行为，如在讲述《掌声响起来》的故事时，W 园长有明显的哽咽。

对项目资料进行编码与分析。在一级编码的过程中，"悬置"个人"偏见"与已有研究的"界定"，将 W 园长口述的文本中的事件导入 Nvivo 12 pro 软件进行编码。在二级编码的过程中重视软件编码的一致性，并进行归类，例如"从小，W 园长的父亲检查 W 园长的作业时，如果不满意 W 园长写的字，就会撕掉 W 园长写的作业，W 园长就要再写一遍，就这样 W 园长养成了认真做事的习惯，也形成了做事就要一次做好的想法"作为一级编码的内容在二级编码很快便被纳入"个人生活史"。三级编码的统领性是三种编码中最高的，将二级编码再次整合，融入三级编码，依旧以"个人生活"为例，很明显地发现"个人生活"是"影响 W 园长专业成长的积极因素"的子节点。

在完成一次三级编码后，再次反复阅读每个节点下的所有内容，合并相似内容；

在确定树状节点名称后，审视子节点之间的逻辑性，之后修饰子节点的名称，多次反复，最终形成W园长成长故事的理论。

本次基于Nvivo 12 pro软件对W园长成长故事理论的提炼，以"成长路径""影响W园长专业成长的积极因素"以及"影响W园长专业成长的消极因素"为三个树状节点，每一个树状节点下都包含多个子节点，具体如表1所示。

表1 基于Nvivo 12 pro对W园长成长故事理论的提炼

三级编码（树状节点）	二级编码（子节点）	节点材料来源数	参考点数	参考点举例
W园长的成长路径	以问题为导向的终身学习	1	21	2008年W园长为了更好地管理X幼儿园，入西安交通大学的工商管理博士研修班学习
	以反思为取向的行动研究	1	13	2007年主持西安市"十一五规划"，开始尝试以6S管理X幼儿园
	以承诺为核心的内在支撑	1	8	1987年W园长在可以转向企业内部工作时，坚持在幼儿园一线教学
W园长专业成长过程中的积极因素	个人生活史	1	7	从小接受父亲的严格家教、幼时带领同伴开展游戏活动等
	个人品质	1	18	有韧性，带领X幼儿园完成市级、省级示范园的验收
	民主的园所管理	1	12	1988年W园长带着班级孩子去树林开展认识昆虫的常识课
	和谐的组织氛围	1	15	X幼儿园的上级单位领导关心W园长成长的每一个阶段，教师群体内部相互体谅
	高质量的培训活动	1	8	20世纪末，陕西省指派W园长参加南京师范大学学前教学研修
W园长专业成长过程中的消极因素	W园长职业规划不明朗	1	2	W园长刚刚接手X幼儿园全盘工作时，老教师反对一些幼儿园政策
	X幼儿园教师队伍组成不合理	1	3	1986年W园长调至X幼儿园，彼时"家属工"教师群体数量多，占比大

三、研究结论

W园长成长故事分析结果表明，个人经验、个人品质、民主的园所管理、和谐的组织氛围以及高质量的培训活动有利于其职业发展，而个人不明朗的职业规划与园所不合理的师资构成不利于其职业发展。对其成长故事进行宏观把控，发现该园长的成长是以内修为主。

（一） W 园长成长过程中的影响因素

在一级编码的基础上，研究者按照编码范式模型进行了二级主轴编码，针对 W 园长成长为专家型园长的因素的讨论，从因果条件、现象、情境脉络、中介条件、行动/互动策略和结果六方面展开[①]。

1. W 园长成长的积极因素

（1）W 园长专业成长的经验宝库：个人生活史

①因果条件。W 园长希望带着孩子"玩耍"，且教师具备极大的自主权。

②现象。W 园长带着孩子去树林中开展认识昆虫的常识课。

③情景脉络。即"W 园长个人生活史"这一作为原因的类属中那些能作为 W 园长开展户外常识课条件的属性，如尊重孩子的天性、师生平等的观念等。

④中介条件。即那些促进或阻挠 W 园长行动的条件，如 W 园长一直带着孩子们游戏、参加专业的职前培训等。

⑤行动/互动策略。在常识课的教学中，"家属工"教师群体照本宣科，W 园长主动带着孩子们去树林中学习。

⑥结果。有幼儿园毕业学生致电 W 园长，表示感谢。

根据上述编码，研究者提出假设：W 园长的童年生活与职前学习对 W 园长的专业成长是富有价值的，即 W 园长的个人生活史一方面为 W 园长个人品质的形成起到作用；另一方面作为经验，为 W 园长后续成长提供帮助。

（2）W 园长专业成长的内在底蕴：个人品质

①因果条件。W 园长女儿未满一岁时，组织安排 W 园长前往南京进修。

②现象。W 园长带着不满一岁的女儿前往南京师范大学进修。

③情景脉络。即"W 园长个人品质"这一作为原因的类属中那些能作为 W 园长外出进修条件的属性，如终身学习的信念、坚韧的品质等。

④中介条件。即那些促进或阻挠 W 园长行动的条件，如 W 园长热爱学习、组织安排等。

⑤行动/互动策略。在每日的学习中，要将女儿带入课堂，害怕女儿突然醒来会哭，W 园长往往会带一根火腿肠在身上，女儿一张嘴，W 园长就把火腿肠喂到女儿的

---

① 李方安，陈向明. 大学教师对"好老师"之理解的实践推理——一项扎根理论研究的过程及其反思 [J]. 教育学报，2016，12（2）：58-70.

嘴中，然后抱着女儿出去，将女儿哄睡，W园长才继续进班学习。

⑥结果。W园长出色地完成了进修活动。

根据上述编码，研究者提出假设：这种韧性和发展的敏感性是W园长个人品质的部分，这些卓越的个人品质是W园长专业成长的内在精神底蕴。

（3）W园长专业成长的外在保证：民主的园所管理

①因果条件。X幼儿园迎接示范园验收，W园长担任保教主任。

②现象。W园长向老园长提出一些关于环境创设、一日生活安排方面的建议。

③情景脉络。即"园所环境"这一作为原因的类属中那些能作为W园长专业成长的属性，如强烈的归属感、民主的管理氛围。

④中介条件。即那些促进或阻挠W园长行动的条件，如民主的园所管理。

⑤行动/互动策略。老园长听取W园长的建议。

⑥结果。W园长对X幼儿园产生极大的归属感，更愿意参与比赛和活动。

根据上述编码，研究者提出假设：民主的园所管理为W园长的专业成长提供了最为基础的外在保证，这样的保证让W园长愿意尽可能地成长，带着自己的主动性参与幼儿园的未来发展。

（4）W园长专业成长的人际支撑：和谐的组织氛围

①因果条件。W园长担任保教主任，X幼儿园迁入新园。

②现象。W园长带着教师群体一起劳动。

③情景脉络。即"组织氛围"这一作为原因的类属中那些能作为W园长专业成长的属性，如组织氛围的和谐程度、组织人员的构成等。

④中介条件。即那些促进或阻挠W园长行动的条件，如幼儿园的共同愿景。

⑤行动/互动策略。X幼儿园教师群体会聚在食堂给孩子们包包子、包饺子、一起工作。

⑥结果。W园长认为这是她较为开心的事件。

根据上述编码，研究者提出假设：在劳动中，教师群体加深了对组织的归属感，这种和谐的组织氛围为W园长的专业成长提供了人际支撑与安全的心理环境。

（5）W园长专业成长的专业保障：高质量的培训活动

①因果条件。W园长擅长艺术教学，且老园长有培训信息。

②现象。老园长安排W园长去培训。

③情景脉络。即"培训活动"这一作为原因的类属中那些能作为W园长专业成长的属性，如培训的质量、培训的内容等。

④中介条件。即那些促进或阻挠 W 园长行动的条件，如高质量的培训活动。

⑤行动/互动策略。W 园长参与 1989 年中央电视台春节联欢晚会的歌舞节目编舞培训。

⑥结果。W 园长利用这些经验多次获得省级一等奖。

根据上述编码，研究者提出假设：这些高质量的培训活动为 W 园长专业成长提供了专业上的保障，高端的学术盛会为 W 园长后期发展奠定了基础。

2. W 园长成长的消极因素

(1) W 园长专业成长的绊脚石：不合理的师资构成

①因果条件。W 园长是具备学前教育背景的新教师；具备专业学前教育背景的教师往往担任行政工作，从事一线教学的教师往往是"家属工群体"。

②现象。"家属工群体"不理解、嘲讽 W 园长认真备课的行为，以至于孤立 W 园长。

③情景脉络。即"不合理的师资构成"这一作为原因的类属中那些能抵制 W 园长专业成长的属性，如新手教师过多而有教学经验的教师过少、一线教师的学科背景等。

④中介条件。即那些促进或阻挠 W 园长行动的条件，如教师间的无效交流。

⑤行动/互动策略。W 园长只能自己去图书馆独自摸索，"以书为师"地精心备课，专心上课。

⑥结果。W 园长花费大量时间成长，时间投入过多。

(2) W 园长被动适应身份转变：不明朗的职业规划

①因果条件。W 园长没有明朗的职业规划，是在老园长的提拔下成为领导。

②现象。W 园长不理解为什么其他教师不愿意参加比赛，其他教师拖延完成 W 园长布置的任务。

③情景脉络。即"不明朗的职业规划"这一作为原因的类属中那些能抵制 W 园长专业成长的属性，如对即将面对工作的重心把握不到位。

④中介条件。即那些促进或阻挠 W 园长行动的条件，如强制性命令教师参加比赛。

⑤行动/互动策略。W 园长布置的任务，没有教师愿意承担，W 园长做了更多的事情。

⑥结果。W 园长花费大量时间转变身份，时间投入过多。

(二) W 园长成长的路径：内修为主

回顾 W 园长的成长过程，我们不难发现 W 园长成长的路径是一种自我成长的内修型路径，是一种由内向外的生命的勃发，具体包括：以问题为导向的终身学习、以反思为取向的行动研究以及以承诺为核心的内在支撑。

1. 以问题为导向的终身学习

W园长主持了4项国家级项目、9项省级项目，是西安市有名的科研能手。W园长较高的科研能力一方面得益于从小养成的"问题意识"，另一方面得益于知行合一的处事习惯。

W园长的父亲是研究化工材料的工程师，取得了很多奖项。W园长小时候就常常看到父亲带着同事们申报课题、开展学术研究。但W园长学习理科的时候，父亲不会告诉W园长解决问题的具体途径，而是不断诘问W园长，久而久之，W园长就养成了独立思考的习惯。

在父亲做课题的过程中，W园长发现所谓课题也不是特别稀奇的事。在独立思考中，W园长发觉"所谓问题就是课题，就是需要面对的，需要我们去挑战的"。W园长从中专毕业之后进修大专，再完成本科学业，一路面对问题，一路解决问题。W园长在成长的路上遇到很多不能理解的问题，这些问题就是她自我察觉的"困境"，这就是她继续学习的动机，也是她成长的"问题"。

W园长说"如果不在课堂学习，会有一种枯竭的感觉"，边学习边实践，是理论与实践的一种耦合形态。所谓终身学习，就如W园长所说，"读书，就很自然，像我们天然地需要阳光、空气和水一样"，边学习边实践，在实践中运用已学知识，当已有知识无法解决这个问题时，就继续学习，不断探索，这就是知行合一的样式。

W园长在成长的路上不断发现问题，不断解决问题，解决不了问题，就继续学习，从而解决问题。这就是W园长的科研之路，也是W园长的成长之路。

2. 以反思为取向的行动研究

针对X幼儿园管理问题，W园长引用"6S理论"，以行为研究为研究范式，探究如何提高管理的有效性，并以此申报西安市"十一五"规划，目前已成功结题。"6S"管理现在是X幼儿园的一个特色；同样，为了更好地管理教师队伍，W园长积极学习，除了参加西安交通大学的管理研究班学习外，还参与清华大学组织的"积极心理学在管理中的应用"研修课程。

W园长的成长线索也可以说是从"懂孩子"到"懂人"的过程。W园长说"其实我一直不懂，但是我一直在学，一开始学习学前教育，之后学管理学也好，积极心理学也好，社会学也好，其实这些都是'懂人'"，W园长成长故事背后折射出的其实是她不断完善知识结构的过程。

3. 以承诺为核心的内在支撑

当 W 园长想要学习幼儿教育的时候，这个心愿首先遭到了母亲强烈的反对。在那个年代，W 园长从电缆企业六所小学中脱颖而出，成为电缆企业内部重点中学的一名学生，放弃中考就等于放弃了读高中乃至读大学的"时代梦"，所以 W 园长的母亲一开始明确地反对这个想法。但开明的 W 园长父亲表示了赞同，这位"学好数理化，走遍天下都不怕"风潮下的受益者——西安市知名的化工材料专家，认为即便女儿与这种风潮相悖，去当一个幼师也是很好的。但是 W 园长父亲担心的是"W 园长是不是只是在想，不去真真实实地去干"，就以这个问题为契机，W 园长家庭进行了关于 W 园长梦想的第二次讨论，最终以一个约定告终。

W 园长带着这个约定去了幼师学校，专门系统地学习学前教育知识，从技能方面的"弹唱歌舞讲故事"，到专业素质方面的"心理学教育学"，没有一丝丝松懈，而 W 园长的父母忽略了"自己优秀的女儿从一个重点初中毕业去当幼师"这件事带来的周遭舆论，顶住了那种社会压力，肯定了女儿的梦想，尊重了女儿的意愿。

这种约定简简单单，但在很多时候起到了极其关键的作用。这个约定也是 W 园长与同辈在幼师学校最为显著的差异。所谓的约定就是一句话："你既然选择了去当幼师，那么你就要认认真真地去做，在过程中保证竭尽全力，只有这样才能对结果问心无愧"。这个约定在 W 园长的心中就等于树立了一个"我一定会成为一个优秀的幼儿教师"的目标，带着这个目标，W 园长不敢荒废在学校的三年学习时光，她充实自我，毕业后带着幼教的专业素质进入工作岗位。

约定没变，目标却发生了变化。W 园长在经过三年的专业学习后，不愿意"只是成为一个单纯的幼儿教师"，而是想要成为一名幼儿园的园长。当目标转变后，眼前浮现出孩子们的笑脸，耳旁回荡起孩子们银铃般的笑声，W 园长明确了自己的目标："成为一个非常出色的幼儿园园长，带着幼儿园孩子们体验美妙而又新奇的每一天。"

四、讨论与反思

(一) 从 W 园长成长故事中得出的启示

W 园长的专业成长是在现实性因素与可能性因素相互作用中完成的。以下基于 W 园长专业成长的故事，总结了一些切实可行的启示，有助于推动教师专业化成长进程。

1. 坚定的教师信念是园长专业成长的内在保证

W 园长认为,"现在,比起见证教师群体的成长,我还是喜欢和孩子们游戏,在游戏中见证孩子们的成长。见证教师们的成长更像是一种行政的工作,但是教师们成长后,感动欣慰也就涌上心头了"。鲁洁先生曾经提出,"育人是教育的原点",孙喜亭先生说得更加明确,"教育的本质就是育人"。W 园长的这种教师信念是 W 园长专业成长的内在保证。

多渠道培养教师群体的教师信念是教师专业成长的道路,主要包括:提升教师待遇,不仅仅是教师薪资待遇,更为关键的是提升幼儿教师在社会群体中的社会地位;为提升幼儿教师在社会群体中的社会地位,更要提高幼儿教师专业水平,包括要求教师进行职前专业学习与严格把控入岗教师的水平。而更为重要的是幼儿教师对自身职业的认可,在专业学习的过程中丰富"爱孩子"的内涵,逐步从"爱孩子"的品质过渡到"培养人"的使命感上。

2. 高质量的培训活动是园长专业成长的外在保障

W 园长专业成长的过程中,高质量的培训活动是其专业成长的外在保障。W 园长回忆,"21 世纪初,陕西省选派我代表陕西省参与亚洲幼教年会(APEAC),奔赴香港进行为期 20 天的学习,这段时间的学习在我专业成长中极为重要,它在一定程度上改变了我对学前教育的看法。"

为了保障培训活动的质量,国家首先要确立标准,规定满足相应条件才可担任培训讲师;其次幼儿园内部要积极同高校开展合作,请专家入园指导,而不是一味地等待外部的培训活动;最后要高度重视"名师工作室"的作用,幼儿园要以名师工作室为依托,或展开"名校+"活动,密切区域联系,重视网上学习。

3. 融洽的园所氛围是园长专业成长的环境支撑

W 园长回忆入园生活时,提到融洽的群体氛围是园长专业成长过程中极其重要的因素。多方面营造融洽的园所氛围就是为园长专业成长提供环境支撑。

以共同生活构建教师群体的归属感,以权变的管理方式营造园所的民主氛围,内外兼修,共促成长。所谓共同生活构建教师群体的归属感是指教师群体共同组织或参与活动,包括但不限于迎接示范园的验收,共同改造环境以及参加团队建设等,在共同生活中相互体谅、共同成长;权变的管理方式一方面减轻了园长的工作负担,大家能做的大家一起讨论做,大家不能做的由园长承担做,另一方面也能让教师们觉得"我的声音被园长听到了",从而产生归属感与认可感,从而有助于提升园长的管理能力,提高教师队伍的协同性。

4. 以赛促成长、科研促成长是园长专业成长的途径

W 园长讲她的成长故事是"一路比赛比过来的",相较现在提到的师徒对接、专家入园指导等,以赛促成长是园长专业成长的一种途径,这种方法可以促使教师极快地获得专业成长,也使教师在比赛过程中体验到园所文化。

以赛促成长中的比赛也可以换为平台,园长搭建平台让新手教师逐步成长,在平台中认识自己,获得专业认可。

以科研促成长是园长专业成长的必然途径。W 园长说:"我成立了名师工作室之后,很多人都来报名了,我知道科研很重要,但是如何科研,我要如何帮助这群想要加入工作室的教师们进行科研,这是我的问题,我不断思考。"W 园长邀请国内外知名专家如东北师范大学的王小英教授进行入园指导、开展线上培训,即便在 2020 年 X 幼儿园刚刚复工开学时,W 园长也要求"立刻开展结题计划",名师工作室的成员白天上班,晚上参与结题答辩,"四天内高效结束,教师们不理解我。她们认为时间太紧了。我认为不是这样的。科研是天天在做的,不是你一下子搞出来的,一下子搞出来的不是科研。平时科研要有拿出成果的意识。"以科研促成长,X 幼儿园优秀的师资团队就是这样锻炼出来的。

(二) 对本研究的思考

本次对叙事研究价值的反思主要集中在叙事研究推广价值或者是诠释价值这一类的实践维度,但是事实上,作为对个案成长故事的叙事,只是解释或者描写了这个故事中本人发生了什么,而不是这一类群体发生了什么。同样地,其推广的实践价值主要隐蔽于读者对这个专家型园长成长故事的兴趣以及读者的当下身份与发展趋势中。

当我们将叙事研究具体为力图讲好一位幼儿园园长专业化成长故事的时候,我们首先关注了幼儿园园长这一群体,那么这样就可以说是我们在叙述园长的微观的个体生活史,从而完善当下幼儿园园长具体形象的空缺;其次一段可读性较强的文字能够更好地唤起读者情绪,也可以帮助读者树立不同的榜样形象,这些都是有价值也是有必要的。

地方乡村定向师范生协同培养质量现状与提升建议

——基于成渝地区调查数据的分析

张　鹏　贾凤丽

[摘要] 地方乡村定向师范生培养是补充乡村教师、振兴乡村教育和促进城乡教育公平的有效途径。本研究以成渝地区15所高校652名乡村定向师范生为调查对象，探索地方乡村定向师范生协同培养质量的现状及其影响因子。研究结果发现，乡村定向师范生协同培养质量整体较高，但仍需高度关注；乡村定向师范生的"学习储备"是影响整体"乡村定向师范生协同培养质量"的关键因素。提升地方乡村定向师范生协同培养质量，须建立培养联盟，完善"共生型"育师机制；重构课程体系，增强"在地化"情境体验；提升专业认同，促发"能动性"学习动力。

[关键词] 乡村教育；地方乡村定向师范生；协同培养；质量因子；实证分析

基金项目：四川省哲学社会科学重点研究基地四川省教师教育研究中心2021年度课题"成渝双城协同下乡村教师培养质量的提升路径研究"（TER2021-036）。

作者简介：张鹏，甘肃陇西人，四川幼儿师范高等专科学校讲师，硕士，研究方向为教育管理、教师教育；贾凤丽，甘肃敦煌人，四川幼儿师范高等专科学校助教，研究方向为思想政治教育、教师专业发展。

一、问题提出

全面推进乡村振兴战略，整体提升乡村教育水平，培养高质量教师是关键。2021年4月29日第十三届全国人民代表大会常务委员会通过的《中华人民共和国乡村振兴促进法》明确要求："加大乡村教师培养力度，采取公费师范教育等方式吸引高等学校毕业生到乡村任教。"[1] 这是自2015年国务院办公厅印发《乡村教师支持计划（2015—2020年）》并实施以来，首次以立法形式凸显乡村教师培养重要性的文件。"乡村教师定向培养"政策实施以来，地方院校中出现了一类新生代群体——乡村定向师范生。该群体被赋予"本土化""一专多能""扎根农村""全科教师"等有别于普通师范生的身份"特权"[2]。作为新乡村教育时代乡村学校教育生态转向的相关利益群体，乡村定向师范生"肩负着提高乡村教育质量、推进乡村文化传承创新、引领乡村少年健康成长、支撑乡村治理现代化的时代重任"[3]。开展乡村定向师范生培养"有助于弥补乡村地区教师有效供给不足，更好实现城乡教育优质均衡发展"[4]。目前，学界对乡村定向师范生的研究主要聚焦于政策设计与实施效果[5][6]、职业认同与任教意愿[7][8][9]、违约风险及其治理[10][11]等。经梳理发现，已有文献的研究对象以教育部直属公

---

[1] 法规司. 中华人民共和国乡村振兴促进法［EB/OL］.（2021-05-07）［2022-12-20］. http://www.fgs.moa.gov.cn/flfg/202105/t20210507_6367254.htm.

[2] 刘铖，陈鹏. 乡村定向师范生的多重身份冲突：基于社会学制度主义的教育民族志研究［J］. 教育发展研究，2022（2）：18-27.

[3] 闵永祥，张鹏. 新生代乡村教师职业吸引力提升的困境与突围：基于社会互构论视角的阐释［J］. 现代中小学教育，2021（1）：61-67.

[4] 朱守信，程天君. 乡村定向师范生职业承诺的影响机制研究：基于计划行为理论框架［J］. 江苏高教，2022（11）：24-31.

[5] 王智超，杨颖秀. 地方免费师范生：政策分析及现状调查［J］. 教育研究，2018（5）：76-82.

[6] 李静美. 农村公费定向师范生"下得去、留得住"的内在逻辑［J］. 中国教育学刊，2020（12）：70-75.

[7] 李琼，赵江山，刘伟. "敬而远之"：场域理论视角下学前教育公费师范生的职业认同与从教选择［J］. 教育科学，2022（4）：67-74.

[8] 蒋蓉，李新，黄月胜，石慧. 地方师范院校公费师范生乡村小学从教意愿调查［J］. 教育研究与实验，2019（6）：29-34.

[9] 朱燕菲，王运来，吴东照. 类型化视角下地方公费定向师范生农村任教意愿的多维分析与对策审视［J］. 大学教育科学，2022（1）：64-71.

[10] 王清涛. 公费师范生违约风险及其治理：基于不完全契约理论的分析［J］. 教育发展研究，2019（Z2）：119-124.

[11] 张源源，薛芳芳. "前补偿"抑或"后激励"？：乡村振兴背景下定向师范生违约问题研究［J］. 华东师范大学学报（教育科学版），2022（6）：44-56.

费师范生和地方本科院校定向师范生居多，鲜有研究涵盖专科层次的乡村定向师范生，关注乡村定向师范生协同培养质量问题。

协同培养（或称之为"校企合作"）是产出高质量人才的"一种制度形式与工作方式"。值得一提的是，"U-S"（U 指高校 University，S 指中小学校 School）或"U-G-S"（U、S 同前，G 指政府 Government）共生性、一体化的协同育师机制给教师教育实践带来了显著成效[1]。有研究发现，"高质量的校企协同，不但有利于培养共同体成员所需的专业人才，还有助于提升各自的工作效能；低质量的校企协同，则可能诱发高失业率、理论与实践课程脱节、资源废置与盲目竞争等系列社会问题"[2]。"优师计划"背景下，开展地方乡村定向师范生培养更需要高质量的协同。协同培养质量因子可作为衡量乡村定向师范生协同培养质量高低的有效指标。相关研究发现，师范生协同培养质量与院校层面的专业人才培养模式[3]、专业准备充分度、课程设置、教学内容[4]、指导团队、激励机制、支持条件[5]等因素有关，师范生层面的报考动机、学习投入、从教选择[6]、实习经历[7]以及基地学校层面的机制保障[8]、资源依赖[9]、组织文化[10]等因子均与师范生协同培养质量有关，且诸因子的影响效果各不相同。综上分析，本研究从地方院校、乡村定向师范生和实践基地学校[11]三个层面研制问卷，以我国成渝

---

[1] 徐红. 成效·局限·改革："G-U-S"三位一体协同育师机制审思［J］. 河北师范大学学报（教育科学版），2023（1）：110-115.

[2] 李欢欢，黄瑾. 我国西部学前师范生协同培养质量与路径分析［J］. 教师教育研究，2019（2）：22-28.

[3] 罗碧琼，蒋良富，王日兴，吴晶，唐松林，龙献忠. 地方高校公费师范生培养模式创新：乡土意蕴与系统方法［J］. 大学教育科学，2019（6）：37-44.

[4] 葛欣，王冠男. 中芬师范生培养特色及其影响的比较：基于 TALIS 2018 数据的实证分析［J］. 全球教育展望，2020（8）：96-105.

[5] 植子伦，姜正国，唐松林. 服务于乡村教育振兴的公费师范生职业适应双因素研究［J］. 社会科学家，2021（11）：140-145，155.

[6] 朱燕菲，吴东照，王运来. 综合评价视域下地方乡村定向师范生培养的质量省思［J］. 中国教育学刊，2021，（12）：85-90.

[7] 曹珊. 基于教育实习的公费师范生从教信念培养［J］. 教育理论与实践，2020（31）：34-38.

[8] 张鹏君. 大学与中小学合作研究中"双向成长"的生发机制探究［J］. 教育科学研究，2021（1）：42-47.

[9] 鲍传友，李鑫. 从"局外人"到"局内人"：中小学教师参与"U-S"合作的角色困境及其转变［J］. 教育发展研究，2019（8）：73-78.

[10] 蔺海沣，张智慧，赵敏. 学校组织文化如何影响乡村青年教师留岗意愿：组织承诺的中介效应分析［J］. 教育研究，2021（8）：142-159.

[11] 本研究中的实践基地学校包括两类：县域以上优质小学、幼儿园和乡镇小学、幼儿园。参见：《教育部办公厅关于进一步做好"优师计划"师范生培养工作的通知》。

地区乡村定向师范生①为调查对象，探索地方乡村定向师范生协同培养质量的现状及其影响因子，以期为公费师范教育提供实证数据和多元对策。

二、研究设计

（一）研究对象

研究采用目的抽样和分层抽样方法，选取成渝地区本、专科院校的乡村定向师范生为调查对象。课题组通过多方支持最终确定15所调研高校，先后于2022年5月1日—6月15日、9月1日—9月30日通过"问卷星"平台发布正式问卷，共获得有效答卷652份。问卷调查样本情况如表1所示：女生599人（占91.9%）、男生53人（占8.1%）；农村学生544人（占83.4%）、城市学生108人（占16.6%）；专科院校学生500人（占76.7%）、本科院校学生152人（占23.3%）。同时，课题组编制了半结构式访谈提纲，对地方院校、实践基地学校的管理者和教师以及乡村定向师范生进行了个别或团体访谈（见表2），了解乡村教育现状与特点、乡村教师协同培养问题与建议等，以充实调研数据。

表1 问卷调查样本基本情况

项目属性	类别	人数	比例（%）
性别	男	53	8.1
	女	599	91.9
生源地	城市	108	16.6
	农村	544	83.4
院校性质	本科	152	23.3
	专科	500	76.7

---

① 本研究中的乡村定向师范生是指地方本、专院校中学前教育专业和小学教育专业面向农村地区小学和幼儿园开展定向招生、定向培养和定向就业的师范生群体（含公费教育师范生、"优师计划"师范生、"全科计划"师范生）。为行文方便，文中将其统称为"乡村定向师范生"。

表 2 访谈对象基本情况

项目属性	编号	性别	身份
地方院校	G$_1$	男	教学副院长
	G$_2$	女	教学副院长
	G$_3$	女	学前教育专业教师
	G$_4$	男	小学教育专业负责人
	G$_5$	女	小学教育专业教师
实践基地学校	J$_1$	女	幼儿园园长
	J$_2$	女	幼儿园主班教师
	J$_3$	男	小学副校长
	J$_4$	男	小学年级主任
	J$_5$	女	小学年级主任
	J$_6$	女	幼儿园教师（乡村定向师范生教师）
	J$_7$	女	语文教师（乡村定向师范生教师）
	J$_8$	男	数学教师（乡村定向师范生教师）
	J$_9$	男	体育教师（乡村定向师范生教师）
乡村定向师范生	S$_1$	女	学前教育专业 大二
	S$_2$	女	学前教育专业 大四
	S$_3$	女	学前教育专业 大二（专科）
	S$_4$	女	学前教育专业 大三（专科）
	S$_5$	男	小学教育专业 大一（专科）
	S$_6$	男	小学教育专业 大二（专科）
	S$_7$	女	小学教育专业 大三（专科）
	S$_8$	女	小学教育专业 大三（专科）
	S$_9$	男	小学教育专业 大四
	S$_{10}$	女	小学教育专业 大四

（二）研究工具

本研究在借鉴《美国"卓越教师培养项目"质量评价报告》评估指标[1]和参照

---

[1] 付淑琼. 多方协同：美国"卓越教师培养项目"的质量评价机制[J]. 教育研究，2016（4）：146-152.

《我国西部学前师范生协同培养质量评估工具》质量因子①的基础上，编制了《乡村定向师范生协同培养质量现状调查问卷》。调查问卷包含基本信息和协同培养质量两部分：第一部分基本信息，共3个题项，包括性别、生源地和院校性质。第二部分协同培养质量涉及3个层面：地方院校层面，包括专业准备和环境支持，如人才培养模式、课程设置、学业指导、协同活动开展、协同部门设置等；乡村定向师范生层面，包括学习储备和教育实践，如专业知识与技能、课程理解、知识技能转化、实习计划、从教意愿等；实践基地学校层面，即协同实践行为，如实践制度设计、合作模式、实践导师胜任力等。本部分共设21个题项，量表采用李克特五点计分法，均为反向题，从"完全符合"到"完全不符合"分别设置1至5分，得分越低，协同培养质量越高。

（三）变量说明及数据处理

1. 因变量

本研究的因变量即乡村定向师范生协同培养质量。

2. 解释变量

本研究的解释变量即影响乡村定向师范生协同培养的质量因子，包含地方院校层面的专业准备和环境支持、乡村定向师范生层面的学习储备和教育实践、实践基地学校层面的协同实践行为。

（1）地方院校层面的协同培养质量因子。专业准备因子围绕人才培养模式、课程设置、学业指导等共设置了5个题项。检验发现题项的内部一致性 Cronbach's α 系数为 0.884，样本适合性检验（KMO）值为 0.862，巴特利特球形检验（Bartlett）值达到显著性水平（$p=0.000$）。环境支持因子围绕协同项目支持、协同活动开展、协同导师配备等共设置了4个题项。检验发现题项的内部一致性 Cronbach's α 值为 0.898，样本适合性检验（KMO）值为 0.826，巴特利特球形检验（Bartlett）值达到显著性水平（$p=0.000$）。因此，地方院校层面的协同培养质量因子具有良好的信度。

（2）乡村定向师范生层面的协同培养质量因子。学习储备因子围绕专业知识与技能、课程理解、知识技能转化共设置了3个题项。检验发现题项的内部一致性

---

① 该评估工具中将校企协同培养的质量因子归类为五个，即"高校的学前专业准备""高校的学前协同环境支持""学生的企业教育实践""企业的协同实践行为""学生的高校学习储备"，且与《美国"卓越教师培养项目"质量评价报告》中的质量指标一致。该评估工具的信度和效度值分别为 0.94、0.93，具有良好的工具测量特征。参见：彭红超，李欢欢. 我国西部学前师范生协同培养质量评估工具编制与现状分析[J]. 重庆高教研究，2019（6）：70-80.

Cronbach's α 系数为 0.900，样本适合性检验（KMO）值为 0.751，巴特利特球形检验（Bartlett）值达到显著性水平（p=0.000）。教育实践因子围绕实习计划、与实践导师合作、从教意愿等共设置了 4 个题项。检验发现题项的内部一致性 Cronbach's α 值为 0.853，样本适合性检验（KMO）值为 0.802，巴特利特球形检验（Bartlett）值达到显著性水平（p=0.000）。因此，乡村定向师范生层面的协同培养质量因子具有良好的信度。

（3）实践基地学校层面的协同培养质量因子。协同实践行为因子围绕实践培训、协作模式、实践考核等共设置了 4 个题项。检验发现题项的内部一致性 Cronbach's α 值为 0.925，样本适合性检验（KMO）值为 0.849，巴特利特球形检验（Bartlett）值达到显著性水平（p=0.000）。因此，实践基地学校层面的协同培养质量因子具有良好的信度。

3. 数据处理

本研究采用 SPSS 22.0 对调查数据进行统计分析。相关变量及其描述性统计分析如表 3 所示。

表 3 相关变量说明及描述性统计分析

		连续变量	变量定义	均值	标准差	Cronbach's α	KMO	Bartlett
质量因子		协同培养质量	完全符合=1，符合=2，不确定=3，不符合=4，完全不符合=5	3.85	0.77	——	——	——
地方院校层面	专业准备	人才培养模式	完全符合=1，符合=2，不确定=3，不符合=4，完全不符合=5	4.02	0.69	0.884	0.862	0.000
		课程设置		3.97	0.74			
		教学内容		3.85	0.83			
		教育师资		3.98	0.76			
		学业指导		4.02	0.68			
	环境支持	协同项目支持	完全符合=1，符合=2，不确定=3，不符合=4，完全不符合=5	3.88	0.74	0.898	0.826	0.000
		协同活动开展		3.95	0.71			
		协同导师配备		3.97	0.72			
		协同部门设置		3.93	0.72			

续表

		连续变量	变量定义	均值	标准差	Cronbach's α	KMO	Bartlett
乡村定向师范生层面	学习储备	专业知识与技能	完全符合＝1，符合＝2，不确定＝3，不符合＝4，完全不符合＝5	3.76	0.79	0.900	0.751	0.000
		课程理解		3.83	0.74			
		知识技能转化		3.75	0.77			
	教育实践	实习计划	完全符合＝1，符合＝2，不确定＝3，不符合＝4，完全不符合＝5	3.95	0.69	0.853	0.802	0.000
		提前了解基地校信息		3.74	0.82			
		与实践导师合作		3.87	0.70			
		从教意愿		4.00	0.68			
实践基地学校层面	协同实践行为	实践培训	完全符合＝1，符合＝2，不确定＝3，不符合＝4，完全不符合＝5	3.93	0.72	0.925	0.849	0.000
		协作模式		3.91	0.71			
		实践导师胜任力		3.97	0.67			
		实践考核		3.94	0.71			

三、结果与分析

研究对"专业准备""环境支持""学习储备""教育实践""协同实践行为"五因子各题项和"乡村定向师范生协同培养质量"总量表进行反向计分后，确定乡村定向师范生协同培养质量因子三阶段水平得分，即高水平（"完全符合"与"符合"的总得分）、中等水平（"不确定"的总得分）和低水平（"完全不符合"与"不符合"的总得分）（见表4）。由表4可知，"乡村定向师范生协同培养质量"的得分为3.85±0.77，各因子得分均值从高到低排序依次为"专业准备"（3.97±0.74）、"协同实践行为"（3.94±0.70）、"环境支持"（3.93±0.72）、"教育实践"（3.89±0.72）、"学习储备"（3.78±0.77）。这表明，乡村定向师范生协同培养质量总体较高，影响乡村定向师范生协同培养质量的五个因子均处于中等偏上水平，但有差异。

进一步分析发现，"专业准备""环境支持""教育实践""协同实践行为"四个因子在高水平的得分均趋近或超过80%，而"学习储备"（70.86%）和"乡村定向师范生协同培养质量"（74.39%）在高水平的比例均较低，且"学习储备"因子在高水平的比例最小，在低水平的比例最大。由此表明，乡村定向师范生在高校的"学习储备"是造成"乡村定向师范生协同培养质量"总体不高的关键因子。

表 4　乡村定向师范生协同培养质量因子三阶段水平统计分析

质量因子		均值	标准差	三阶段水平得分 [$n=652$, 均值（百分比）]		
				高水平	中等水平	低水平
地方院校层面	专业准备	3.97	0.74	1.77 (80.25)	3 (14.42)	4.23 (4.42)
	环境支持	3.93	0.72	1.77 (78.64)	3 (17.98)	4.17 (3.37)
乡村定向师范生层面	学习储备	3.78	0.77	1.80 (70.86)	3 (22.90)	4.07 (6.24)
	教育实践	3.89	0.72	1.80 (78.07)	3 (17.41)	4.13 (4.52)
实践基地学校层面	协同实践行为	3.94	0.70	1.79 (81.29)	3 (15.34)	4.26 (3.37)
乡村定向师范生协同培养质量		3.85	0.77	1.78 (74.39)	3 (21.17)	4.28 (4.44)

（一）地方院校层面协同培养质量分析

如图 1 所示，"专业准备"因子对应的 5 个指标得分均值由高到低排序为：人才培养模式（4.02）、学业指导（4.02）、教育师资（3.98）、课程设置（3.97）、教学内容（3.85）。对 G_1 和 G_4 访谈得知，地方高校没有专门的乡村定向师范生培养方案，培养目标定位不够精准、比较笼统，如培养县域教师或高素质小学教师等；G_5 谈到课程内容理论性强，但对基础教育教学关注不够，应开设乡村教育类课程，并规定学生应到乡村学校见习和实习。乡村教师培养与乡村教育实际连接不够紧密，是"专业准备"质量不高的主要原因。

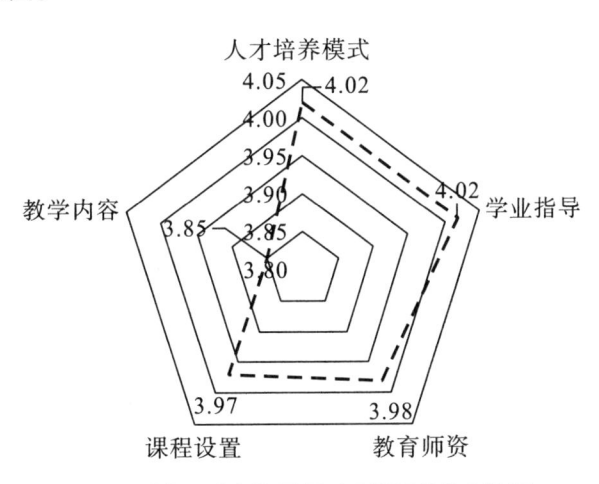

图 1　"专业准备"因子对应指标均值雷达图

如图 2 所示，"环境支持"因子对应的 4 个指标得分均值由高到低排序为：协同导师配备（3.97）、协同活动开展（3.95）、协同部门设置（3.93）、协同项目支持（3.88）。访谈中，当被问及"专业支持高校教师与一线教师联合申报教研项目情况"

时，G3 认为"专业非常支持教师的教学与科研，但由于项目本身倚重于理念引领和理论研究，与一线教师也只是简单的课题合作"；访谈对象中超 50% 的幼儿园、小学教师对联合攻克项目表示不太乐观。"协同项目支持"力度不够是地方院校"环境支持"质量不高的主要原因。

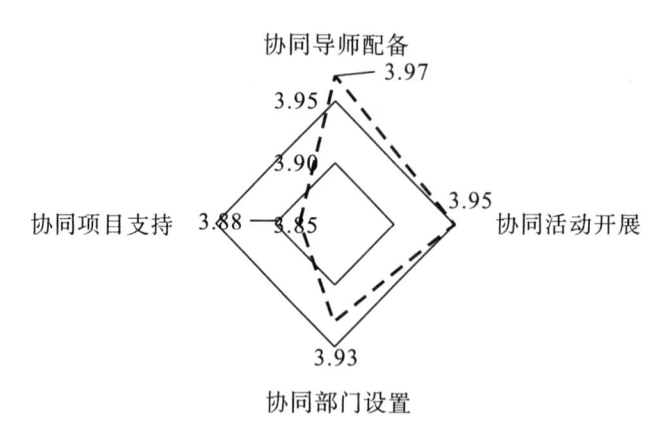

图 2 "环境支持"因子对应指标均值雷达图

（二）乡村定向师范生层面协同培养质量分析

如图 3 所示，"学习储备"因子对应的 3 个指标得分均值由高到低排序为：课程理解（3.83）、专业知识与技能（3.76）、知识技能转化（3.75）。问卷调查结果显示，对于"我认为自己具备了专业知识技能活学活用的能力"，认为"不确定"的师范生占 25.7%，"完全符合"的仅占 13.3%。访谈中，一方面，S_1、S_7 均反映实践以"观摩"为主，"助教"的机会很少，更别说"试教"和"顶岗"了，见习集中安排在城里学校，实习都是分散的；S_2、S_9、S_{10} 则反映大一至大三分别开展为期 2 周或 3 周的"见习""助教""试教"，这些均安排在城区优质学校，大四第一学期安排到农村学校"顶岗"。另一方面，S_4 反映"我们是回去有岗有编的，学习动力就不像一开始想象的那么足，能顺利毕业就行"；S_6 则反映"由于是被国家政策安排的，还是农村来的，原以为学校很重视，结果反而不如普通师范生受重视"。对比发现，乡村定向师范生的专业学习期待和专业学习认同不高、教育实践安排不合理以及"差别对待"现象是"学习储备"质量不高的主要原因。

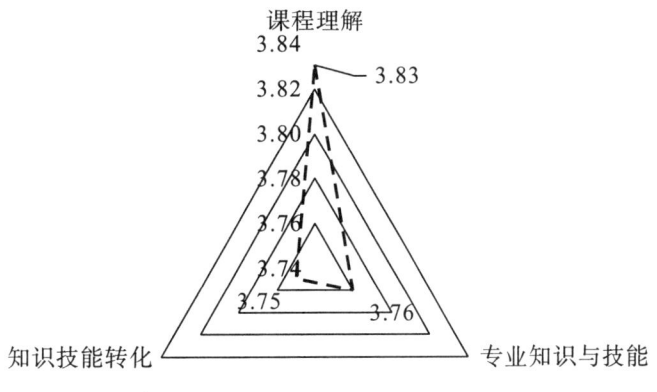

图3 "学习储备"因子对应指标均值雷达图

如图4所示,"教育实践"因子对应的4个指标得分均值由高到低排序为:从教意愿(4.00)、实习计划(3.95)、与实践导师合作(3.87)、提前了解基地校信息(3.74)。"提前了解基地校信息"的均值最低。访谈中,S_3和S_5均反映"我们毕业后不用考编,直接回生源地当老师,根本就没必要去关注"。S_4、S_7、S_8反映"有岗有编,学习动力就不像一开始想象的那么足,能顺利毕业就行""学校对实习的安排不妥,时间间隔太久,就算想用什么知识都忘了""大多时候实习指导马马虎虎,往往难以获得有效信息"等。由此可见,乡村定向师范生的专业学习认知较低、实践教学安排不当、教师指导不够等,导致"教育实践"的协同质量不高。

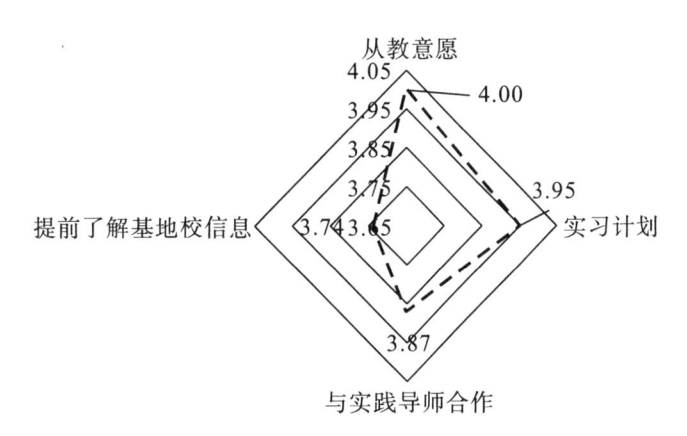

图4 "教育实践"因子对应指标均值雷达图

(三) 实践基地学校层面协同培养质量分析

如图5所示,"协同实践行为"因子对应的4个指标得分均值由高到低排序为:实践导师胜任力(3.97)、实践考核(3.94)、实践培训(3.93)、协作模式(3.91)。从访谈得知,成渝地区有一批基地学校与地方高校的合作属于"卓越型"的,如J_1、J_6

就职学校均为"成渝地区学前教育协同创新发展联盟"的成员单位,着力在人才培养、教研科研、师资培养培训、建设示范基地学校、搭建学前教育信息平台、探索体制机制创新等方面协同创新;J_3、J_4就职学校均为"成渝地区双城经济圈教师教育协同创新发展联盟"的成员单位,聚焦于重大项目联合实施、示范实践基地建设、师范生培养质量提升、教师专业成长、资源共建共享、教师教育研究等重点任务以推动教师教育改革创新;J_2、J_5认为与地方高校的合作属于"协议型"的,主要以"意向协议"的形式就见习、实习、顶岗支教工作开展紧密合作;J_8和J_9则认为,与地方高校的合作属于"游离型"的,在合作过程中,感到比较困惑的是高校对师范生实习的具体要求不明确,缺乏专门人员沟通对接,造成实践基地学校与院校沟通不畅、信息不对称,进而导致实践基地学校"协同实践"的积极性不够高。

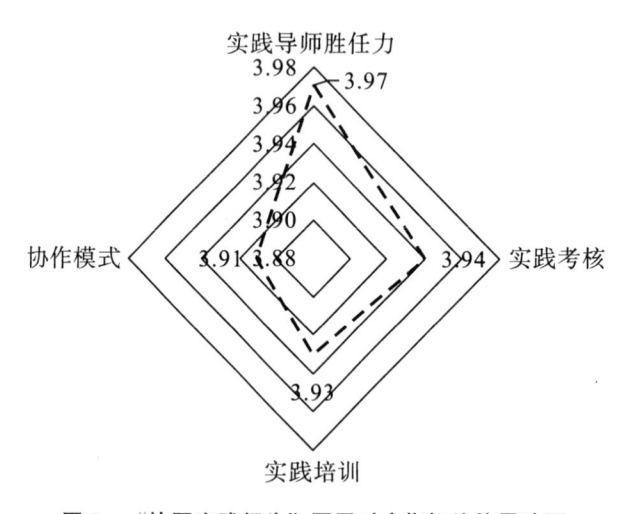

图5 "协同实践行为"因子对应指标均值雷达图

四、结论与建议

(一) 研究结论

1. 乡村定向师范生协同培养质量整体较高,但仍需高度关注

研究结果表明,当前地方乡村定向师范生协同培养质量总体均值为3.85(大于3.00),标准差为0.77,处于中等偏上水平。对地方乡村定向师范生协同培养质量满意度的调查结果显示,16.4%的师范生认为"完全符合",58%的师范生认为"符合",3.2%的师范生认为"不符合",1.2%的师范生认为"完全不符合"。但是,仍有

21.2%的师范生对协同培养质量"不确定"。因此,仍需高度关注乡村定向师范生协同培养质量。

2. 乡村定向师范生的"学习储备"是影响整体协同培养质量的关键原因

经协同培养质量因子三阶段水平分析,发现影响地方乡村定向师范生协同培养质量的五因子均处于中等偏上水平。但是,"学习储备"因子在高水平的比例最小、在低水平的比例最大,是影响整体"乡村定向师范生协同培养质量"的关键因素。此外,地方院校层面的"教学内容"和"协同项目支持"得分最低,乡村定向师范生层面的"专业知识与技能""知识技能转化""提前了解基地校信息"得分最低,实践基地学校层面的"协作模式"得分最低。

(二) 改进建议

基于调查数据的研究结论,建议从如下方面提升地方乡村定向师范生协同培养质量:

1. 建立培养联盟,完善"共生型"育师机制

研究发现,地方院校层面的"专业准备""环境支持"因子中"教学内容"和"协同项目支持"是"专业准备"和"环境支持"协同培养质量不高的重要原因;实践基地学校层面"协同实践行为"因子中"协作模式"是实践基地学校"协同实践行为"质量不高的重要原因。结合访谈得知,原因大致如下:一方面,高校的课程教学内容、教科研项目重理念引领和理论研究,对基础教育实践关注度不够,与一线教师合作力度不足,与乡村教育联结不够紧密等;另一方面,与以"培养联盟"形式为主的追求"卓越型"的高校与小学和幼儿园之间的合作不同,"协议型"和"游离型"的合作仅限于教育见习、实习和简单的课题,且"游离型"的合作往往因院校对师范生实践任务的要求不明确、缺乏专门人员的沟通对接等原因,造成基地学校协同实践积极性不高。为此,应建立乡村定向师范生协同培养的"教师教育联盟",协同为乡村学校造就一批"四有"好老师和振兴乡村教育的"大先生"。

乡村定向师范生协同培养的"教师教育联盟"是一种由区县政府(G)、地方院校(U)、城市优质学校(S)和农村薄弱学校(S)联合组建,坚持"需求导向、协同创新、融合开放、共生发展"理念,以促进形成乡村定向师范生专业知识技能习得、教师专业生命成长为核心的"GUSS"四位一体的人才培养机制。依托"GUSS 教师教育联盟",联盟学校以为乡村学校培养合格师资为共同愿景,推进乡村定向师范生培养协同提质行动。一是地方院校为乡村定向师范生培养协同提质行动搭建合作平台。地方

院校应融合"互联网＋"、大数据、人工智能等现代信息技术，搭建根植乡村教育场域的智慧教育平台、情境体验平台、实践育人平台、互动研修平台等，分阶段、分类别、线上线下与联盟学校开展"实质性合作"活动，如远程观摩、模拟教学、场景体验、教育实践、成果展评等，提升乡村定向师范生的专业素养。二是地方院校教师为乡村定向师范生培养协同提质行动找到实践源头。地方院校教师要充分利用搭建的GUSS协同育人平台，实时关注基础教育政策法规和前沿动向，教育教学要观照基础教育实践并进入基础教育实践场域，"从高师院校和高师课堂的'这里'，进入小学、幼儿园课堂的'那里'，了解基础教育的课堂真正发生了什么，课堂情境、课堂环境、人际关系都存在哪些困境。再回到'这里'，学会用生成性的思维方式从动态的教育实践中获得精神的滋养，形成新的理论，吸收实践工作者的实践智慧，对经典的案例和经验进行概括和提炼，使其上升到理论的高度，形成并丰富教育理论，并基于这些理论深化改革自己的课堂教学"[①]。三是地方院校教师与小学、幼儿园的一线教师建立起持久而深入的合作关系，共同研究基础教育、教师专业发展、课程教学、合作实践等，打造学习共同体、教研共同体和实践共同体，使育人合作由"共存"状态转向"共生"样态，为乡村定向师范生培养协同提质行动提供不竭的智慧之源与盟友支持。

2. 重构课程体系，增强"在地化"情境体验

研究发现，乡村定向师范生层面的"学习储备"是影响整体"乡村定向师范生协同培养质量"的关键原因。"学习储备"因子中"专业知识与技能"和"知识技能转化"欠缺是造成"学习储备"质量不高的主要原因。访谈得知，一方面，培养方案定位不准确，课程设置不尽合理，缺乏对"地方"的观照[②]；另一方面，乡村定向师范生的教育实践安排不尽合理，指导欠缺，效果甚微。见习实习大多集中在城区学校而非乡村学校，专科院校乡村定向师范生培养实践中课程学习力、专业素养习得与转化能力非常欠缺。对此，"在地化"教育方式可以为破解该难题提供借鉴意义。

"在地化教育"作为解决新时代乡村教育潜藏性危机和实现乡村教育可持续发展的一种教育理念与发展策略而倍受推崇。"在地化教育理念即扎根当地特有的历史、环境、文化、经济、文学、艺术等，进而强调当地社区为学习提供环境，社区成员在教学的各个方面提供资源，充当合作伙伴。"[③] 乡村定向师范生培养应秉持在地化教育理

---

① 邱芳婷，龙宝新. 面向强师计划的高师教学提质行动方略［J］. 南京社会科学，2022（6）：137-145.
② 郭芳. 公费师范生培养的"地方性"价值取向研究［J］. 教师教育研究，2022（4）：39-44.
③ 汪明杰. 在地化教学：教育生态化转型的支点［J］. 世界教育信息，2018（12）：13-16，24.

念并有效实施。为此，在目标定位上，应坚守"基于乡村、关于乡村、为了乡村"的从教初心，定位于培养适应乡村学校的"一专多能"型教师；在培养规格上突出"崇高的乡土教育情怀、宽厚扎实的知识基础、全面综合的育人能力"等专业核心素养[①]；在课程内容上，合理设置通识教育课程、学科专业课程、教师教育课程、教育实践课程、第二课堂课程五大课程模块，每一课程模块中以必修或选修形式，增开乡村振兴相关课程、跨学科课程、乡土教育专题课程等，夯实乡村定向师范生的专业知识基础；在教育策略上，基于"双导师制"的有益经验，一方面推行"双主体"教学，即由高校教师和小学、幼儿园的一线教师，融合应用人工智能、大数据等，以线上线下"双线混融教学"形式，将乡土元素及其关系植入教育教学过程，既帮助乡村定向师范生提升信息化教育教学能力，又使其获得在地化的社会情境体验，另一方面实行"双实践"制度，即覆盖城乡两种教学环境的教育实践制度安排，既要体验学习先进教育教学理念与方法，也要了解乡村教育现状、特点与规律，以强化乡村定向师范生从教的适应力。

3. 提升专业认同，兴发"能动性"学习动力

研究发现，乡村定向师范生层面的"学习储备"因子中的"课程理解"和"教育实践"因子中"提前了解基地校信息"是影响整体"乡村定向师范生协同培养质量"的关键因素。从访谈得知，一方面，"有编有岗"的利好政策和"顺利毕业"的消极无为态度，导致乡村定向师范生"专业学习期待"和"专业学习认知"式微；另一方面，学业指导欠缺和"差别对待"现象，导致乡村定向师范生"专业学习认同"式微。有研究发现，学习动力与提升乡村定向师范生的学业成就和培养质量呈显著正相关关系[②]。由此，需要充分发挥乡村定向师范生作为"行动者的能动性"和"跨界的能动者"的作用，赋能其学习，以促进乡村定向师范生的学习行为。一是完善政策机制，激发专业学习期待。"进退转换机制可以调整师范生表浅化、低质化的学习投入状态。"[③] 从政策设计初衷看，乡村定向师范生应向最需要的人倾斜，乡村定向师范生培养政策应力避"搭便车"的现象与行为。在乡村定向师范生职前培养过程中，地方院

---

① 教育部办公厅关于进一步做好"优师计划"师范生培养工作的通知[EB/OL].（2022-09-26）[2022-12-20].http://www.moe.gov.cn/srcsite/A10/s7011/202209/t20220930_666329.html.
② 周继良，匡永杨. 乡村定向师范生学习动力何以式微：来自焦点团体访谈及其编码的验证[J]. 教育发展研究，2022（Z2）：46-55.
③ 朱燕菲，吴东照，王运来. 综合评价视域下地方乡村定向师范生培养的质量省思[J]. 中国教育学刊，2021（12）：85-90.

校"既要强化师范生将个人理想与事业选择保持同一性、同步性,又要注意增强师范生履行社会责任、践行合约的担当意识"①。地方院校须设置淘汰机制,对乡村定向师范生学业水平进行动态监测,对低意愿、不适合的师范生及时清退,对学业不达标的师范生建议地方政府部门"施行暂缓工作分配、按照延期毕业处理"②,激发与提升他们的"专业学习期待"。二是加强学业引导,提升专业学习认知。"师范生的身份认同影响其学习动机与从教意愿,从而影响其身份行为。"③ 要提升专业认同,需要增强对乡村定向师范生的学业引导,通过"学校式惯习、组织承认、情感现场与情感标识等条件的耦合推动从'原生自主性受制'向'专业能动性释放'的辩证转化,造就'好学生'身份"④。唯有这样,才能真正厚植乡村定向师范生对乡村教育、乡村儿童、乡土文化的情怀,提升他们的"专业学习认知"。三是坚守有教无类,提高专业学习认同。培养院校及教师应秉持有教无类原则,勿将乡村定向师范生和普通师范生差别对待,给予他们同质的教学管理、学业指导和成长期望。一方面须健全乡村定向师范生培养工作机制,形成学校—学院—学系齐抓共管的工作局面,实行校(院)长学生接待日制度,定期与乡村定向师范生开展多方交流,增强乡村定向师范生的"被重视感"和"被认同感";另一方面须引导乡村定向师范生全面参与校内外组织的师范生教学能力大赛、创新创业训练计划、顶岗支教、大学生志愿服务等活动,逐渐消除对乡村定向师范生的"隐性歧视"及其产生的负面效应,以提高乡村定向师范生的专业学习认同。

---

① 钱军平. 从观念到行动:教师教育一体化的困境与出路[J]. 教师教育论坛,2015(9):19-25.
② 朱燕菲,吴东照,王运来. 综合评价视域下地方乡村定向师范生培养的质量省思[J]. 中国教育学刊,2021(12):85-90.
③ 肖维,蔡莉. 师范生身份认同的表征、困境及其纾解[J]. 黑龙江高教研究,2022(4):106-112.
④ 刘铖,陈鹏. 寻求"位育"的"辩证法":乡村定向师范生的"身份—能动性"探究[J]. 教师教育研究,2022(6):76-82.

师德师风建设的实践指向
——对"两意见一纲要"的分析

程雄飞　贺武华

[摘要] 由《关于全面深化新时代教师队伍建设改革的意见》《新时代公民道德建设实施纲要》《关于加强和改进新时代师德师风建设的意见》组成的"两意见一纲要"政策体系指明了师德师风建设的实践指向,师德师风建设要坚持"以'民''生'为中心"的基本立场与"中华优秀传统师德师风文化、习近平的殷切希望、党的初心使命"的基本要求,在"党的领导、理论继承、制度创新相统一"的重要保证下,以"国之大计、党之大计,教师教育高质量发展的内在要求"为发展定位,以"更好地服务于立德树人"为建设任务,按照"系统化、科学化地满足教师的精神需求和物质需求"的总体要求,实施"建立健全师德师风建设工作体系和工作机制"方略。

[关键词] 师德师风建设;实践指向;"两意见一纲要";马克思主义

作为评价教师队伍的第一标准,师德师风也是学校落实立德树人根本任务的关键。马克思主义经典作家和习近平等党和国家领导人都对师德师风建设做了相关论述。党的十八大以来,习近平围绕"培养什么人、怎样培养人、为谁培养人"等问题,聚焦师德师风建设的方向性、全局性、长效性课题,提出了一系列新观点、新思想,形成

基金项目:2021年国家哲学社会科学研究一般项目"习近平总书记关于教育重要论述的哲学基础研究"(21BKS017)。

作者简介:程雄飞,江西婺源人,南昌师范学院马克思主义学院讲师,博士。贺武华,江西吉安人,浙江财经大学马克思主义学院教授,院长。

了师德师风建设的重要论述。习近平关于师德师风建设的重要论述是习近平关于教育重要论述的重要组成部分，为发展马克思主义师德师风思想做出了原创性贡献。为贯彻习近平关于教育以及师德师风建设相关重要论述精神，党和国家在2018年出台了《关于全面深化新时代教师队伍建设改革的意见》（以下简称"意见一"），2019年出台了《新时代公民道德建设实施纲要》（以下简称"纲要"）和《关于加强和改进新时代师德师风建设的意见》（以下简称"意见二"）。"两意见一纲要"明确了师德师风建设的实践指向，主要体现在基本立场与基本要求、根本问题与重要保证、发展定位与建设任务、总体要求与实施方略八个方面，是党对师德师风建设规律的新认识，也是新时代加强师德师风建设、加强教师队伍建设、加快教育强国建设的行动指南。

一、 基本立场与基本要求

（一） 基本立场：以"民""生"为中心

中国共产党继承和发扬传统民本思想，以马列主义、毛泽东思想为根本指针，领导中国革命、改革和建设，推进中国特色社会主义各项事业不断前进。新时代以来坚持以人民为中心的根本执政理念，以人民为中心体现在教育方面就是办好人民满意的教育，而人民满意的教育在于要以学生为中心。一是以人民为中心。马克思主义最鲜明的品格是人民性，党的根本政治立场是人民立场，"造就党和人民满意的高素质专业化创新型教师队伍"（意见一），就要重视师德师风建设。以习近平为核心的党中央高度重视师德师风建设，把"三个牢固树立""四个相统一""四个引路人""四有好老师"等作为师德师风建设的新标准和新要求，这是对教师必须"以为人民服务为核心"（纲要）的一种境界提升。习近平在全国教育大会的讲话中指出要坚持以人民为中心发展教育。党的十九大报告也指出要"办好人民满意的教育"[①]。办好人民满意的教育是党始终不渝的重要执政目标，是新时代中国教育改革发展的根本问题。以人民为中心，办好人民满意的教育，深刻反映了习近平关于师德师风建设重要论述的根本价值追求，体现了师德师风建设的总体要求。广大人民群众日益增长的教育需要同教育不平衡不充分发展之间的矛盾依然存在，"人民对公平而有质量的教育的向往更加迫切"（意见

---

① 习近平. 决胜全面建成小康社会 夺取新时代中国特色社会主义伟大胜利：在中国共产党第十九次全国代表大会上的报告［M］. 北京：人民出版社，2017：45.

一），这对教师素质尤其是师德师风方面提出了更高要求。在市场经济条件下，师德师风建设面临许多新的挑战，部分教师师德师风方面的表现与广大人民群众对好老师的期待还存在一定差距。习近平关于师德师风建设的重要论述始终聚焦广大人民群众反映的师德师风问题，紧紧抓住广大人民群众最关心的利益问题，彰显了习近平以人民为中心的立场，体现了"坚持以人民为中心的发展思想"（意见一）。二是以学生为中心。教师的主要任务是教书育人，教书育人重心在于教师要像父母爱自己的孩子一样爱自己的学生，对学生充满仁爱，一方面要"以心育心、以德育德、以人格育人格。把握学生身心发展规律"（意见二），另一方面要"全面梳理教师在课堂教学、关爱学生、师生关系、学术研究、社会活动等方面的纪律要求"（意见二），做到严慈相济。习近平指出："做好老师，要有仁爱之心。教育是一门'仁而爱人'的事业，爱是教育的灵魂，没有爱就没有教育。好老师应该是仁师，没有爱心的人不可能成为好老师。"① 这种爱是一种伟大、神圣、无私的大爱。教师对学生要严爱相济，动之以情、晓之以理，让每一位学生在感受到公平中"亲其师""信其道"，享受成功的喜悦。同时，教师应该理解、宽容和尊重学生。习近平指出："好老师应该懂得既尊重学生，使学生充满自信、昂首挺胸，又通过尊重学生的言传身教教育学生尊重他人。"② 只有尊重学生，才能充分调动学生的积极性，提高教育教学效果。

（二）基本要求：中华优秀传统师德师风文化、习近平的殷切希望、党的初心使命

一是中华优秀师德师风文化。"中华传统美德是中华文化精髓，是道德建设的不竭源泉"（纲要），要"坚持在继承传统中创新发展，自觉传承中华传统美德"（纲要）。中华传统美德之一便是"师道尊严、尊师重教"的中华优秀师德师风文化，这是对教师"为师之道"的规定，为引导社会形成尊师重教的社会风尚起了示范作用。中华优秀传统师德师风文化以其独特的文化基因实现以"传统之师德师风"涵养"时代之师德师风"的动态转向，推动中华优秀传统师德师风文化在新时代的创新发展，为习近平关于师德师风建设重要论述提供文化滋养。习近平在阐述"经师"与"人师"的辩证关系时指出："要引导教师把教书育人和自我修养结合起来，做到以德立身、以德立

---

① 习近平. 做党和人民满意的好老师：同北京师范大学师生代表座谈时的讲话 [N]. 人民日报，2014-09-10（2）.
② 习近平. 做党和人民满意的好老师：同北京师范大学师生代表座谈时的讲话 [N]. 人民日报，2014-09-10（2）.

学、以德施教。"[1] 习近平将中华优秀传统师德师风文化作为师德师风建设的源头活水，要求教师不断提升道德修养，"传承中华优秀师道传统"（意见二），充分展现了习近平对中华优秀传统师德师风文化的高度重视。二是习近平的殷切希望。习近平在地方任职期间就重视师德师风建设，并身体力行。1985年，习近平在厦门任职，在厦门大学与青年教师座谈时，强调"年轻人做人做事要'注重细节'"[2]。1990年，习近平在福州工作，兼任闽江职业大学校长，他指出："从我开始不当挂名校领导，关心这个学校建设，应该及时解决具体问题。"[3] 同时，习近平重视学校教师的师德师风建设，指出"高尚的职业要有高尚情操的人来从事"[4]。2005年，习近平在浙江工作期间指出，要"建立健全以思想政治教育、教师职业道德教育、法制教育、心理健康教育为重点的师德师风教育机制，进一步完善师德评估体系"[5]，并亲自为杭州高校学生做报告，彰显了师者的初心使命。2007年，习近平在上海工作期间，强调要"大力营造尊师重教的社会氛围……努力让教师成为社会上最受尊敬、最令人向往的职业"[6]。可见，习近平重视师德师风建设是一以贯之的。三是党的初心使命。党的初心使命就是为中国人民谋幸福，为中华民族谋复兴。"广大教师牢记使命、不忘初衷"（意见一），师德师风建设的初心使命就是阐明党加强师德师风建设从哪里出发、往哪里走的问题。首先，立德树人是教育的根本任务，也是师德师风建设的要求，"要把立德树人的成效作为检验学校一切工作的根本标准"[7]，引导学生用大德铸魂、公德善心、私德润身，不忘立德树人初心。其次，要"开展'不忘初心、牢记使命'主题教育"（意见一），牢记为党育人、为国育才的使命，牢记师德师风建设与政治的关系，牢记师德师风建设的根本任务，牢记培养时代新人的新要求。从历史来看，师德师风建设中党的初心使命体现为党对师德师风建设的经验总结。抗战时期，毛泽东要求延安抗日军政大学师生"忠于党的教育事业"。社会主义革命和建设时期，毛泽东先后提出"要做人民的先生，先做人民的学生""又红又专"等思想，提升了教师的师德水平。改革开放时期，邓小平认为党和国家以及学校"应该热情地关心和帮助教师思想政治上的进

---

[1] 习近平. 在北京大学师生座谈会上的讲话［N］. 人民日报，2018-05-03（2）.
[2] 习近平与大学生朋友们［M］. 北京：中国青年出版社，2020：4.
[3] 习近平与大学生朋友们［M］. 北京：中国青年出版社，2020：5.
[4] 市五套班子领导走访慰问教师：辛苦了，光荣的人民教师［N］. 福州晚报，1994-09-09（1）.
[5] 习近平. 干在实处 走在前列：推进浙江新发展的思考与实践［M］. 北京：中共中央党校出版社，2018：306.
[6] 缪毅容. 制定措施吸引更多优秀人才当教师［N］. 解放日报，2007-09-07（1）.
[7] 习近平. 在北京大学师生座谈会上的讲话［N］. 人民日报，2018-05-03（2）.

步"①，并"希望广大教师努力在政治上、业务上不断提高，沿着又红又专的道路前进"②。将师德师风建设与专业发展融为一体。江泽民指出，"广大教师要率先垂范——志存高远、爱国敬业，为人师表、教书育人，严谨笃学、与时俱进"③，这为师德师风建设提供了价值遵循。胡锦涛指出，教师要"不断加强师德修养，把个人理想、本职工作与祖国发展、人民幸福紧密联系在一起"④，这为新时期师德师风建设提供了实践指导。党的十八大以来，以习近平同志为核心的党中央在继承党的师德师风建设经验基础上进行创新，提出"学校要把德育放在更加重要的位置，全面加强校风、师德建设"⑤，颁布实施一系列有关师德师风建设的政策及法律法规。

二、根本问题与重要保证

（一）根本问题："由谁培养人"是对"培养什么人、怎样培养人、为谁培养人"的追问

师德师风建设的问题关键在哪里？对此，胡锦涛曾指出："培养什么人、如何培养人，是中国社会主义教育事业发展中必须解决好的根本问题。"⑥ 对这一根本问题，笔者认为要在追问"培养什么人、怎样培养人、为谁培养人"的基础上，回答好"由谁培养人"的问题。一是"培养什么人、怎样培养人、为谁培养人"。习近平曾指出，"'高校培养什么样的人、如何培养人以及为谁培养人'是教育的根本问题"⑦。首先，这一表述全面阐释了新时代教育思想的精髓，提出检验学校教育教学工作的根本标准是立德树人的成效，要在理想信念、品德修养、综合素质、爱国主义、知识见识等方面构建全方位育人的体制机制。对于"怎样培养人"的问题，要通过"加强师德师风建设，引导教师以德立身、以德立学、以德施教、以德育德"（纲要），把"德"贯穿

---

① 邓小平. 邓小平文选：第2卷 [M]. 北京：人民出版社，1994：109.
② 中共中央文献研究室. 邓小平论教育 [M]. 3版. 北京：人民教育出版社，2014：72.
③ 江泽民. 江泽民文选 [M]. 人民出版社，2006：501-502.
④ 胡锦涛. 在全国优秀教师代表座谈会上的讲话 [N]. 人民日报，2007-09-01 (1).
⑤ 习近平. 从小积极培育和践行社会主义核心价值观：在北京市海淀区民族小学主持召开座谈会时的讲话 [N]. 人民日报，2014-05-31 (2).
⑥ 进一步加强和改进大学生思想政治教育工作 大力培养造就社会主义事业建设者和接班人 [N]. 人民日报，2005-01-19 (1).
⑦ 习近平. 把思想政治工作贯穿教育教学全过程 开创我国高等教育事业发展新局面 [N]. 人民日报，2016-12-09 (1).

于立身、立学、施教、育德全过程，即让有信仰的人讲信仰。其次，对"培养什么人"这一问题的思考，只能从人的规格和价值角度出发，培养"又红又专、德才兼备"的人，"培养德智体美全面发展的社会主义建设者和接班人"（意见一），"说具体了，就是培养社会发展、知识积累、文化传承、国家存续、制度运行所要求的人"①。对于"为谁培养人"的问题，党的二十大报告指出要"坚持为党育人，为国育才"②。再次，习近平在顺应新时代教育发展需要、借鉴并超越古往今来教育工作的经验教训基础上提出"为谁培养人"的问题，是对如何争夺青少年的思考，避免培养一些"'长着中国脸、不是中国心、没有中国情、缺少中国味'的人"③。在这一大是大非问题上，不能犯历史性错误。二是"由谁培养人"。"由谁培养人"这一问题实际上是在追问"何为教师"。"师者，所以传道授业解惑也"，教师是培养人的主体，"教师承担着传播知识、传播思想、传播真理的历史使命，肩负着塑造灵魂、塑造生命、塑造人的时代重任"（意见一）。习近平关于师德师风建设的重要论述在某种意义上也是对"由谁培养人"这一问题的回答，其实质是为师者以立德为本。为师者以立德为本要求教师立德垂范，在言行、生活、思想等方面为人师表、行为世范，"做有理想信念、有道德情操、有扎实学识、有仁爱之心的好老师"（纲要），给学生积极向上的影响，处处时时体现教师的职业道德。陶行知主张教师"一言、一行、一举、一动，都要修养到不愧为人之师表的地步"④。习近平在不同场合也曾多次提到为师者以立德为本的重要性，他认为教师要"自觉增强立德树人、教书育人的荣誉感和责任感，学为人师，行为世范，做学生健康成长的指导者和引路人"⑤，"师者为师亦为范，学高为师，德高为范"⑥，"教师不能只做传授书本知识的教书匠，而要成为塑造学生品格、品行、品位的'大先生'"⑦。可见，习近平对为师者以立德为本的论述深刻揭示了师德师风的本质和要求。师德师风不仅是教师的职业道德，也是教育教学内容和手段，贯穿教师的教育教学全

---

① 习近平. 在北京大学师生座谈会上的讲话［N］. 人民日报，2018-05-03（2）.
② 习近平. 高举中国特色社会主义伟大旗帜 为全面建设社会主义现代化国家而团结奋斗：在中国共产党第二十次全国代表大会上的报告［M］. 北京：人民出版社，2022：33.
③ 习近平. 论党的宣传思想工作［M］. 北京：中央文献出版社，2020：343.
④ 陶行知. 陶行知全集：第2卷［M］. 成都：四川教育出版社，1991：274.
⑤《习近平总书记系列重要讲话 精神学习解读》编写组. 习近平总书记系列讲话精神学习读本［M］. 北京：中共中央党校出版社，2013：223.
⑥ 习近平. 做党和人民满意的好老师：同北京师范大学师生代表座谈时的讲话［N］. 人民日报，2014-09-10（2）.
⑦ 习近平. 把思想政治工作贯穿教育教学全过程 开创我国高等教育事业发展新局面［N］. 人民日报，2016-12-09（1）.

过程。习近平把为师者以立德为本作为新时代教师的最重要标准，再次强调了师德师风对学生的重要影响。

（二）重要保证：党的领导、理论继承、制度创新相统一

党的领导是根本，理论继承是基础，制度创新是关键，三者统一于习近平关于师德师风建设的重要论述，是师德师风建设的重要保证。

一是党的领导。坚持党对教育事业的全面领导是习近平在全国教育大会上提出的"九个坚持"之一。习近平指出，"加强党对教育工作的全面领导，是办好教育的根本保证"①。师德师风建设是教育工作的重要组成部分，"加强党对教育工作的全面领导"（意见二），就要加强党对师德师风建设的全面领导。这种"全面"领导，就是在"'坚持党管干部、党管人才'原则"（意见二）下党政负责同志要关心、熟悉并研究师德师风建设，把党的教育方针贯彻到师德师风建设各个方面，"建立健全党委统一领导，部门各负其责的师德师风建设领导体制，形成落实党的领导纵到底、横到边、全覆盖的工作格局"②，确保思想统一、政治团结、行动一致，引导广大教师"以习近平新时代中国特色社会主义思想为指导，深入学习贯彻习近平总书记关于教育的重要论述和全国教育大会精神"（意见二）。

二是理论继承。习近平关于师德师风建设的重要论述继承了马克思主义教师队伍与师德师风建设思想，体现了师德师风建设的科学思维，是习近平新时代中国特色社会主义思想的重要组成部分并与之构成部分与整体的关系，因此，要"用习近平新时代中国特色社会主义思想武装教师头脑"（意见二）。首先，继承马克思主义教师队伍与师德师风建设思想。马克思、恩格斯、列宁等马克思主义经典作家关于职业理想、尊师重教等方面的论述，构成了马克思主义教师队伍建设的理论基石，是习近平关于师德师风建设重要论述的理论依据。在职业理想方面，马克思强调要选择"最能为人类而工作的职业"③。教师作为人类最伟大的灵魂工程师，正是一个为人类而工作的职业，使命光荣、责任重大。面对英国教师队伍低下的状况，恩格斯指出，某些人"只是为了生活才来当教师，大多数连自己也没有具备最必要的基本知识，缺乏教师所应

---

① 习近平. 坚持中国特色社会主义发展道路 培养德智体美劳全面发展的社会主义建设者和接班人[N]. 人民日报，2018-09-11（1）.
② 习近平. 论坚持党对一切工作的领导[M]. 北京：中央文献出版社，2019：278.
③ 韦冬，王小锡. 马克思主义经典作家论道德[M]. 北京：中国人民大学出版社，2017：486.

当具备的道德品质"[1]。教师的主要任务是培养人才,正如列宁指出的那样,"这就是你们在教育、培养和发动整个青年一代的事业中应当执行的任务"[2]。马克思主义经典作家揭示了教师在他们所处的资本主义社会得不到尊重的现象,马克思指出:"身为学者阶级中的无产者的学校教师从一个乡镇被赶到另一个乡镇,就像被追猎的野兽一样。"[3] 面对沙皇俄国教师恶劣的社会环境,列宁提出应尊师重教,希望国家"把他们当人看待,而不是把他们当做你们暂时需要的牲畜和工具"[4]。习近平关于师德师风建设重要论述的原创性贡献也得益于马克思主义经典作家在不同时期提出的师德师风建设思想。列宁指出:"在任何学校里,最重要的是课程的思想政治方向——任何监督、任何教学大纲等等,绝对不能改变由教学人员所决定的课程的方向。"[5] 毛泽东也强调:"没有正确的政治观点,就等于没有灵魂。"[6] 这说明师德师风建设的首要内容是坚持正确的政治方向。其次,习近平关于师德师风建设的重要论述体现了对科学思维的创造性运用。例如,他在教师行为规范、道德情操、理想信念方面提出要求,体现了系统思维方法,提出教师"既要精于'授业''解惑',更要以'传道'为责任和使命"[7],体现了辩证思维方法。另外,针对大中小学不同学段的教师提出的不同要求,体现了一切从实际出发的科学思维。

三是制度创新。师德师风建设要"把管理体制改革与机制创新作为突破口"(意见一),要"适应新时代变化,加强创新,推动师德师风建设工作不断深化"(意见二)。例如,要"建强教师党支部,使教师党支部成为涵养师德师风的重要平台"(意见二),创新家庭社会协同机制,"引导家庭、社会协同配合,推进师德师风建设工作制度化、常态化"(意见二)。师德师风建设要靠公平合理、具有可操作性的制度来保证。要严格遴选制度,注重道德考察,严格资格准入;要建立健全荣誉制度,"让广大教师在岗位上有幸福感、事业上有成就感、社会上有荣誉感"[8];要建立科学评价机制,坚持以德为先,全过程全方位考核;要建立责权利相统一的制度,实行师德一票否决制。

---

[1] 马克思,恩格斯. 马克思恩格斯全集:第 2 卷[M]. 北京:人民出版社,1957:395.
[2] 韦冬,王小锡. 马克思主义经典作家论道德[M]. 北京:中国人民大学出版社,2017:363.
[3] 马克思,恩格斯. 马克思恩格斯选集:第 1 卷[M]. 北京:人民出版社,2012:527.
[4] 列宁. 列宁全集:第 36 卷[M]. 北京:人民出版社,2017:207.
[5] 列宁. 列宁全集:第 45 卷[M]. 北京:人民出版社,1990.249.
[6] 毛泽东. 毛泽东文集:第 7 卷[M]. 北京:人民出版社,1999.226.
[7] 习近平. 做党和人民满意的好老师:同北京师范大学师生代表座谈时的讲话[N]. 人民日报,2014-09-10(2).
[8] 习近平. 全面贯彻落实党的教育方针 努力把我国基础教育越办越好[N]. 人民日报,2016-09-10.

三、发展定位与建设任务

(一) 发展定位：国之大计、党之大计，教师教育高质量发展的内在要求

一是国之大计、党之大计。"百年大计，教育为本；教育大计，教师为本"。习近平在全国教育大会上指出，"教育是国之大计、党之大计"①，而"国家繁荣、民族振兴、教育发展，需要我们大力培养造就一支师德高尚、业务精湛、结构合理、充满活力的高素质专业化教师队伍"②，这就标定了师德师风建设的发展定位，突出强调师德师风建设对国家、民族、社会、人民的重要性，肯定了师德师风建设的先导性、基础性、全局性地位，分析了师德师风建设面临的新问题、新任务。首先，"国之大计"是对师德师风建设经验的总结。师德师风建设不仅关乎教育强国建设和民族未来，更与办好人民满意的教育息息相关。从建设教育强国角度看，教师资源是建设教育强国的首要资源。加强师德师风建设将极大促进教育事业的发展，提高全民族素质，迈向人力资源强国，从而"加快教育现代化，建设教育强国"（意见一）。从办好人民满意的教育角度看，加强师德师风建设将极大地提高教师素质，培养出一批批让无数家庭满意的子女，提升人民的获得感、安全感和幸福感。为此，国家要加大投入，"财政部门要坚持将教师队伍建设作为教育投入重点予以优先保障，按规定统筹现有资金渠道支持师德师风建设"（意见二）。其次，"党之大计"也是习近平关于师德师风建设的新论断。"党之大计"进一步把师德师风建设摆在了极其重要的地位，把师德师风建设与党的前途命运紧密联系在一起。作为一个百年大党，必须后继有人，这是党长期执政的伟大战略过程。为此，以习近平为核心的党中央加强顶层设计，做出一系列部署，颁布实施了《中小学教师违反职业道德行为处理办法》《关于建立健全高校师德建设长效机制的意见》《新时代中小学教师职业行为十项准则》《关于高校师德失范行为处理的指导意见》《关于加强和改进新时代师德师风建设的意见》等政策文件，这对加强师德师风建设具有重要实践指导意义。

二是教师教育高质量发展的内在要求。党的二十大报告指出要"加快建设高质量

---

① 习近平. 坚持中国特色社会主义发展道路 培养德智体美劳全面发展的社会主义建设者和接班人[N]. 人民日报，2018-09-11 (1).

② 习近平. 做党和人民满意的好老师：同北京师范大学师生代表座谈时的讲话[N]. 人民日报，2014-09-10 (2).

教育体系"[1]，高质量教育体系建设关键在教师教育高质量发展。教师是立教之本、兴教之源，要"坚持教育优先发展战略，把教师工作置于教育事业发展的重点支持战略领域"（意见一）。习近平强调要"加强师德师风建设，培养高素质教师队伍"[2]，这是建设高质量教师教育体系的重要方面。习近平关于师德师风建设的重要论述，强调教师的职责在于立德以树人、教书与育人。他用"传道者""引路人""大先生"来定性教师职业，回答了师德师风建设在教师教育高质量发展中的地位，明确了教师教育高质量发展的要求。同时，教师教育高质量发展要取得成效，教师队伍素质要得到提高，关键在于建立健全相关评价标准体系，而"评价教师队伍素质的第一标准应该是师德师风"[3]。可见，以师德师风建设加强教师队伍建设，对推动教师教育高质量发展具有重要作用。

（二）建设任务：更好地服务于立德树人

"把立德树人的成效作为检验学校一切工作的根本标准"（意见二）实际上指出了要"将立德树人放在首要位置"（意见二），并且把立德树人贯穿学校教育全过程。习近平在党的十九大报告中强调："要全面贯彻党的教育方针，落实立德树人根本任务，发展素质教育，推进教育公平，培养德智体美全面发展的社会主义建设者和接班人。"[4] 习近平关于立德树人的论述为师德师风建设指明了方向，明确了任务。要把握好立德树人，就需要理解"立德"与"树人"的辩证关系，即：立德的方向是树人，树人的前提是立德，二者贯穿于师德师风建设的全过程。然而，教师要承担起立德树人的任务，首先要"立己德、树本人"。在师德师风建设中，"立什么样的己德""树什么样的本人"，是把握好师德师风建设更好地服务于立德树人方向的首要问题。

一是"立什么样的己德"。首先，教师要立"大德"。所谓"大德"，就是中华民族伟大复兴层面上的共产主义远大理想和中国特色社会主义共同理想。这一理想信念不坚定，师德师风建设就容易迷失方向。党自成立以来，就把共产主义作为奋斗目标，在改革和建设中，明确了中国特色社会主义共同理想。教师要在师德师风建设中做立

---

[1] 习近平. 高举中国特色社会主义伟大旗帜 为全面建设社会主义现代化国家而团结奋斗：在中国共产党第二十次全国代表大会上的报告 [M]. 北京：人民出版社，2022：34.
[2] 习近平. 决胜全面建成小康社会 夺取新时代中国特色社会主义伟大胜利：在中国共产党第十九次全国代表大会上的报告 [M]. 北京：人民出版社，2017：46.
[3] 习近平. 在北京大学师生座谈会上的讲话 [N]. 人民日报，2018-05-03（2）.
[4] 习近平. 决胜全面建成小康社会 夺取新时代中国特色社会主义伟大胜利：在中国共产党第十九次全国代表大会上的报告 [M]. 北京：人民出版社，2017：62.

"大德"的认同者、信仰者和实践者。其次,教师要立"公德"。所谓"公德",是指社会主义道德。教师所要立的社会主义道德包括在为人民服务意识的引导下,树立为教育服务、为学生服务的意识,以促进学生健康成长、全面发展为理念来思考如何立德树人的问题,也包括积极弘扬和践行社会主义核心价值观。这是新时代教师进步成长的必然选择,也是师德师风建设的重要途径。最后,教师要立"私德"。所谓"私德",就是个人的习惯、作风和品行。"道德之于个人、之于社会,都具有基础性意义,做人做事第一位的是崇德修身。"[①] 对教师个人而言,如果不搞好个人师德师风建设,就没有做好立德树人的根基和底气,就不可能赢得人民群众的满意和学生的信任。

二是"树什么样的本人"。立身、立学、施教是教师职业的三个方面。作为普通社会成员的教师,跟普通人一样,只有在社会中立好身,才能更好地生存发展,在此基础上再立好学,满足"学高为师"这一条件,最后施好教。加强师德师风建设,要引导教师"以德立身、以德立学、以德施教"。正如习近平指出的那样:"要加强师德师风建设——引导广大教师以德立身、以德立学、以德施教。"[②] 立德树人是学校的根本任务,要实现这一根本任务,教师重任在肩。因此,教师状况决定了立德树人的状况。习近平强调:"教师是人类灵魂的工程师,承担着神圣使命。"[③] 为此,要加强师德师风建设,使教师愿意承担起立德树人的任务,勇于肩负起立德树人的神圣使命,从而更好地服务于立德树人这一根本任务。

四、 总体要求与实施方略

(一) 总体要求: 系统化、科学化地满足教师的精神需求和物质需求

近几年来,"教师权益保障体系基本建立,教师安心、热心、舒心、静心从教的良好环境基本形成,师道尊严进一步提振。全社会对教师职业认同度加深,教师政治地位、社会地位、职业地位显著提高"(意见二)。但是也存在进一步提高的空间,例如,"教师特别是中小学教师职业吸引力不足,地位待遇有待提高"(意见一)。因此,要

[①] 中共中央文献研究室. 十八大以来重要文献选编 [M]. 北京:中央文献出版社,2016:7.
[②] 习近平. 把思想政治工作贯穿教育教学全过程 开创我国高等教育事业发展新局面 [N]. 人民日报,2016-12-09 (1).
[③] 习近平. 把思想政治工作贯穿教育教学全过程 开创我国高等教育事业发展新局面 [N]. 人民日报,2016-12-09 (1).

"把提高教师地位待遇作为真招实招"(意见一),继续"加大教师权益保护力度,倡导全社会尊师重教"(意见二),努力使得"待遇提升保障机制更加完善"(意见一)。

习近平从满足教师的精神需求和物质需求方面,系统化、科学化地提出了新时代加强师德师风建设的总体要求。

一是要多方面满足教师的精神需求。教师的精神需求包括责任感、荣誉感、认同感的获得,例如"健全教书育人楷模、模范教师、优秀教师等多元的教师荣誉表彰体系"(意见二),并"依法依规确定荣誉获得者享受的政治、生活待遇,加强对荣誉获得者后续支持服务"(意见二)。教师的职责是教书育人。教书是手段,要重视"书"的作用,教书能帮助教师提升责任感。育人是目的,育人的同时育己,可以帮助解决部分教师"缺乏教师所应当具备的道德品质"[①]的问题。同时,教师荣誉感和认同感的获得一部分也在于外界是否尊师重教。那么,如何满足教师的精神需求?首先,坚持教育培训与自我修养相统一。社会要"鼓励图书馆、博物馆、科技馆、体育场馆以及历史文化古迹和革命纪念馆(地)等对教师实行优待"(意见二)。习近平指出:"师德需要教育培养,更需要老师自我修养。"[②] 也即师德师风建设要用辩证统一思维来指导,坚持内外因相统一。一方面,要把教师理想信念、职业道德融入教育培养全过程,建立健全师德师风建设体系。另一方面,教师要以"三个牢固树立""四有好老师""四个引路人""四个相统一"加强自身修养的要求,在师德师风方面不断进行自我革新和自我提升。只有两方面形成合力,师德师风建设才能得以整体提升。其次,坚持制度建设与教育督导相统一。关于师德师风建设,习近平指出,"既要有严格制度规定,也要有日常教育督导"[③],还要"在全社会大力宣传和弘扬优秀教师的先进事迹和高尚品德"[④]。可见,加强师德师风建设除了教师要加强自身修养以外,还要加强制度体系建设、日常督导和模范宣传。

二是要满足教师的物质需求。师德师风建设既要重视教师的精神需求,也要关注教师的物质利益。马克思指出:"'思想'一旦离开'利益',就一定会使自己出丑。"[⑤] 邓小平也指出:"革命是在物质利益的基础上产生的,如果只讲牺牲精神,不讲物质利

---

① 马克思,恩格斯. 马克思恩格斯全集:第2卷[M]. 北京:人民出版社,1957:395.
② 习近平. 做党和人民满意的好老师:同北京师范大学师生代表座谈时的讲话[N]. 人民日报,2014-09-10(2).
③ 习近平. 在北京大学师生座谈会上的讲话[N]. 人民日报,2018-05-03(2).
④ 习近平. 做党和人民满意的好老师:同北京师范大学师生代表座谈时的讲话[N]. 人民日报,2014-09-10(2).
⑤ 马克思,恩格斯. 马克思恩格斯文集:第1卷[M]. 北京:人民出版社,2009:286.

益，那就是唯心论。"① 马克思和邓小平的这一论断充分体现了精神与物质的辩证关系。同时，思想政治教育中有一条重要原则，即解决思想问题与解决实际问题相结合的原则，而师德师风教育也是思想政治教育，因此，师德师风教育也要遵循这一原则。为此，习近平要求要"满腔热情关心教师，改善教师待遇，关心教师健康，维护教师权益"②。他在福建工作时就指出要"不断改善教师的工作、生活条件，提高广大教师的政治、经济待遇"③。

总之，只有教师的精神需求和物质需求都得到满足，才能最大限度地激发教师的主观能动性，为师德师风建设注入持久的动力。

（三）实施方略：建立健全师德师风建设工作体系和工作机制

"健全师德建设长效机制，推动师德建设常态化长效化"（意见一），是师德师风建设的必由之路。经过努力，要"基本建立起完备的师德师风建设制度体系和有效的师德师风建设长效机制"（意见二），包括"建立教师个人信用记录，完善诚信承诺和失信惩戒机制"，"建立惩戒失德行为常态化机制，形成扶正祛邪、惩恶扬善的社会风气"（纲要），等等。

一是建立健全师德师风建设中多元主体共同参与的工作体系。师德师风建设是一项涉及多元化利益主体的系统工程，涉及党和国家、全社会、学校、家庭、教师个人等多元化主体。在师德师风建设工作体系中，每一个主体都有与自己角色相关的任务。就党和国家而言，其主要任务是在各级各类学校建立健全教师党支部以及组织生活制度体系，"严格师德督导，建立多元监督体系"（意见二），支持教师参与师德师风建设方面的重大决策，维护教师正当权益，开展师德师风评比、宣传、推广等。教育行政主管部门要规范教师资格申请和认定工作，把好教师入口关，发挥党和国家在师德师风建设中的引领和主导作用。就社会而言，其主要任务是大力营造尊师重教的氛围，邀请师德师风突出的教师代表参加重大节日活动，提供"教师优先"服务等，"让教师真正成为最受社会尊重和令人羡慕的职业"④，发挥全社会在师德师风建设中的配合和

---

① 邓小平. 邓小平文选：第2卷 [M]. 北京：人民出版社，1994：146.
② 习近平. 做党和人民满意的好老师：同北京师范大学师生代表座谈时的讲话 [M]. 北京：人民出版社，2014：13.
③ 习近平. 把教育摆在先行官的位置 [N]. 闽东日报，2015-03-23（1）.
④ 习近平. 不忘立德树人初心 牢记为党育人为国育才使命 不断作出新的更大贡献 [EB/OL]. （2020-09-09）[2021-09-02]. http://www.xinhuanet.com/politics/leaders/2020-09/09/c_1126470939.htm.

辅助作用。就学校而言，其主要任务是建立健全教师引进和招聘制度体系，厚植校园师德师风文化，开展师德师风专题教育，严格师德师风考核，发挥其在师德师风建设中的主体作用，同时要"保障教师参与学校决策的民主权利"（意见二）。就家庭而言，一方面，由于师生之间是双向互动主体，师德师风也会受到学生、家长、家庭教育的影响。另一方面，家庭中有教师成员的，其他成员也会对师德师风产生影响。因此，其主要任务是抓好家庭教育，发挥家庭在师德师风建设中的配合作用。就教师个人而言，其主要任务是加强教师职业认同和师德师风自我修养，守好讲台主阵地，立好德、树好人。可见，多元主体间有主次之分，师德师风建设要多元主体间紧密配合、相互协作，确保"事权人权财权相统一的教师管理体制普遍建立"（意见一）。

二是建立健全师德师风建设的长效机制。师德师风的形成是一个复杂的、曲折的、长期的过程。一方面，师德师风建设中某个环节失效、某个领域失衡，就会导致师德师风建设成效显著下降。例如，师德师风建设监督体系失灵，社会监督体系松懈，会导致学校出现师德师风问题，再经过网络的传播、舆论的发酵，将会给师德师风建设带来不利影响。另一方面，任何忽视师德师风建设持续性的短视行为都可能导致师德师风建设工作的根基不稳。因此，建立健全师德师风建设的长效机制，首先就要在教师管理、教师培训以及学校的日常教育教学中，深化"四有好老师"教育，并将其制度化、常态化，其次要在社会建设、文化建设、法治建设中，融入师德师风建设中的政府监督、社会监测、行风监察等环节，"将各级各类学校师德师风建设长效机制落实情况作为对地方政府履行教育职责评价的重要测评内容"（意见二），提高师德师风建设的警惕性和自觉性，开创师德师风建设新格局。

总之，"两意见一纲要"提到的师德师风建设明确了基本立场与基本要求、根本问题与重要保证、发展定位与建设任务、总体要求与实施方略八个方面的实践指向，也蕴含着马克思主义经典作家和习近平等党和国家领导人关于师德师风建设相关论述的核心要义。这八个方面的实践指向立足党和国家教师教育工作的全局，对事关师德师风建设的方向性、全局性、长效性问题做了顶层设计，是马克思主义师德师风思想与中国师德师风建设实际相结合的最新成果，开辟了马克思主义师德师风思想中国化的新境界。学习领会"两意见一纲要"精神对于师德师风建设有着重要意义。

论中小学校本教研激励机制的建构

蒋士会　王琼　钟佳容

[摘要] 校本教研是学校个性化、特色性和创新性发展的重要途径，中小学校本教研激励机制对教师专业发展、学校教育质量提升以及校本教研实施具有重要意义。本文从物质激励、精神激励和动态激励三个维度入手，围绕校本教研激励建构这个核心，阐明中小学校本教研表层激励机制、深度激励机制和动态激励机制的建构体系。首先，物质奖励、职称评定、提拔重用等组成表层激励机制。其次，激发中小学教师生命价值意识，使其重建职业价值观、体验职业幸福感，培育中小学教师成为教研自觉、教研自主、教研自为、专业自主的研究者，即深度激励机制。最后，根据实际情况随时调整激励的方式与内容，激励由小至大，由浅入深，由量变到质变，逐渐提升激励的层级，让教师感受开展校本教研的快乐，建构起动态激励机制。

[关键词] 中小学；校本教研；物质激励机制；精神激励机制；动态激励机制

基金项目：广西教育科学十二五规划 2014 年度广西教育科学重点研究基地重大课题"广西基础教育课堂教学质量问题研究"（2014JD207）。

作者简介：蒋士会，广西全州人，广西师范大学教育学部教授，教育学博士，博士生导师，主要研究方向为课程与教学论；王琼，广西桂林人，广西师范大学教师教育学院教师；钟佳容，广西玉林人，广州大学教育学博士后，主要研究方向为课程与教学论。

在我国,"激励"一词最早出现在《资治通鉴》中。学者们对激励机制的研究最早可追溯到企业管理领域,随后才逐渐引入教育领域。近年来,中小学校本教研已成为教育热点。美国哈佛大学詹姆斯教授对人的激励问题做过专门研究,他指出,"如果没有激励,一个人的能力发挥只不过20%～30%;如果施以激励,一个人的能力则可发挥到80%～90%。"[①] 中小学校本教研激励机制对于教师专业化发展和教育质量的提高有不可低估的作用,是教育热点中的难点问题。研究发现,部分中小学校本教研激励机制缺失或者不完善,严重阻碍教师和学校发展。"管理基本原理表明,人的工作绩效是他的能力和激励水平(即积极性的高低)的乘积,用公式表示就是绩效＝能力×激励"[②],故而建构中小学校本教研激励机制具有必要性和迫切性。本文从物质激励、精神激励和动态激励三个维度,深入阐释中小学校本教研激励机制的建构问题,希望对教师校本教研动力提升、专业化发展和学校校本教研特色研发、持续有效地发展提供一些建议。

一、中小学校本教研表层激励机制是基础

校本教研的出现源于20世纪60年代的"教师即研究者"运动。2002年12月30日教育部颁发《教育部关于积极推进中小学评价与考试制度改革的通知》[③],标志着校本教研在我国正式诞生。为推动、促进中小学校积极致力于校本教研,建立长效、稳定的激励机制尤为重要。激励机制多种多样,表层激励机制作为中小学校本教研激励机制的基础,在中小学校本教研激励机制中起着重要且必要的作用。中小学校本教研表层激励机制即中小学校本教研物质激励机制,包括物质奖励、职称评定、提拔重用等。本文着重阐释物质奖励、职称评定和提拔重用这三种激励方式。

(一) 物质奖励

物质奖励是中小学校本教研表层激励机制的基础之基础。中小学教师是现实生活中有基本需要的一员,"物质需要是人类的第一需要,是人们从事一切社会活动的基本

---

① 贺志武. 正负激励机制在高校学生干部队伍管理中的应用 [J]. 新西部,2018 (20):121.
② 龙君伟. 校本人事:开发与管理 [M]. 广州:广东高等教育出版社,2002:140.
③ 中华人民共和国教育部. 教育部关于积极推进中小学评价与考试制度改革的通知 [EB/OL]. (2002-12-26) [2023-12-08]. http://www.gov.cn/gongbao/content/2003/content-62173.htm.

动因"[1]，只有在最基本的物质条件充足的情况下，激发教师的工作兴趣和热情才具有可能性和可行性。如果在物质条件匮乏的情况下一味地要求教师全身心地投入工作、开展校本教研，那是不切实际的。"薪酬待遇是物质激励的主要形式，也是最基本的激励手段。薪酬主要包括基本工资、津贴等，实行津贴激励可以设立岗位津贴、科研津贴、奖项津贴等"[2]，当然也有罚款等监督或惩罚制度对教师进行鞭策。"激励机制对组织的作用具有两种性质，即助长性和致弱性，也就是说，激励机制对组织具有助长作用和致弱作用。"[3]中小学校应充分发挥校本教研激励机制的助长作用，以便为学校的校本教研助力。如可以将校本研究活动作为教师的工作绩点，凡承担了校本研究尤其是学科校本研究任务的教师，按照负责人、执笔人、参与人不同职责，分别计以一定的工作量，并在年终奖金分配时予以兑现[4]。

（二）职称评定

职称评定是在中小学校本教研表层激励机制中的物质奖励基础之上的更深一层激励办法。"需要、动机、行为与外部刺激共同构成了激励的主要要素，需要是激励的基础与起点，动机是激励的核心要素，行为是激励的目的，而外部刺激则是激励的条件。这四个要素之间互相作用，从而构成了对人的鼓励。"[5]职称评定是激励中的需要和外部刺激要素，是表层激励机制的重要组成部分。中小学教师职称评定是国家激发教师工作热情和创新精神的一种激励制度，"主要有鉴定功能、导向功能、激励功能和促进发展功能等"[6]。为了建构中小学校本教研表层激励机制，中小学必须积极和充分发挥教师评定的巨大功能。教师职称评定的鉴定功能是指认定、判断评价对象合格与否、优劣程度、水平高低等实际价值的功效和能力[7]，主要是水平鉴定和评优鉴定。水平鉴定，即根据一定的标准，鉴定评价对象达到标准的程度；评优鉴定，即通过评价对象相互之间的比较，评定优者[8]。教师职称评定就像一根"指挥棒"，发挥着导向的作用，引导中小学教师积极开展校本教研，纠正校本教研不良之风，向更优秀的目标挺

---

[1] 温洪涛. 化工类国有企业激励机制研究 [D]. 北京：北京交通大学，2008：5.
[2] 梁炜昊，张炳勇，曹修伟. 公安院校教学与科研激励机制研究 [J]. 新疆警察学院学报，2015，35(1)：61.
[3] 杭国荣. 基于激励机制下的高校科研管理研究 [J]. 改革与开放，2011 (16)：98.
[4] 张伟平. 中小学校本教研：如何走出误区？[J]. 教育发展研究，2006 (12)：51.
[5] 陈飞. 初中历史校本教研中的教师激励机制研究 [D]. 扬州：扬州大学，2015：8-9.
[6] 周士强. 教师职称评定问题研究 [D]. 上海：上海师范大学，2013：20.
[7] 金娣，王刚. 教育评价与测量 [M]. 北京：教育科学出版社，2002.
[8] 王景英. 教育评价学 [M]. 长春：东北师范大学出版社，2005.

进。中小学教师开展校本教研的关键是充分调动教师的积极性，因此教师职称评定的激励是必不可少的，因为它可提高教师开展校本教研的积极性，激发教师开展校本教研的动机、热情，使教师体验践行校本教研的自豪感、自信感和成功感等。教师职称评定的促进发展功能就更不言而喻，教师职称评定的根本目的是促进教师和学校的发展，而学校的发展取决于教师。校本教研亦是，只有激励教师和提高教师的综合素质，才可以更好地促进中小学校本教研的良性发展。

（三）提拔重用

提拔重用是中小学校本教研表层激励机制中更高层次的激励办法，比物质激励和职称评定更吸引人。一提到中小学教师校本教研，有部分教师就会皱起眉头或者退避三舍，究其原因，一方面是不懂如何实施校本教研，另一方面是动力不足。针对后一种情况，中小学必须实施提拔重用的对策，方能缓解或者解决该问题。提拔重用分三个层次：一是懂校本教研者，这是提拔重用的最低层次。在中小学中，尽管校本教研正在火热开展，但是不乏不甚了解校本教研的教师，此类教师被提拔重用的可能性不大。二是熟校本教研者，这是提拔重用的基本要求。起码教师要知道什么是校本教研、为什么要开展校本教研、如何开展校本教研，既有理论知识，又能结合教学开展研究。此类教师可以适当提拔。三是精校本教研者，这是提拔重用的理想旨归。虽说校本教研不是教师的全部工作，但是精通校本教研的教师既能教学，又能研究，其专业发展和教学质量都不用过多地担心，可以作为提拔重用的重点对象。中小学对于这些教师须针对性地采取激励对策，考虑清楚提拔重用与否，进而促进中小学校本教研发展和校本教研激励机制的建构。

二、中小学校本教研深度激励机制是旨归

与中小学校本教研表层激励机制相对应的是深度激励机制。物质激励机制对应非物质激励机制（西蒙是最早提出非物质激励的学者）即精神激励机制，故而深度激励机制亦叫精神激励机制，其目的是激发中小学教师生命价值意识，重建其职业价值观，使其体验职业幸福感，培育中小学教师成为教研自觉、教研自主、教研自为、专业自主的研究者。中小学校本教研物质激励机制是校本教研的基础之基础，为中小学校本教研深度激励机制奠基，而中小学校本教研深度激励机制是校本教研的旨归，是中小学校本教研激励机制的深度激励层面。

在阐明中小学校本教研深度激励机制之前，首先需要明确物质激励与精神激励的联系与区别，方能更好地、深入地剖析中小学校本教研深度激励机制。物质激励具有其必要性，属于较低层次的激励，但是"物质激励的作用是表面的，激励深度有限且不可持续，因为它的边际激励效果逐渐下降"①。精神激励是通过满足教师的精神需求来激发他们的工作热情与主动性的方法，是指学校管理者以认识和理解教师的内在心理动力系统的内容和特性为基础，采取以非物质手段为特征的措施激发其潜能及工作热情，并将教师的目标进行协调的过程，"是满足人的高层次心理需要的根本性激励，它是一种主导的、持久的激励形式，具有持续的内驱作用，是真正的激励源泉"②。物质激励与精神激励既相互联系，又相互区别，前者是后者的保障，后者是前者的升华。精神激励和物质激励是激励机制中两种不可或缺的、最主要的模式，在调动教师的工作热情、积极性和创造性等方面起到了重要的作用。若要达到中小学校本教研激励的最佳效果，必须将物质激励和精神激励同时、同步实施，当物质激励和精神激励均处于最大值且二者有机融合、相互渗透时，才会获得最大的激励作用。

（一）激发中小学教师生命价值意识

激发中小学教师生命价值意识是中小学校本教研深度激励机制的第一个层次。作家毕淑敏曾说过："人生本没有什么意义，人生的意义便在于我们要努力赋予它意义。"③中小学教师须清楚地认识到自身的生命价值，充分调动自身生命价值意识。具体到校本教研，就是中小学教师要积极参与校本教研活动，认真研究校本教研意旨，推动中小学校本教研发展，进而激发自身生命价值意识。于学校管理者而言，作为校本教研的管理者，首要任务就是要激发中小学教师的生命价值意识，让他们深刻理解教师生命价值的意义，自觉为学校的校本教研做贡献。

（二）重建职业价值观，体验职业幸福感

中小学教师职业价值观的重建和职业幸福感的体验是中小学校本教研深度激励机制的第二个层次，二者存在休戚相关的关系。德国教育家第斯多惠指出，"教师本人是学校里最重要的师表，是最直观的最有教益的模范，是学生最活生生的榜样"④，"教

---

① 商敏锋. 高校网络教育兼职教师激励机制研究 [D]. 上海：华东理工大学，2014：35，8.
② 齐善鸿，刘明，吕波. 精神激励的内在逻辑及操作模式 [J]. 科技管理研究，2007，27 (7)：137-138.
③ 毕淑敏. 写下你的墓志铭 [N]. 中国青年报，2002-10-29.
④ 第斯多惠. 第斯多惠教育文选 [M]. 莫斯科：莫斯科出版社，1956：203.

师既是一种角色，也是一种个性。作为一种角色，教师要按照职业所要求的规范和原则行事；作为一种个性，教师要对自己的内在需求、情感世界加以真实地把握。幸福的教师是角色自我与个性自我的统一。"[1]"要实现建构中小学校本教研深度激励机制的目的，重建中小学教师职业价值观和体验职业幸福感尤为重要。如今的教师职业价值观和以往不一样，教师作为研究者需要充分发挥研究能动性和积极性，全身心投入校本教研活动，充分地交流校本教研的看法，收获校本教研的成果，体验教师职业幸福感。"职业幸福感的获得与职业观实质上是紧密相关的"[2]，教师的职业观端正，则职业幸福感就强烈，教师的校本教研激励机制就会自然而然地起作用。

（三）培育自觉自主自为地教研

培育中小学教师自觉、自主和自为地教研，做一个专业自主的研究者，是中小学校本教研深度激励机制的深层次内核，是中小学校本教研最为理想的激励效果。中小学校本教研既是一项科学化、研究性的工作，也是一项人性化、人文化的活动或工作。"激励机制关键是要人性化，符合科学研究的规律，符合人自身发展的规律性，特别是青年科研教师自身成长的规律性，给予青年教师以积极力量，使其自我价值得以实现、尊重和成就得以满足。"[3] 校本教研激励机制人性化是培育中小学教师自觉、自主和自为地教研，做一个专业自主的研究者的前提条件。为此，中小学管理者在实施校本教研时，理应进行人性化管理。例如，校长要树立服务意识，为中小学教师实施校本教研提供充足的支持，深入到教师中去倾听教师的建议，及时调整校本教研方略，为校本教研的顺利进行和校本教研激励机制的建构添砖加瓦。中小学教师是校本教研的主体，中小学校本教研激励机制的主体也必然是教师，中小学教师自觉、自主和自为地教研是校本教研激励机制的核心要义。中小学教师自觉、自主地教研是中小学校本教研深度激励机制的内在体现，中小学教师自为地教研是中小学校本教研深度激励机制的外在表征，前者与后者相互影响、相互制约。二者需双管齐下，教师才能做一个专业自主、自律的研究者和教育者。斯腾豪斯提出教师专业拓展的关键在于专业自主发展的能力。专业自主发展有三个途径：①通过系统自学；②通过研究其他教师的经验；

---

[1] 张凤琴. 教师职业价值观：教师职业发展的内在动因 [J]. 内蒙古师范大学学报（教育科学版），2004（3）：66.

[2] 林丹. 教师职业幸福感缺失的背后："生活方式"抑或"谋生手段"的教师职业观探讨 [J]. 教育发展研究，2007（12）：48.

[3] 高赟. 西部教学研究型大学青年教师科研激励机制研究 [D]. 兰州：兰州大学，2007：49.

③在教室里检验已有的理论。最后一条途径尤为重要[①]。中小学教师实施校本教研亦可通过自身系统学习，通过与其他教师探讨或者学习其他教师的校本教研经验，还可以在课堂教学中通过实践检验相关理论来实现。如此一来，中小学教师校本教研不会没有达不成的目标，中小学校本教研深度激励机制的建构水到渠成。

三、中小学校本教研动态激励机制是保障

表层激励机制（物质激励机制）、深度激励机制（精神激励机制）与动态激励机制是并列而非对立的关系，三者相互联系、共同组成中小学校本教研激励机制体系。中小学校本教研动态激励机制要根据实际情况随时调整激励的方式与内容，使激励的量度由小至大，由浅入深，由量变到质变，逐渐跃升激励的层级，让教师感受到开展校本教研的收获与快乐。中小学校本教研物质激励机制是基础，精神激励机制是旨归，动态激励机制则是中小学校本教研的保障。

如何体现动态激励机制的保障作用、地位和必要性？可通过以下三方面来阐明。一是由校本教研性质决定的。校本教研是基于学校、源于学校、在学校中、通过学校、为了学校，而学校是一个复杂和不断变化的场域，"校本教研是集整体性、主动性、机动性、实践性和实效性这几个特点于一体的"[②]，"校本教研活动是教师对自己教学中存在的问题进行发现、分析、解决的过程，是教师针对自己在教学中的问题进行对话、交流、反思的过程，也是一个学习、研究、改革、创新的过程"[③]。校本教研激励机制必然也应该是变化和动态的，方能有针对性地、及时地、发展地激励教师。二是由校本教研机制特征决定的。"新课程背景下校本教研机制具有动力性、系统性、复杂性、操作性等特征。新课程背景下校本教研机制本质上是一个完整连贯的、具有自我组织和自我调节能力的系统。由于学校教研工作的进行并不只是单纯的教学研究过程，因此，校本教研机制表现出复杂性的特征。"[④] 校本教研机制的系统性和复杂性特征表明，校本教研激励需要根据系统性和复杂性特征来建构校本教研激励机制，即建构动态激励机制。三是由校本教研过程或步骤决定的。郑金洲认为，"在校本教研过程中，一般涉

---

① 高慎英. 教师成为研究者"教师专业化"问题探讨 [J]. 教育理论与实践，1998（3）：31.
② 郭思乐，高广万. 校本教研科学研究的思考 [J]. 教育科学研究，2001（1）：13-15.
③ 刘兵. 有效的激励机制：校本教研治本之策 [J]. 中国教育学刊，2011（S1）：129.
④ 刘向东. 新课程背景下的校本教研机制研究 [D]. 天津：天津师范大学，2004：5.

及以下环节：'反思—确定问题—制订计划—采取行动—进行考察—再反思'"[①]。校本教研是一个有计划的过程，是一个循环上升的动态过程，其中反思占据首要和突出的地位。据此，中小学校本教研激励机制也需具体问题具体分析，形成良性循环的激励机制，即建构动态激励机制。

（一）根据实际情况随时调整激励的方式与内容

根据实际情况随时调整激励的方式与内容是中小学校本教研动态激励机制的必要条件。应根据实际情况随时调整激励方式和内容建构动态激励机制。对于缺乏校本教研领导者的学校，应塑造领头羊——校本教研领导者的率先垂范形象，让校本教研激励机制有引路人。对于校本教研教师积极性不高的学校，应鼓励教师积极参与校本教研，让优秀的校本教研教师通过传、帮、带的方式培养本校的校本教研骨干，壮大本校校本教研队伍，为建构动态激励机制提供强大的研究队伍。对于校本教研内容不充实或者方略不落实的学校，应开展评选"校级优秀教师""优秀教研组""学科带头人"等活动。例如，评选"学科带头人"，发挥学科带头人的带头作用，因为"评选学科带头人的目的是促进学校师资队伍建设，发挥骨干教师在教育教学和教育科研上的模范带头作用"[②]，让校本教研活动落实到具体教师身上，使教师带着强烈的责任心和使命感实施校本教研，这样校本教研内容就会充实，实施方案就不会落空，校本教研才会落地生根。

（二）激励由小至大、由浅入深、由量变到质变，逐渐提高激励层级

建构校本教研动态激励机制的另一个保障就是激励由小至大、由浅入深、由量变到质变，逐渐提高激励的层级，让教师感受到开展校本教研的收获与快乐。中小学校本教研涉及课程、教学、教研等各方面，也涉及激励、评价、管理、文化、服务等方面，"激励有三个要点：激励的方向、激励的强度、激励的持续性"[③]。校本教研激励应由小至大，由浅入深，由量变到质变，逐渐提升激励的层级，这是必然的。激励由小至大，一是说激励的范围由小至大，中小学校本教研刚开始激励都是从班级到年级再到学校，最后到校内外结合的，这样才有层次性、号召力和说服力；二是说激励的

[①] 郑金洲. 校本研究指导 [M]. 北京：教育科学出版社，2002：25.
[②] 刘兵. 有效的激励机制：校本教研治本之策 [J]. 中国教育学刊，2011 (S1)：131.
[③] 杨靖. 企业激励机制建设与研究 [D]. 昆明：昆明理工大学，2007：8.

内容由小至大，由点到面，刚开始从某一方面入手，如在校本教研的评价方面，学校多鼓励教师敢于说话、说真话实话，等校本教研发展到相对成熟的阶段时，学校就可以激励教师从多个方面综合研讨校本教研。校本教研激励由浅入深说的是中小学校本教研难度的问题。中小学在校本教研伊始可从教学实践的简单问题入手，理论联系实际，逐渐上升到理论层面，用理论指导实践。而校本教研激励由量变到质变，这是中小学校本教研激励机制最讲究、最具考验的过程之一。"多数中小学老师在参加了一次校本教研之后，会把这次教研活动对自己以后的教学有没有重大帮助、能不能立刻见成效作为评价校本教研成功与否的主要标准。"① 这是教师急于求成的表现，是中小学校本教研动态激励机制中激励的量度由量变到质变的反面例子。量变是一种渐进的、不显著的变化，是质变的必要准备；质变是一种根本性质发生改变的变化，是量变的必然结果。中小学教师唯有遵循量变到质变的规律才能做好校本教研，感受到开展校本教研的乐趣，学校才能建构好校本教研动态激励机制。

结语

中小学校本教研激励机制的建构需顾及全面性的问题，全面激励是建构中小学校本教研激励机制的关键所在。熊川武教授提出了"全面激励理论"，指出"在一个激励系统中，激励至少包含人（激励主体与客体）、时空（激励过程与相应环境）、方式与内容等三个要素，涉及全员激励、全程激励、全要素激励"②。从物质激励、精神激励和动态激励这三个维度建构中小学校本教研激励机制，即表层激励机制、深度激励机制和动态激励机制，进而建构中小学校本教研激励机制体系，能有效地推进中小学校本教研工作。此外，教师期望是建构中小学校本教研激励机制的重要推力，中小学须高度重视中小学教师期望，充分发挥和利用"皮格马利翁"效应，提升激励机制的内外效度，推进中小学校本教研激励机制建设。

---

① 董美荣. 校本教研研究范式探析［D］. 南京：南京师范大学，2012：38.
② 商敏锋. 高校网络教育兼职教师激励机制研究［D］. 上海：华东理工大学，2014：8.

编后记

　　建设教育强国，是全面建成社会主义现代化强国的战略先导，我们要建设的教育强国，必须以支撑引领中国式现代化为核心功能。中国式现代化视野中的教育强国建设既具有深厚的文化底蕴，又具有中国特色社会主义的先进本质；既传承创新，又兼容并包，不断吸收人类文明优秀的发展成果。教育强国建设离不开教育质量的全面提升，更离不开高素质教师人才队伍的重要支撑。当下，我国已进入新的发展阶段，正在向第二个百年奋斗目标进军。如何以新的思维方式把握教育强国建设的深层逻辑，如何以新的理论视角观察"教"与"学"，如何通过数字化赋能教育强国建设、如何创新教师教育长效机制，这些都是摆在教育研究与实践面前的重要课题。

　　本辑延续了前面几期的栏目设计思路，第一个栏目是特稿专栏，聚焦课程与教学的重大理论与实践问题，刊发了两篇文章。曾文婕的《回顾与展望：课程与教学研究的学习论基础建构》一文系统梳理了学习研究的三种态势，以及课程与教学研究的学习论基础建构取得的三方面成就，并从学习研究的哲学视角、学习成果的整合和学习理论与实践运用三方面提出课程与教学研究学习论基础的进一步建构与发展。李重的《学科教学高质量育人探析——李玉贵小学语文教学样态的启示》一文则重点分析了我国台湾名师李玉贵的教学思想，从人的终身发展与现代社会建构的双重视角来理解学科教学的生态意蕴，实现教书与育人的整体有机融通，在成事成人的育人实践中真正落实高质量育人。

　　另外，本辑还开设有"教育数字化""课程与教学""教师教育"三个专栏，围绕教育强国建设的一些热点和前沿问题展开讨论。其中，"教育数字化"栏目收录两篇文章，分别聚焦技术赋能课堂与教学和学校数字治理。汤晨琦等的《技术赋能：课堂分析与教学的范式转换——第二十届上海国际课程论坛述评》一文从课堂教与学的革新、技术赋能课堂分析、技术驱动教师发展、课堂分析未来走向四个方面进行了会议综述，并提出打开课堂"黑箱"的三把钥匙。杨征铭的《学校数字治理的困境：表现、溯因与应对》一文则从数字技术与学校治理的关系切入分析学校数字治理的困境，揭示其现实表现和深层原因，并从约束系统、动力系统、保障系统和调节系统四个方面提出应对之策。

"课程与教学"栏目刊发了五篇文章，分别聚焦有机教育论、新课标解读、课程干预、课程评价以及师范生培养等方面，主要从学科的角度展开讨论。"教师教育"栏目刊发了五篇文章，分别从共享教师、专家型园长、地方乡村定向师范生培养、师德师风建设和校本教研展开，探索不同类型教师教育的实践进路和行动策略。"课程与教学"和"教师教育"两个栏目偏重实践应用层面，体现出作者对教育现实问题的积极关注，从微观层面努力为教育强国建设出谋划策。教育强国建设虽是宏观层面的发展构想，但微观层面的积极行动却是不可或缺的，彰显出教育强国建设的强大实践引导力。

在中国历史上，自学校诞生以来，教育和强国就始终连接在一起，人民对此给予了无限的期盼和想象。在中国式现代化引领下的教育强国建设，承担着中华民族伟大复兴的历史使命，比以往任何时候都更加意义重大。我们期待更多的理论研究和实践探索，展现中国教育的独特精神气质和文化传统，在时代潮流中开拓中国教育新局面，展现新气象。